# हिंदू दर्शन

एक समकालीन दृष्टि

# हिंदू दर्शन

## एक समकालीन दृष्टि

डॉ. कर्ण सिंह

वाणी प्रकाशन ग्रुप
भारतीय ज्ञानपीठ
वाणी प्रकाशन : भारतीय ज्ञानपीठ की पुस्तकों के एकमात्र प्रकाशक एवं वितरक
Email : sales@vaniprakashan.in

पहला संस्करण : 1996
दूसरा संस्करण : 1998
तीसरा संस्करण : 2001
चौथा संस्करण : 2009
पाँचवाँ संस्करण : 2024

लोकोदय ग्रन्थमाला : ग्रन्थांक 604

प्रकाशक
वाणी प्रकाशन ग्रुप
4695, 21-ए, दरियागंज, नयी दिल्ली-110 002
फ़ोन : 011-23273167, 23275710
ईमेल : sales@vaniprakashan.in

ISBN : 978-93-5775-097-4

हिन्दू दर्शन : एक समकालीन दृष्टि
(धर्म और दर्शन)
डॉ. कर्ण सिंह



HINDU DARSHAN
(Religion And Philosophy)
by Dr. Karan Singh

मुद्रक : आर. टेक ऑफ़सेट प्रिंटर्स, दिल्ली-110 032
आवरण : करुणानिधान

Price : INR. 695

# भूमिका

पिछले कुछ वर्षों में मुझे हिंदू धर्म के विभिन्न पक्षों पर बोलने और लिखने के देश तथा विदेश में अनेक अवसर मिले हैं। ये रचनाएँ समय-समय पर विभिन्न पुस्तकों और पत्रिकाओं में प्रकाशित हुई हैं। हिंदू धर्म में बढ़ती हुई रुचि को देखते हुए देश और विदेश के कई मित्रों ने सुझाव दिया कि ऐसी पुस्तक की आवश्यकता है जिसमें हिंदू धर्म का समग्र और आधुनिक चित्र मिल सके। इसलिए अपनी इन रचनाओं को पुस्तक का रूप देने का विचार आया।

इस नए संस्करण में विशेषकर मैंने हिंदू धर्म के उन व्यापक पक्षों को उजागर करने का प्रयास किया है जो इस आणविक युग में विशेष रूप से प्रासंगिक हैं। वस्तुतः हिंदू धर्म इतना विशाल और विविध रूपोंवाला है कि हम केवल इसके कुछ अर्थगर्भित तत्त्वों का अन्वेषण करने की कोशिश कर सकते हैं ताकि पाठक को इसके सौंदर्य और शक्ति की झलक मिल सके। यदि इस दिशा में मैं कुछ कर पाया हूँ तो मुझे संतोष मिलेगा।

मेरा यह दृढ़ विश्वास है कि आज मानवजाति सभ्यता के एकदम नए चरण में प्रवेश कर रही है, जिसका अत्यधिक महत्त्व है। इसके अतिरिक्त विज्ञान और तकनीकी के आश्चर्यजनक अद्भुत फैलाव के कारण परिवर्तन की गति बहुत तेज हो गई है, बड़े-बड़े परिवर्तन जिन्हें घटित होने में शताब्दियाँ लग जाती थीं अब कुछ दशकों में हो जाते हैं, इसलिए नई परिस्थितियों से सामंजस्य स्थापित करने के लिए मनुष्य-चेतना को पर्याप्त समय नहीं मिलता।

हालाँकि विज्ञान और प्रौद्योगिकी इस प्रक्रिया का आधार है, तथापि मानवजाति की महान् धार्मिक परंपरा भी इसमें अपनी महत्त्वपूर्ण भूमिका अदा करती है, क्योंकि उसका प्रभाव करोड़ों लोगों के दिल और दिमाग पर पड़ता है। वास्तव में हिंदू धर्म में मेरी रुचि न केवल हिंदू होने के कारण है, बल्कि एक विश्व नागरिक के रूप में भी है। मेरा यह विश्वास है कि हिंदू धर्म का व्यापक पक्ष—विशेषकर वेदांत का—उभरती हुई

विश्व-चेतना में महत्त्वपूर्ण योगदान कर सकता है।

मुझे आशा है कि इस पुस्तक के लेख, जिनमें मुंडकोपनिषद् का अनुवाद और टीका भी शामिल है, न केवल विद्वानों के लिए बल्कि इस महान् धार्मिक परंपरा में रुचि रखनेवाले समूचे विश्व के सामान्य लोगों के लिए भी अर्थपूर्ण होंगे। अँग्रेजी में इस पुस्तक के कई संस्करण निकले हैं। कुछ मित्रों ने सुझाव दिया कि यदि इन निबंधों का हिंदी अनुवाद प्रकाशित किया जाए तो हिंदीभाषी पाठक भी इन्हें पढ़ सकेंगे। भारतीय ज्ञानपीठ द्वारा इसका प्रकाशन हो रहा है इसकी मुझे विशेष प्रसन्नता है क्योंकि ज्ञानपीठ से मेरा तीन दशकों का संबंध बना हुआ है।

9 मार्च, 1996 **—कर्ण सिंह**
नई दिल्ली-110021

# अनुक्रम

# शिव के प्रति

मैं तुम्हारा खिलौना हूँ,
तुम मेरे भीतर भर सकते हो
शाश्वत जीवन की आग
और मुझे अमर बना सकते हो,
या तुम फैला सकते हो मेरे अणु
विश्व के दूर-दराज कोनों में
ताकि मैं हमेशा-हमेशा के लिए
विलुप्त हो जाऊँ।

तुम मुझे शक्ति और प्रकाश से
भर सकते हो
ताकि मैं उल्कापिंड की भाँति चमकूँ,
आकाश में मध्यरात्रि के अंधकार में;
या तुम मेरे प्राण ले सकते हो
ताकि समय के गहरे और अतल
समुद्र में मैं हमेशा-हमेशा के लिए डूब जाऊँ।

तुम मुझे दैवी अग्नि से देदीप्यमान
शाश्वत तारों के बीच जड़ सकते हो
या तुम मुझे रसातल में फेक सकते हो
ताकि मैं नश्वर आँखों को
कभी न दृष्टिगोचर होऊँ।

मैं तुम्हारा खिलौना हूँ
निर्णय तुम्हारा है।

# हिंदू धर्म : एक विहंगम दृष्टि

जो धर्म हिंदू धर्म के नाम से विख्यात है, वह विश्व के महान् धर्मों में सबसे पुरातन तथा वैविध्यपूर्ण धर्म है। 'हिंदू धर्म' स्वयं एक भौगोलिक शब्द है—जो भारत के उत्तरी सीमाप्रांत पर बहनेवाली विशाल नदी सिंधु नदी के संस्कृत नाम पर आधारित है। इस नदी के उस पार रहनेवाले लोग —सिंधु नदी के दक्षिण-पूर्व का समूचा क्षेत्र—जिसे यूनानी लोग इंदस कहते थे, वह हिंदुओं की भूमि मानी जाने लगी—विश्वास और आस्थाओं के तमाम बिंदु, जो यहाँ फले-फूले, उन्हें हिंदू धर्म के नाम से स्वीकृति मिलती गई। हिंदू धर्म स्वयं को सनातन धर्म, शाश्वत विश्वास मानता है क्योंकि इसका स्रोत एक गुरु की शिक्षा नहीं बल्कि भारतीय सभ्यता के प्रारंभ से ही ऋषियों एवं मनीषियों का सामूहिक विवेक और प्रेरणा है।

**धर्मग्रंथ** : दर्शनशास्त्र के लिए संस्कृत शब्द 'दर्शन' या 'देखना' है, जिसका अर्थ है—हिंदू धर्म केवल बौद्धिक चिंतन पर आधारित नहीं बल्कि सीधे और साक्षात् धरातल पर खड़ा है। वास्तव में यही तत्त्व भारतीय चिंतन को अधिकांश पाश्चात्य दार्शनिक चिंतन से विशिष्ट बनाता है। हिंदू धर्म का सबसे पुरातन और महत्त्वपूर्ण धर्मग्रंथ वेद है, जिसमें उन ऋषियों तथा मनीषियों के ऐसे उद्गार निहित हैं, जिन्होंने ईश्वरीय सत्ता का प्रत्यक्ष अनुभव किया था। वेद शाश्वत माने जाते हैं क्योंकि वे न केवल श्रेष्ठ काव्यात्मक कृतियाँ हैं बल्कि स्वयं ऐसा दैवी सत्य निरूपित करते हैं, जो महान् ऋषियों ने अपनी उन्नत चेतना के माध्यम से देखा है।

चारों वेद—ऋग्वेद, सामवेद, यजुर्वेद, अथर्ववेद—में एक लाख से भी अधिक पद हैं, जिनमें अब तक लिखी गई महानतम रहस्यमय कविता के अंश हैं। उदाहरण के तौर पर ऋग्वेद (10-129/1-7) का ज्ञानसूक्त (सृष्टिरहस्य)। ग्रिफिथ ने इसका अनुवाद इस प्रकार किया है—

उस समय न अनस्तित्व था न अस्तित्व
न था वायुजगत् न उसके परे आकाश

फिर किससे वह (सृष्टि) आच्छादित थी,
और कहाँ ? और किसे दिया आश्रय ?
क्या वहाँ जल था, जल की
अतल गहराइयाँ।

न मृत्यु थी न अमरता
न चिह्न था दिन और रात के भेद का
केवल थी सृष्टि, श्वास-प्रश्वास रहित,
अपनी ही गध से परिपूरित
इसके अतिरिक्त वह (सृष्टि) कुछ न थी।

वहाँ था अंधकार, अंधकार में प्रच्छादित
यह संपूर्ण सृष्टि थी तमाच्छादित
उस समय थी शून्यता और आकारहीनता
उष्णता की महाशक्ति ने उस इकाई
को जन्म दिया।

फिर प्रारंभ में हुआ जन्म इच्छा का,
इच्छा, आत्मा का आदिम बीज और अंकुर
जिन ऋषियों ने अपने अंतःकरण से खोजा
उन ऋषियों ने सोच लिया
उन्होंने जान लिया है
संबंध अस्तित्व का अनस्तित्व से।

फिर छँटा तमाच्छादन और हुआ विस्तार
तब उसके ऊपर क्या था और नीचे
क्या था ?
थे जनक वहाँ, थीं महाशक्तियाँ
यहाँ था निर्बंध कर्म, वहाँ थी ऊर्जा

वास्तव में कौन जानता है और
कौन कर सकता है घोषणा
किससे हुआ जन्म इसका और किसलिए
यह सृष्टि ?

इन सृष्टियों के बाद हुआ जन्म
देवताओं का
फिर कौन बता सकता है कहाँ से
हुआ सृष्टि का जन्म !

ब्रह्मा इस सृष्टि के परमपिता
क्या उसने रची यह सृष्टि
या नहीं रची
फिर परमधाम में किसकी दृष्टि
नियंत्रित करती यह विश्व
वास्तव में उसे ही है इसका
ज्ञान या शायद अज्ञान।

वेदों में सूर्य, चंद्र, सागर, वर्षा जैसी प्राकृतिक शक्तियों के नाम सुंदर स्तोत्र हैं, जिनमें इस दृश्यमान जगत् के पीछे छुपे स्वाभाविक ऐक्य की गहरी अनुभूति व्याप्त है। कुछ अंशों में आदि आर्यों के धार्मिक अनुष्ठानों का वर्णन है। यज्ञ का अर्थ है निःस्वार्थ भाव से अर्पण करना—पवित्र अग्नि की परिक्रमा करना, जिसे मानवीय और दैवी शक्तियों के बीच मध्यस्थ माना गया था। वेदों में रोग-शांति के उपाय भी बताए गए हैं—विशेषकर अथर्ववेद में—तथा सामाजिक महत्त्व के कई विधानों का वर्णन है। विवाह और मैत्री विषयक सूक्त हैं—संतानोत्पत्ति तथा दीर्घायु के भोग के लिए और पशुओं तथा धनसंपदा की रक्षा और वृद्धि के लिए प्रार्थनाएँ दी गई हैं। कुल मिलाकर देखा जाए तो यह संपूर्ण मानवता की धार्मिक चेतना का एक अद्वितीय प्रमाण है। वस्तुतः यह चमत्कार ही है कि श्रुति-परंपरा से यह ज्ञान हजारों वर्षों से अक्षुण्ण चला आया है—स्मरणशक्ति की ऐसी अद्‌भुत उपलब्धि, जिसके लिए ब्राह्मणों की असंख्य पीढ़ियाँ कृतज्ञता की पात्र हैं। उन्नीसवीं शताब्दी के मध्य में ही महान् प्राच्य भाषाविद् फ्रेडरिक मैक्समूलर ने ऋग्वेद का प्रथम संस्करण मुद्रित/प्रकाशित किया।

उपनिषदें वेदांत या वेदों के अंत के रूप में जानी जाती हैं, क्योंकि वे वैदिक संहिताओं के अंत में आती हैं और इसलिए भी क्योंकि वे वैदिक शिक्षा का ज्ञानकांड हैं। एक सौ आठ उपनिषदें सुरक्षित रखी गई हैं, जिनमें से चौदह अत्यंत महत्त्वपूर्ण हैं। इनमें गुरु तथा एक या अधिक शिष्यों के साथ मानवीय अस्तित्व की गहनतम समस्याओं—मृत्यु और अस्तित्व—से संबंधित अन्य प्रश्नों पर, जीवन के लक्ष्य और आत्मिक अनुभूति के चरणों के संबंध में अद्‌भुत संवाद हैं। हालाँकि ईशोपनिषद् में केवल अठारह पद हैं फिर भी संभवतः इसे ऐसी संहिता का सर्वाधिक महत्त्वपूर्ण काव्य माना गया है। इसकी प्रसिद्ध पहली पंक्ति—''यह संपूर्ण विश्व, जो भी चल-अचल है,

दैवी शक्ति से व्याप्त है, में हिंदू धर्म का सारतत्त्व निहित है।''

मुंडक उपनिषद् (2.2.3) में एक सुंदर छंद है जिसमें आत्मिक ज्ञान के वाहन के रूप में उपनिषदों का महत्त्व बताया गया है, ''उपनिषद् रूपी महास्त्र धनुष के रूप में धारण करने के पश्चात् मनुष्य को उस पर निरंतर ध्यान द्वारा तीक्ष्ण किया हुआ तीर चढ़ाना चाहिए; उस (ब्रह्म) से भरे हुए मस्तिष्क से उसे खींचना चाहिए —ओ सुंदर नवयुवक, अविनाशी को लक्ष्य मान उसके मर्म को समझना चाहिए।''

कठ उपनिषद् में बालक नचिकेता के साथ यम—मृत्यु के देवता यमराज—का स्मरणीय संवाद है, जो वेदांत शास्त्र का प्रसिद्ध आदर्श सूक्त है। यह तथ्य महत्त्वपूर्ण है कि हिंदू धर्म में मृत्यु संत्रास और घृणा के रूप में नहीं देखी गई, बल्कि जीवन के रूप में अस्तित्व का आवश्यक पक्ष मानी गई है—दिन और रात्रि, आवेग और तटस्थता, शुभ और अशुभ, हर्ष और विषाद की नितांत आवश्यक द्वैत भावना, जो व्यक्त-अस्तित्व की मूल प्रकृति में रची-बसी है। केवल इसी द्वैत भावना के परे जाकर एवं ब्रह्मस्थिति को प्राप्त कर मनुष्य अंततः अपनी ब्रह्मांडीय नियति प्राप्त कर सकता है।

पश्चिम में प्रचलित इस मिथ्या अवधारणा के विपरीत, हिंदू धर्म संसार को मिथ्या माननेवाला निष्क्रिय धर्म नहीं है। वास्तव में यह स्पंदनमान जीवन के प्रति निष्ठा रखनेवाला धर्म है, जिसमें जीवन शब्द का प्रयोग एक ऐसे गूढ़ अर्थ में किया गया है, जिसमें जीवन और मृत्यु की द्वैत भावना से ऊपर उठकर परम भव्यता की स्थिति को प्राप्त करना है। हिंदू-दृष्टि के अनुसार एक ऐसी परम स्थिति होती है, जिसमें मनुष्य-चेतना के लिए प्रवेश पाना संभव होता है और जिसे प्राप्त कर पुनर्जन्म के अंतहीन चक्र से मुक्ति मिल जाती है, जिसमें संपूर्ण ब्रह्मांड कैद है। ऋषि श्वेताश्वतर ने—जिनके नाम पर श्वेताश्वतरोपनिषद् का नाम पड़ा—श्वेताश्वतरोपनिषद् के तीसरे अध्याय के आठवें छंद में लिखा है : ''मैं उस परम ब्रह्म को जानता हूँ; जो अंधकार से परे उस तट पर चमकते सूर्य की भाँति देदीप्यमान है।'' भगवान कृष्ण भी भगवद् गीता (13.17) में परम लक्ष्य का वर्णन इस प्रकार करते हैं : ''अंधकार से परे प्रकाश का प्रकाश।''

इस संसार में चेतना के इस उन्नत स्तर की प्राप्ति क्रियाशीलता के विरुद्ध नहीं है। यद्यपि यह एक सत्य है कि हिंदू धर्म में आत्मोत्सर्ग के प्रति सदा एक अर्थवान झुकाव रहा है, जिसे हिंदू धर्म से ही निकले हुए जैन तथा बौद्ध परंपरा में पूर्ण अभिव्यक्ति प्राप्त हुई, यह स्मरण रखना आवश्यक है कि हिंदू धर्म का लक्ष्य दीप्त करना है, परमानंद की दीप्तिमान अवस्था, नकारात्मक आत्मसंहार नहीं।

हिंदू धर्म के मूल में पाँच प्रमुख सिद्धांत हैं, जिन्हें यदि अच्छी तरह समझ लिया जाए तो एक ऐसी आस्था को समझने का सूत्र प्राप्त हो सकता है, जो अपनी प्रकट विविधता और जटिलता को संभ्रमित करता है। पहली अवधारणा ब्रह्म की है,—अपरिवर्तनीय एवं अमर सत्य, जो समूचे ब्रह्मांड में व्याप्त है। वैदिक ऋषियों ने

देखा कि संपूर्ण ब्रह्मांड में समस्त पदार्थ परिवर्तनशील हैं एवं उन्होंने सृष्टि को संसार कहा—जो सदा गतिमान है। परंतु उन्होंने यह भी महसूस किया कि इस परिवर्तन के पीछे कोई ऐसा अपरिवर्तनशील तत्त्व था, जिससे यह परिवर्तनशील जगत् महाग्नि से ज्वाला की भाँति प्रसर्जित हुआ। ब्रह्म के नाम से परिचित इस सर्वव्याप्त परम सत्ता का विभिन्न उपनिषदों में सुंदर वर्णन किया गया है। उदाहरण के तौर पर मुंडक उपनिषद् (2.2.12) का निम्नलिखित छंद :

वास्तव में ब्रह्म यह अमर तत्त्व है।
आगे ब्रह्म है, पीछे ब्रह्म है
दाएँ ब्रह्म है, बाएँ ब्रह्म है
फैलता है ऊपर और नीचे।
वास्तव में ब्रह्म तो दीप्तिमान
ब्रह्मांड है।

इसी प्रकार श्वेताश्वतर उपनिषद् (4.2.4) का निम्नलिखित महत्त्वपूर्ण पद यही दर्शाता है कि यद्यपि हिंदू लोग दैवी शक्ति के कई रूपों की पूजा करते थे पर वे समझ गए थे कि इन सभी रूपों के पीछे वही सर्वव्याप्त ब्रह्म है :

तुम्हीं हो अग्नि
तुम्हीं हो सूर्य
तुम्हीं हो वायु
तुम्हीं हो चन्द्र
तुम्हीं हो तारांकित नभ
तुम्हीं हो ब्रह्मश्रेष्ठ
तुम्हीं हो जल—तुम्हीं
सृष्टि के सृष्टिकर्ता

तुम्हीं हो स्त्री, तुम्हीं हो पुरुष
तुम्हीं हो युवक, तुम्हीं हो युवती
तुम्हीं हो लड़खड़ाते लाठी टेकते बूढ़े
तुम हो सर्वव्यापी

तुम्हीं हो नील पतंगा
तुम्हीं हो लाल आँखोंवाले हरे तोते
तुम्हीं हो गरजते मेघ, ऋतु, समुद्र

तुम्हीं अनादि अनंत अनंता
तुम्हीं हो वह
जिससे निकले
तीन लोक

जिन वस्तुओं को हम देखते हैं
वे ब्रह्म से भरी हुई हैं;
जो कुछ भी प्रवाहित होता है
वह भी ब्रह्म से भरा हुआ;
ब्रह्म से संपूर्ण सृष्टि का कण-कण,
फिर भी ब्रह्म तो ब्रह्म ही है !

वैदिक ऋषियों की दूसरी अंतर्दृष्टि यह थी कि जिस प्रकार परिवर्तनशील बाह्य जगत् में ब्रह्म व्याप्त है, उसी प्रकार स्वयं मनुष्य के भीतर के परिवर्तनशील संसार में अमर आत्मा व्याप्त है। उन्हें यह बोध हुआ कि अन्न की भाँति नश्वर प्राणी विकसित होकर झर जाता है और अन्न की भाँति ही फिर से उसका जन्म होता है, (कठ उपनिषद् 1.1.6) समय और काल से परे मनुष्य सत्ता का जन्म बारंबार होता है—असंख्य अनुभवों का ज्ञान प्राप्त करते हुए, धीरे-धीरे पूर्णता की संभाव्यता की तरफ बढ़ते हुए। इस अमर ज्वाला को उन्होंने 'आत्मा' कहा।

अमर ब्रह्म और अमर आत्मा के अस्तित्व की अनुभूति करते हुए अपनी आत्मिक अंतर्दृष्टि के माध्यम से महान् ऋषियों ने यह अनुवाद किया कि आत्मा और ब्रह्म अंततः एक हैं। छांदोग्य उपनिषद् में श्वेतकेतु की प्रसिद्ध कहानी है,—श्वेतकेतु के पिता एक उक्तिमाला के माध्यम से उसे शिक्षा देते हैं, प्रत्येक उक्ति का अंत प्रसिद्ध शब्दों—तत् त्वम् असि—से होता है—वह तुम हो—आशय है कि आत्मा ही ब्रह्म है। वास्तव में दोनों के बीच क्या संबंध है ? वेदाध्ययन के भिन्न-भिन्न प्रकारों में यही जानने का प्रयत्न है। शंकराचार्य के अनुयायियों का मत है कि दोनों एक हैं (अद्वैत वेदांत)। रामानुजाचार्य के अनुयायियों का मत है कि अद्वैत और द्वैत दोनों हैं (विशिष्टाद्वैत), माधवाचार्य के अनुयायियों के अनुसार वे एक हैं पर सदा सर्वदा पृथक् हैं, (द्वैत)।

ब्रह्म का अस्तित्व स्वीकार करने के पश्चात् आत्मा और उसके संबंध की अनुभूति होती है। हिंदू धर्म का चौथा प्रमुख सिद्धांत—जीवन का परम लक्ष्य आत्मिक ज्ञान की प्राप्ति में है जिसके द्वारा व्यक्ति को नश्वर आत्मा की अनुभूति होती है। आत्मा की अनुभूति होते ही चित्त को नया आयाम मिलता है। और जिस आत्मा को ऐसी अनुभूति हो चुकती है वह दुःख, दैन्य, रोग, बुढ़ापा तथा मृत्यु के चक्र से मुक्त हो जाती है—जो साधारण जीवन के अपरिहार्य अंग हैं—परिवर्तन का चक्र और व्यक्त ब्रह्मांड के अपकर्ष

का। वह अभिव्यक्ति की सीमाओं के भीतर रहने का चुनाव कर सकता है और अपनी उपस्थिति से दुःख-दैन्य के महासमुद्र को मधुर बना सकता है परंतु वह ऐसा करने के लिए बाध्य नहीं है।

पाँचवीं अवधारणा कर्म की है, जो हिंदू जीवन-पद्धति का मर्म है। एक ऐसी अवधारणा, जिसमें कर्म आकस्मिकता और प्रारब्ध है। चूँकि कर्म जीवन का अपरिहार्य अंग है इसलिए व्यक्ति अपने कर्म के परिणाम से बँधा हुआ होता है—अच्छे कर्मों के सुखद फल और बुरे कर्मों के दुखद परिणाम। इसलिए कर्म को ऊर्जा के संरक्षण के सिद्धांत का नैतिक समकक्ष माना जा सकता है या प्राकृतिक विज्ञान के क्षेत्र में क्रिया और प्रतिक्रिया का समकक्ष। जहाँ यह एक सच्चाई है कि हम आज जो हैं, वह हमारे कल के कामों का परिणाम है, वहीं इसका यह अर्थ भी है कि हम अपने आज के कर्म से अपने कल के भविष्य का निर्माण करते हैं। इसलिए नियतिवाद की निर्मूल धारणा के विरुद्ध—कर्म व्यक्ति को अद्भुत और असाधारण शक्ति देता है और उसके हाथों में भविष्य की कुंजी थमा देता है। इसलिए स्वभावतः ही कर्म के निर्भ्रांत सिद्धांत का असर होने में पर्याप्त समय लगता है; इसलिए पुनर्जन्म में हिंदू धर्म की आस्था है—मुक्ति की प्राप्ति होने तक आत्मा नए-नए रूप लेती रहती है। वास्तव में यदि मनुष्य का केवल एक जन्म हो, तो इस आश्चर्यजनक विषमता का तथा प्रत्यक्ष दिखाई पड़नेवाली अकारण पीड़ा का कोई नैतिक या आत्मिक कारण समझ नहीं आएगा। जैसा कि भगवद्‌गीता (2.23) में कहा गया है : "जैसे मनुष्य अपने जीर्ण-शीर्ण कपड़े उतार कर नए पहन लेता है, उसी प्रकार आत्मा जीर्ण-शीर्ण शरीर का त्याग कर नए शरीर में प्रवेश करती है।

## मूल अवधारणाएँ

वेदों और उपनिषदों के अतिरिक्त हिंदू धर्म में अनेक गौण धर्मग्रंथ हैं तथा दो महाकाव्य भी हैं—रामायण तथा महाभारत। उनमें जीवन का ज्ञानतत्त्व तथा संपूर्ण मानव-जाति का इतिहास निहित है, हिंदू जीवन-पद्धति पर तथा भारत और संपूर्ण दक्षिण-पूर्व एशिया का संस्कृति पर हजारों वर्षों से इनका गहरा प्रभाव पड़ रहा है। इसके अलावा अठारह पुराण भी हैं जो मिथकों तथा प्रतीकों में संपन्न हैं, जिनमें से सबसे अधिक प्रसिद्ध श्रीमद् भागवत है—ब्रह्मसूत्र है, जिनमें लोकोक्तियों के रूप में वेदांत दर्शन निहित है तथा आत्मिक ज्ञान की प्राप्ति से संबंधित तंत्र है। आचार-व्यवहार के नियम हैं, जिसमें विस्तृत मनुस्मृति भी शामिल है, जो हिंदुओं के सामाजिक तथा व्यक्तिगत जीवन को धर्म से संबंधित करने का प्रयास करती है।

महाभारत की व्यापक परिधि के भीतर हिंदू-चिंतन का रत्न-जटित मुकुट स्थापित है एवं भगवद् गीता मानवजाति की श्रेष्ठ धार्मिक कृति है। गीता की शिक्षा का वर्णन करने से पहले उन पाँच अवधारणाओं का उल्लेख करना आवश्यक है, जो हिंदू प्रकृति

में अंतर्निहित हैं। यदि गीता की शिक्षा का मूल भाव ग्रहण करना है, तो इनको थोड़ा-बहुत समझ लेना आवश्यक है। संक्षेप में, निम्नलिखित अवधारणाएँ हैं।

**चार युग या समय का चक्र :** समय की हिंदू अवधारणा चक्रीय है, रेखीय नहीं। ब्रह्मांड अनादि-अनंत है, जिसका न कोई आदि है और न अंत, जिसमें अभिव्यक्ति और विघटन की दशा का प्रत्यावर्तन होता रहता है। यह भी एक असाधारण तथ्य है कि पराब्रह्मांडीय ब्रह्मांडीय मीमांसा में हुए अद्यतन विकास के साथ-साथ समय की हिंदू अवधारणा अधिकाधिक बोधगम्य होती जा रही है। हिंदुओं के मूलस्त्रष्टा ब्रह्मा का हर दिवस चार अरब तीन सौ बीस लाख बरसों का होता है और प्रत्येक रात्रि की भी वही कालावधि है। इस प्रकार संपूर्ण ब्रह्मांड ब्रह्मा की श्वास-प्रश्वास की प्रक्रिया है—अभिव्यक्ति और विघटन की प्रत्यावर्ती अवधि के अनुरूप अभिव्यक्ति का प्रत्येक चक्र चार युगों या काल में विभाजित है —सत्य, त्रेता, द्वापर तथा कलियुग। सत्ययुग में सदाचार का प्रभुत्व रहता है लेकिन वह शनैः-शनैः तब तक क्षीण होता रहता है, जब तक कि कलियुग में ये गुण पूर्णतया तिरोहित नहीं हो जाते। प्रत्येक कलियुग के अंत में भयानक विनाश, प्रलय होता है और फिर से स्वर्णयुग का आरंभ होता है। इन चार युगों को मिलाकर एक महायुग या महाचक्र माना जाता है। यह माना जाता है कि आज हम समय के जिस दौर से गुजर रहे हैं, वह कलियुग है।

**चार आश्रम या जीवन के चरण :** हिंदू दृष्टि में मनुष्य-जीवन चार आश्रमों या चरणों में विभक्त है—ब्रह्मचर्य, गार्हस्थ्य, वानप्रस्थ तथा संन्यास। चूँकि हिंदू लोग सौ वर्ष का जीवन-चक्र आदर्श मानते थे इसलिए ये प्रत्येक चरण पच्चीस-पच्चीस वर्ष के माने गए हैं। पहले पच्चीस वर्ष विद्यार्थी जीवन के—जब नवयुवक से यह अपेक्षा की जाती है कि वह योग्य शिक्षक की सेवा करते हुए अपना समय और शक्ति शिक्षा-प्राप्ति में लगाएगा; तथा कामलिप्सा से दूर रहेगा। यह चरण पूरा हो जाने पर वह गार्हस्थ्य में प्रवेश करेगा या गृहस्थ जीवन में प्रवृत्त होगा—जिसमें वह विवाह करेगा, संतानोत्पत्ति करेगा तथा समाज के कल्याण के लिए अर्थोपार्जन के कामों में हिस्सा लेगा। पचास का होते-होते वह अर्ध सेवानिवृत्ति वाले वानप्रस्थ चरण में प्रवेश करने के लिए तैयार हो चुका होगा, जिसमें प्रवेश कर वह धीरे-धीरे स्वयं को सांसारिक गतिविधियों से मुक्त करेगा ताकि धर्मग्रंथों के अध्ययन और ध्यानावस्था में प्रवृत्त हो सके। अंततः पचहत्तर वर्ष की आयु में वह स्वयं को सामाजिक जीवन से पूर्णतः मुक्त करने के लिए तैयार हो चुकता है तथा संसार छोड़कर संन्यासी या तपस्वी का जीवन व्यतीत करने के लिए तैयार हो जाता है—संपूर्ण सामाजिक दायित्वों से स्वयं को मुक्त कर आत्मिक ज्ञान की उपलब्धि के लिए निकल पड़ता है। हालाँकि जिस व्यक्ति ने सांसारिक जीवन का त्याग कर दिया हो और हिंदू धर्म में विद्यमान किसी एक धारा को अपना लिया हो वह व्यक्ति छोटी आयु में भी संन्यास आश्रम में प्रवेश कर सकता है।

**चार पुरुषार्थ या जीवन के लक्ष्य :** हिंदू चिंतन के अनुसार जीवन के चार लक्ष्य

हैं—धर्म, अर्थ, काम और मोक्ष। धर्म शब्द का अर्थ प्रायः धर्म माना गया है लेकिन वास्तव में इसका अर्थ बड़ा व्यापक है। इसमें न केवल धार्मिक और दार्शनिक तत्त्व निहित हैं बल्कि एक समूची सांसारिक दृष्टि निहित है—जिसमें भिन्न-भिन्न परिस्थितियों में सदाचार भी शामिल है। यह धृ धातु से बना है, जिसका अर्थ है धारण करना तथा व्यापक अर्थ में इसका प्रयोग प्रकृति के समष्टि सिद्धांत के लिए किया जाता है अर्थात् ब्रह्मांड को बनाए रखना। इसमें न्याय, सद्गुण, नैतिकता, न्यायसंगत नियम और कर्तव्य आते हैं। यह चारों पुरुषार्थों में प्रथम पुरुषार्थ माना जाता है क्योंकि यह सबसे अधिक व्यापक और मनुष्य के पूरे जीवन भर मान्य है। अर्थ या संपत्ति दूसरा लक्ष्य है। यह एक रोचक तथ्य है कि हिंदू धर्म न केवल संपत्ति की महत्ता स्वीकार करता है बल्कि उसे जीवन के चार लक्ष्यों में से एक आवश्यक लक्ष्य मानता है, बशर्ते कि धर्म के व्यापक सिद्धांत के अनुसार उसकी प्राप्ति और उपयोग हो। यहाँ फिर से पूर्ण रूप से यह समझकर कि त्याग तपस्वी के लिए ठीक हो सकता है पर साधारण जन के लिए नहीं। हिंदू धर्म भोगवाद को एक महत्त्वपूर्ण स्थान देता है। इसीलिए हिंदू धर्म में काम की अवधारणा सम्मिलित की गई है तथा वात्स्यायन के प्रसिद्ध ग्रंथ कामशास्त्र में इसका अपना एक विधान है। हिंदू-चिंतन का अंतिम लक्ष्य मोक्ष है अथवा दुख, बुढ़ापे एवं अंततः स्वयं मृत्यु से मुक्ति। जैसा कि पहले बताया गया है, मोक्ष न केवल मृत्यु के बाद जीवन का प्रश्न है—जोकि हिंदू धर्म में पहले से ही स्वीकृत है—बल्कि इसका अर्थ है आत्मिक शांति प्राप्त कर जीवन और मृत्यु के परे जाना, जिसके द्वारा मनुष्य को संसार-चक्र से मुक्ति मिलती है।

**चार वर्ण या जातियाँ :** पारंपरिक हिंदू दृष्टि के अनुसार आंतरिक गुणों के आधार पर मनुष्य को चार श्रेणियों में बाँटा गया है। इनमें ब्राह्मण सबसे ऊँची जाति के माने जाते हैं जो चिंतक दार्शनिक एवं पुरोहित होते हैं, जो समाज का आत्मिक मार्गदर्शन करते हैं तथा बौद्धिक आहार प्रदान करते हैं। दूसरी श्रेणी में क्षत्रिय या योद्धा आते हैं, जिनका धर्म राष्ट्र की रक्षा करना तथा आक्रमणकारियों से शासक राष्ट्र को बचाना होता है। तीसरी श्रेणी में वैश्य या व्यापारी आते हैं, जो कृषि या वाणिज्य से संबंधित काम करते हैं तथा चौथी श्रेणी में शूद्र या श्रमिक जाति आती है, जिसका काम होता है—सेवा करना। यह एक रोचक तथ्य है कि वर्ण शब्द का अर्थ रंग भी होता है और यदि कोई आदिकालीन भारत का इतिहास देखे तो यह स्पष्ट हो जाएगा कि आर्यों तथा तत्कालीन महान् द्रविड़ सभ्यता तथा असंख्य आदिवासी जन-जातियों के बीच रंग (वर्ण) की समस्या के कारण इस प्रकार की जाति की अवधारणा का विकास हुआ। इस जाति प्रथा के बंधन से परे जातिगत कुछ ऐसी श्रेणियाँ भी थीं जो जाति बहिष्कृत मानी जाती थीं—सैकड़ों वर्षों से जिनके प्रति दुर्व्यवहार हिंदू सभ्यता की अन्यथा उल्लेखनीय उपलब्धियों में एक कलंक है।

**चार योग या दैवी मार्ग :** योग शब्द युज् धातु से बना है, जिसका अर्थ है जोड़ना

या युक्ति, जिसका आशय है—आत्मा तथा ब्रह्म का वैयक्तिक चेतना के सर्वव्यापी दैवी अस्तित्व से मिलन। हिंदू दृष्टि में इस मिलन के कई तरीके हैं और आत्मिक ज्ञान की प्राप्ति के लिए इच्छुक प्रत्येक व्यक्ति अपनी भीतरी तथा बाहरी स्थिति के अनुरूप पद्धति का चुनाव करता है। यद्यपि तात्त्विक दृष्टि से मार्ग एक है लेकिन मनुष्य की भिन्न-भिन्न शक्तियों को दिए गए महत्त्व के कारण उनमें कुछ अंतर पड़ जाता है। हजारों वर्षों में चार मुख्य योग या मार्ग विकसित हुए हैं—ज्ञान, भक्ति, कर्म तथा राजमार्ग। ज्ञान बौद्धिक विवेचन का मार्ग है, जो उनके लिए उपयुक्त है, जिनकी बुद्धि अत्यंत विकसित है, जिन्हें सत्य तथा असत्य एवं क्षणभंगुर तथा शाश्वत जगत् के बीच भेद करने की शिक्षा तब तक दी जाती है जब तक कि उन्हें आत्मिक ज्ञान की अनुभूति नहीं हो जाती। भक्ति या ईश्वर के किसी एक रूप की उपासना का मार्ग भावनात्मक आवेग पर निर्भर करता है तथा प्रेम के संपूर्ण प्रभुत्व को आत्मिक ज्ञान की प्राप्ति तक ले जाने का मार्ग है। इस मार्ग में मनुष्य तथा दैवी शक्ति के बीच गहन भावनात्मक संबंध होता है, जिसे गीता में अर्जुन ने सुंदर ढंग से व्यक्त किया है—पिता का पुत्र के साथ, मित्र का एक प्रिय मित्र के साथ तथा प्रेमी का अपनी प्रेमिका के साथ संबंध, कर्म या कर्म करने का तरीका उन व्यक्तियों के लिए सबसे अधिक उपयुक्त है, जो विशेष रूप से समाज-सेवा की तरफ आकर्षित होते हैं, जिनके मन में दुख कम करने तथा संगठनात्मक कार्य करने की भावना प्रबल होती है, जिनके मन में कर्म की अंतःप्रेरणा परमात्मा को समर्पित होती है। अंततः राजयोग के अंतर्गत विभिन्न प्रकार के आत्मिक कार्य-व्यवहार आते हैं, जिसमें पतंजलि के प्रसिद्ध योगसूत्र में दी गई शारीरिक तथा मानसिक साधनाएँ शामिल हैं। किसी भी दृष्टि से ये मार्ग परस्पर विरोधी नहीं हैं बल्कि इनमें परस्पर सौहार्दपूर्ण सहजीवन है।

हिंदू-चिंतन का दूसरा महत्त्वपूर्ण पक्ष अवतार की अवधारणा है या मनुष्य के रूप में ईश्वर के अवतार की। चक्रिक समय की अवधारणा का ध्यान रखते हुए हिंदू धर्म यह मानता है कि पहले ऐसे असंख्य अवतार हो चुके हैं तथा भविष्य में ऐसे अनेक अवतार होंगे। जैसा कि स्वयं श्री कृष्ण ने गीता (4.7-8) में कहा है : "हे भारत ! जब-जब धर्म की ग्लानि होती है और अधर्म की प्रबलता फैलती है, तब-तब मैं ही स्वयं अवतार लेता हूँ। साधुओं की रक्षा के निमित्त तथा दुष्टों का नाश करने के लिए, युग-युग में धर्म-स्थापना के लिए मैं जन्म लिया करता हूँ।"

इन अवधारणाओं को ध्यान में रखकर हम अब भगवद्गीता की बात कर सकते हैं। उपनिषदों की शिक्षा शांतिपूर्ण वातावरण में हुई—सामान्यतया जंगल के किसी आश्रम में या किसी गुरु के एकांतवास में। भगवद्गीता की प्रस्तुति पूर्णतया भिन्न है। यहाँ गुरु तथा शिष्य—श्रीकृष्ण और अर्जुन—रणभूमि के केंद्र में खड़े किए गए हैं। शंख बज उठे और तीर चलने लगे, तब दोनों सेनाओं के बीच शांत खड़े अर्जुन अचानक मूर्छित-से हो गए, जब अपने सामने खड़ी पंक्ति में उन्होंने अपने संबंधी तथा

गुरु को देखे तब उनका मन अस्थिर हो उठा और उस विकट समय में अपने मित्र तथा गुरु से सही मार्ग दिखलाने का अनुरोध किया। इसलिए गीता की प्रस्तुति आज के मनुष्य की कठिन परिस्थितियों के समतुल्य है। मनुष्य आज स्वयं को गंभीर अंतर्द्वंद्व के बीच पाता है—बाहरी और भीतरी दोनों प्रकार के अंतर्द्वंद्वों के बीच, आज जीवन के रणक्षेत्र में उसे सही मार्गदर्शन की आवश्यकता है। इसी कारण आधुनिक मनुष्य की गीता में विशेष रुचि है।

गीता का दूसरा विशिष्ट पक्ष यह है कि वह चारों मार्गों का विवेचन कर उन्हें एक पूर्ण दैवी शक्ति की ओर ले जाकर एक समग्र लय से जोड़ती है। यह चारों योगों का विवेचन करती है लेकिन अर्जुन तथा श्रीकृष्ण के अभिभूत कर देनेवाले संबंध में उन्हें समाविष्ट करने का प्रयत्न करती है—मानवीय तथा दैवी संबंध को एक करने का। यद्यपि उपनिषदों का ब्रह्म निर्वैयक्तिक है इसलिए उसे 'तत्' कहा गया है। गीता में श्री कृष्ण स्वयं एक परमात्मा या ब्रह्म के रूप में उपस्थित होते हैं, जो कि अपनी सर्वव्यापी चेतना में व्यक्त और अव्यक्त दोनों से परे है। गीता की दिव्यता कोई अमूर्त अवधारणा नहीं है बल्कि अत्यंत सजीव व्यक्ति के रूप में मनुष्यों में श्रेष्ठ पुरुषोत्तम के रूप में अभिकल्पित है। इसलिए शिक्षा के अंत (18.61-62) में श्रीकृष्ण अर्जुन को इन शब्दों में समझाते हैं :

"हे अर्जुन ! सब प्राणियों के हृदय में रहकर ईश्वर अपनी माया से प्राणिमात्र को ऐसे घुमा रहा है, मानो सभी (किसी) यंत्र पर चढ़ाए गए हों, इसलिए हे भारत ! तू सर्वभाव से उसी की शरण में जा। उसके अनुग्रह से तुझे परम शांति और शाश्वत स्थान प्राप्त होगा।"

इस प्रकार तृतीय पुरुष में दिव्यता के संबंध में अपने भाव व्यक्त कर, कृष्ण निम्नलिखित विशिष्ट पद (18.65-66) में अपनी शिक्षा पूरी करते हैं :

> "मुझमें अपना मन रख, मेरा भक्त हो, मेरा यजन कर और मेरी वंदना कर;
> मैं तुझसे सत्य प्रतिज्ञा करके कहता हूँ कि (इससे) तू मुझमें ही आ मिलेगा
> (क्योंकि) तू मेरा प्यारा (भक्त) है।"

भगवद्गीता प्रेरणा और शक्ति का एक महत्त्वपूर्ण स्रोत है। इसके अनेक विशिष्ट पदों में ग्यारहवें अध्याय में एक अद्भुत दृश्य है, जहाँ अर्जुन के समक्ष श्रीकृष्ण अपने ऐसे दिव्य रूप में प्रकट होते हैं, जिसमें संपूर्ण ब्रह्मांड समाविष्ट है, लेकिन फिर भी उस रूप में एक ऐसी दिव्य शांति है, जो अभिव्यक्ति के सभी रूपों में प्रच्छन्न है। इसी दिव्य रूप का वर्णन इस प्रकार किया गया है—मानो आकाश में एक साथ हजारों सूर्यों की आभा प्रकट हो। गीता में कार्य और परिणाम से संबंधित वह प्रसिद्ध उक्ति भी है जिसे प्रायः उद्धृत किया जाता है। जहाँ मनुष्य को संसार के कल्याण के लिए निरंतर कार्यरत होना चाहिए, वहीं उसे अपने कार्य के परिणाम का मोह नहीं होना चाहिए। उसे दैवी अस्तित्व पर विश्वास रखना चाहिए, इस प्रकार अंतर मन में अनासक्त रहते

हुए गीता कर्म में अनवरत लिप्त रहने तथा संपूर्ण जीवन ईश्वर की सदिच्छा पर समर्पित करने की शिक्षा देती है। गीता की मूल अवधारणा है—मोहरहित कर्म।

यद्यपि हिंदू धर्म में अनेक अवतार हैं, जिसमें दक्षिण भारतीय परंपरा में विश्व के अनेक रूप शामिल हैं, लेकिन इनमें सबसे प्रसिद्ध विष्णु के दस अवतार हैं, जो दशावतार के नाम से प्रसिद्ध है। प्रचलित हिंदू धर्म पर इनका गहरा प्रभाव पड़ा है। इनमें सर्वाधिक प्रसिद्ध तथा व्यापक रूप से आराध्य देवता हैं राम तथा कृष्ण। यह एक रोचक तथ्य है कि ये दसों अवतार बड़े विशिष्ट तरीके से विकास की प्रक्रिया चित्रित करते हैं। पहला अवातर मत्स्य यानी मच्छ, दूसरा अवतार कूर्म यानी कच्छप, तीसरा अवतार वराह यानी शूकर, चौथा अवतार नरसिंह, पाँचवाँ अवतार वामन, छठा अवतार परशुराम—महान् परशे के धारक, सातवाँ अवतार श्रीराम—रामायण के महानायक, आठवाँ अवतार—श्रीकृष्ण दिव्य बाँसुरीवादक और महाभारत के सारथी, नौवाँ अवतार बुद्ध और इस चक्र के अंतिम अवतार जिन्हें अवतरित होना है वे हैं—कल्कि अवतार—जिन्हें सफेद घोड़े पर सवार एक सुंदर नवयुवक के रूप में चित्रित किया गया है—जो अपने हाथ में चमचमाती तलवार लिए हर तरफ मार-काट मचाए हुए हैं, शायद किसी प्रकार के प्रलयंकर आणविक संघर्ष का प्रतीक ! नवम अवतार के रूप में बुद्ध का समावेश विशेष उल्लेखनीय है क्योंकि यह हिंदू धर्म की उस महाशक्ति को प्रकाशित करता है, जिसमें धर्मद्रोही आंदोलनों को आत्मसात करने की क्षमता है। वास्तव में बुद्ध की प्रसिद्धि तथा प्रभाव दोनों इतने गहरे थे कि उन्हें भूला नहीं जा सकता, हालाँकि कुछ मामलों में उनकी शिक्षा प्रतिष्ठित हिंदूधर्म की मान्यताओं के विपरीत थी। वास्तव में तकनीकी दृष्टि से भारत में बौद्ध धर्मावलंबियों की संख्या बहुत कम है। इसका कुछ कारण तो यह है कि उनकी अधिकांश शिक्षा हिंदू धर्म की मुख्य धारा का अंग बन चुकी है, जैसे पशुबलि की कड़ी निंदा। कुछ हद तक ईसा मसीह के संबंध में भी यही कहा जा सकता है तथा अधिकांश हिंदुओं को उन्हें ईश्वर का अवतार मानने में कोई कठिनाई नहीं। हिंदू धर्म जो बात नहीं स्वीकार कर पा रहा, वह है—ईश्वर तथा ज्ञान पर किसी एक शिक्षक का एकमात्र अधिकार।

## सनातन हिंदू धर्म

वेद, उपनिषद् तथा दूसरे गौण धर्मग्रंथ जिनका सार भगवद्गीता में निहित है—भगवद् गीता में हिंदू धर्म की मुख्य आकृति स्पष्ट हुई है। लेकिन पिछले दो हजार वर्षों से लगातार अनेक पुरुषों तथा महिलाओं द्वारा हिंदू धर्म की व्याख्या तथा पुनर्व्याख्या की जा रही है। इनमें से कुछेक राजा थे, कुछेक प्रसिद्ध विद्वान् और कुछेक साधारण जन—अनपढ़ और अनगढ़। कुछ 'उच्चतर' ब्राह्मण और क्षत्रिय जाति के थे तो कुछ 'निम्नतर' जाति के थे—जिनमें से कुछ जाति-बहिष्कृत थे। कुछ विशुद्ध संस्कृत बोलते थे—मनुष्य की सबसे अधिक भव्य भाषा—तो कुछ अन्य लोग स्थानीय शैली। कुछ

बड़े-बड़े महलों और मंदिरों में रहते थे तो कुछ साधारण झोंपड़ियों में या फिर घर या आश्रयविहीन होते तो गाँव-देहातों में घूमते-फिरते रहते। कुछ शिव के भक्त थे, पहाड़ की चोटी पर भव्य एकांत में बैठे महाप्रभु—शिव के। कुछ कृष्ण के भक्त थे—वृंदावन के कुंजवनों में अपनी दिव्य बाँसुरी बजाते हुए चिरप्रेमी के। कुछ देवी के असंख्य रूपों में से किसी एक रूप की पूजा किया करते थे, सत्ता की गद्दी पर आसीन सौंदर्य की। कुछ प्रतीकों और दिव्यों के अक्षय भंडार से युक्त हिंदू धर्म में मान्य असंख्य देवताओं को अपनी श्रद्धांजलि अर्पित करते थे।

और फिर भी सुनहरे धागे सदृश इन विशिष्ट व्यक्तियों की व्याख्याओं को देख-सुनकर एक बात का साम्य सबमें मिलता है, वह है—ईश्वर की अनुभूति। हिंदू धर्म ने हमेशा उन सबका गहरा सम्मान किया है, जिन्हें किसी न किसी रूप में ईश्वर की अनुभूति हुई है। विद्वानों का सम्मान किया जाता है, शासक से भय परंतु वास्तविक श्रद्धा उनके प्रति होती है जो एक विशिष्ट जाति का निर्माण करते हैं, एक ऐसी जाति, जो कभी समाप्त नहीं होती। और यह एक उल्लेखनीय तथ्य है—जिसे हिंदू धर्म की इस अनवरत शक्ति का श्रेय है—कि इस धर्म ने प्रत्येक शताब्दी में कई ऐसी महान् आत्माओं को जन्म दिया है, जिन्हें ईश्वर की अनुभूति हुई है। उत्तर में कश्मीर से लेकर दक्षिण में केरल तक, पश्चिम में गुजरात से लेकर पूर्व में असम तक फैली इन महान् आत्माओं ने अपनी आत्मिक अनुभूति की शक्ति से हिंदू धर्म की आंतरिक शक्ति अक्षुण्ण रखी है और नितांत प्रतिकूल परिस्थितियों में हिंदू समाज को पुनरुज्जीवित किया है। यदि ऐसे महान् लोग न हुए होते, जो वास्तविक अर्थ में पृथ्वी के प्राण हैं, तो हिंदूधर्म, जिसे शताब्दियों तक ऐसे बर्बर उत्पीड़न का सामना करना पड़ा, इस पृथ्वी से विलुप्त हो चुका होता।

## महान् आचार्य

स्थानाभाव के कारण, पिछले दो हजार वर्षों में हिंदू धर्म में जो महत्त्वपूर्ण परिवर्तन हुए हैं, उनका एक सरसरा-सा सर्वेक्षण ही संभव है। पहला उल्लेखनीय चरित्र, जिसका नाम ध्यान में आता है, वह है तिरुवल्लुवर (ईसवी सदी 300 के आसापस) का, महान् तमिल संत, जिनकी उत्कृष्ट कृति तिरुक्कुरल, आमतौर पर तमिलवासियों के वेद के रूप में जानी जाती है। फिर याद आते हैं श्री आदि शंकराचार्य (ईसवी सदी 606 के आसपास) केरल के असाधारण दार्शनिक, जिन्होंने महान् हिंदूग्रंथों की प्रबुद्ध करनेवाली टीकाएँ लिखी हैं और शुद्ध संस्कृत में अनेक देवियों के नाम, असंख्य श्लोक और अद्वैत वेदांत दर्शन पर कई शोध प्रबंध रचे हैं। उन्होंने भारत की चारों दिशाओं में चार मठों की स्थापना की। दक्षिण में शृंगेरी में, पश्चिम में द्वारिका में, उत्तर में बद्रीनाथ में तथा पूर्व में पुरी में—सनातन हिंदू धर्म को बचाए रखने में इन केंद्रों का महत्त्वपूर्ण योगदान रहा। शंकर ने ज्ञान के माध्यम से अर्जित मुक्ति को परम महत्ता दी है—जो ज्ञान तथा वैराग्य

से जन्म लेती है। उनकी पद्धति में भक्ति और कर्म केवल प्रारंभिक और सहायक भूमिका अदा करते हैं।

शंकर के अद्वैतवाद दर्शन के कड़े प्रतिवाद में महान् तमिल विद्वान् रामानुज (ईसवी सदी 1017 के आसपास) का मार्ग है—विशिष्टाद्वैत, उन्होंने कहा—सर्वश्रेष्ठ मार्ग है—भक्तिमार्ग। अन्वेषक को ईश्वर के प्रति ऐसी प्रवल भक्ति विकसित करनी चाहिए कि उसे यह अनुभूति हो कि वह उसका एक अंश है और पूर्णतया उसकी कृपा पर निर्भर है। इसलिए रामानुज को यह विश्वास था कि व्यक्ति चाहे जितनी उन्नति करे पर वह कुछ अंशों तक ईश्वर से अलग ही रहेगा ताकि गहन आंतरिक पारस्परिक संवंध सदा बना रहे।

एक और दक्षिण भारतीय महान् आचार्य मध्वाचार्य (ईसवी सदी 1199 के आसपास) हुए, जिनकी पद्धति द्वैतवादी कही जा सकती है। उनका विश्वास था कि ईश्वर और व्यक्ति बिल्कुल भिन्न हैं और मुक्ति, दोनों के विलय में नहीं बल्कि आत्मा के ईश्वर के समीप होने में है और उसके गौरव के चिंतन में आनंद लेने में है। मध्वाचार्य का यह सिद्धांत भी हिंदू धर्म में सामान्यतया मान्य नहीं है कि वे आत्माएँ जो निरंतर बुरे कर्म में रत रहती हैं, वे अंततः इतना पीड़ित हो जाती हैं कि उन्हें इस संसार से सदा- सदा के लिए तिरस्कृत कर निर्वासित कर दिया जाता है।

इन महान् शिक्षकों और उनके शिष्यों ने प्रस्थानत्रयी की मौलिक व्याख्याएँ की हैं—हिंदू दर्शन की तीन स्थापनाएँ हैं—उपनिषद्, ब्रह्मसूत्र, और भगवद्गीता। बौद्धिक तथा शैक्षिक वर्गीकरण के अतिरिक्त हिंदू दर्शन को चिंतन की पद्धतियों में विभाजित किया गया है—प्रत्येक किसी महान् गुरु से संवंधित है—जो सामान्यतया तीन श्रेणियों में विभाजित है। कन्नड़ की वैशेषिका तथा गौतम के न्याय एक समूह के हैं, कपिल का सांख्य तथा पतंजलि का योग दूसरे समूह के, जैमिनी की पूर्व मीमांसा और व्यास का वेदांत तीसरे समूह के हैं। दर्शनशास्त्र के इन मतावलंबियों को आस्तिक या शास्त्रीय माना जाता है क्योंकि ये वेदों की अभिभूत कर देनेवाली शक्ति को स्वीकार करते हैं, जवकि भारतीय दर्शन की दूसरी शाखाओं को जैनमत (जिनके चौबीसवें तीर्थंकर छठी शताब्दी के महावीर) और बौद्धमत (उसी शताब्दी में गौतमबुद्ध द्वारा संस्थापित) को अनास्तिक या विधर्मी माना जाता है क्योंकि वे वेदों की शक्ति को अस्वीकार करते हैं।

भारतीय आत्मिक आंदोलन के इन महान् सपूतों के साथ-साथ सुदूर उत्तर में कश्मीर राज्य में एक अनोखी और अत्यंत समृद्ध परंपरा विकसित हुई—जिसे संसार ने शैवमत के नाम से जाना। यह वेदों पर नहीं बल्कि तंत्र पर आधारित है—(अत्यंत गूढ़ रहस्यमय ग्रंथ) इसमें महान् गुरुओं की एक लंबी परंपरा है—इनमें सबसे अधिक उल्लेखनीय नाम आचार्य अभिनवगुप्त का है (ईसवी सदी 950-975 के आसपास जन्म), संपूर्ण हिंदू परंपरा में महानतम आत्मिक शिक्षक के रूप में जिनका नाम लिया जाना चाहिए।

## आकारहीन का आकार

फिर भी इसका उल्लेख करना आवश्यक है कि जहाँ विद्वानों ने दर्शनशास्त्र के इन विभिन्न मतों का प्रचार किया, तर्क-वितर्क किया, वहीं साधारण जन के लिए हिंदू धर्म का अर्थ किसी ऐसे ईश्वर के प्रति भक्ति रहा है, जो देवत्व किसी पक्ष या अवतार का रूप हो। हिंदू धर्म में रूपकों, प्रतीकों तथा प्रतिमाओं का भंडार है और इस धर्म ने प्रतीकों तथा अवधारणाओं का ऐसा विन्यास तैयार किया है, जो अ-हिंदुओं को आश्चर्यचकित कर देता है। इसके कारण यह भ्रांत धारणा फैल गई है—जो आज भी कुछ क्षेत्रों में मौजूद है कि हिंदू धर्म बहुदेववादी है। हिंदू धर्म निश्चित रूप से अनेक रूपकों तथा प्रतीकों की भक्ति को प्रोत्साहन देता है, लेकिन यह समझ लेना आवश्यक है कि इन अनेक रूपों के पीछे वही सर्वव्यापी ईश्वरीय अस्तित्व है, जो भिन्न-भिन्न तरीकों से प्रतिबिंबित है।

संक्षेप में, लोक-प्रचलित हिंदू धर्म में तीन मुख्य देवताओं की पूजा होती है—शिव, स्वयं विष्णु की और उनके मुख्य अवतारों की तथा देवी की। शिव, महादेव, महान् आदियुगीन देवता हैं और इस पर विश्वास करने का यह कारण है कि वे एक आर्येतर देवता हैं क्योंकि सिंधु घाटी सभ्यता (ईसवी पूर्व 5000-3000 के आसपास) की जिन मुहरों को अभी तक पढ़ा नहीं जा सका है, उन पर एक ऐसा चित्र उत्कीर्ण है जिसका एक पैर दूसरे पर रखा हुआ है। इस चित्र की कई आकृतियाँ शिव से मिलती-जुलती हैं। लिंग-पूजा शिव-पूजा का एक अभिन्न अंग बन गई है, सभी अभिव्यक्तियों के पीछे छुपी सर्जक शक्ति का एक शक्तिशाली प्रतीक। सामान्यतया उन्हें पर्वत पर ध्यानमग्न बैठे देदीप्यमान तपस्वी के रूप में चित्रित किया जाता है—राख से पुते हुए शरीर में जहरीले साँप गर्दन में लपेटे हुए तथा पवित्र गंगा उनकी जटा-जूट से बहती हुई। इनका शिव तांडव नृत्य विख्यात है इसलिए इस रूप में भी इनकी पूजा की जाती है, नटराज, जिनका नृत्य ब्रह्मांड के नैरंतर्य चक्र का प्रतीक माना जाता है, जहाँ प्रतिपल लाखों-करोड़ों सृष्टियों का संहार होता है तथा लाखों-करोड़ों शाश्वत लय की गति से जन्म लेते हैं। वस्तुतः नृत्य करता हुआ शिव का सुंदर रूप मानवीय कला की श्रेष्ठता का प्रतीक है।

अपने भयंकर रूप के बावजूद, शिव (शब्द का अर्थ ही शुभ है) को प्रसन्न करना सहज है। आशुतोष, उन दैत्यों को भी वरदान देने में उदार हैं, जो उनके वरदानों का दुरुपयोग करते हैं। जन्म और मृत्यु के जनक होने के कारण वे न तो जन्म लेते हैं और न मृत्यु को प्राप्त करते हैं। दक्षिण भारत में एक परंपरा है, जिसका यह विश्वास है कि कई भिन्न-भिन्न अवसरों पर शिव मनुष्य रूप में अवतरित हुए हैं—या तो अपने भक्तों की सहायता के लिए या अपने गूढ़ रहस्यों का अर्थ खोलने के लिए। वे महायोगी हैं—महान् तपस्वी—और योग के अनुसार आचरण करनेवालों के संरक्षक।

शिव, हिंदू त्रिमूर्ति के अंतिम देवता हैं—ब्रह्मा स्रष्टा हैं, विष्णु संरक्षक तथा शिव संहारक। लेकिन यह याद रखना आवश्यक है कि ये तीनों अलग-अलग देवता नहीं बल्कि एक ही ईश्वर के तीन रूप हैं। इसको सुंदर ढंग से चित्रित किया गया है—बंबई समुद्र-तट से दूर ऐलिफैंटा द्वीप पर एक अखंडित शिला पर त्रिमूर्ति का एक भव्य चित्र उत्कीर्ण है। विश्व की एक महान् कलाकृति, इस विशाल मूर्ति में ईश्वरीय सत्ता के तीनों पक्ष स्पष्ट रूप से एक दिव्य मूर्ति में एकीकृत है। वास्तव में भारत की महान् कला ईश्वर की अवधारणा और स्वयं विषय की समझ का उपयोगी मार्ग दिखाती है। मूर्तिकला और रंगकर्म के अलावा, भारत के महान् शास्त्रीय नृत्य रूप, विशेषकर भरत नाट्यम्—ऐसी अवधारणाएँ सजीव कर सकते हैं, जिन्हें अगर केवल लिखित रूप में देखा जाए तो रहस्यमय और एक पक्षीय प्रतीत हो सकते हैं।

विष्णु एक ऐसे बड़े भारी सर्प पर लेटे हुए हैं, जो क्षीर सागर में तैरता रहता है। उनके इस रूप की पूजा कई मंदिरों में होती है, खासकर दक्षिण भारत में, लेकिन शेष भारत में उनकी पूजा उनके अत्यंत दो लोक-प्रचलित अवतारों की की जाती है, जो दो महाकाव्यों के नायक हैं—श्री राम और श्री कृष्ण। वास्तव में ये दो नाम हजारों वर्षों से हिंदू धर्म का अमर संदेश अरबों-खरबों जनों तक पहुँचा रहे हैं—न केवल भारत में बल्कि समूचे विश्व में—जहाँ कहीं भी हिंदू संस्कृति का प्रभाव अनुभव किया गया है। श्री राम हाथ में धनुष लिए, अपनी महान् पत्नी सीता तथा अपने भाई लक्ष्मण और अपने सच्चे भक्त हनुमान के साथ चित्रित हैं। श्री कृष्ण असंख्य रूपों में चित्रित हैं—

बालरूप से लगाकर (बालकृष्ण) अर्जुन के सारथी (पार्थ सारथी) के रूप में अंत होता है। लेकिन उनका अत्यंत प्रचलित और आकर्षक रूप एक सुंदर युवा ग्वाले का है—गोपाल कृष्ण, श्यामवर्णी, देदीप्यमान, दिव्य बाँसुरी बजाते हुए बाँकी मुद्रा में खड़े हुए। सामान्यतया उनकी पूजा राधा के साथ होती है—गोपी, जो कृष्ण-भक्ति के मर्म का प्रतीक बन गई है। विष्णु की पूजा कहीं-कहीं नरसिंह के रूप में भी होती है, जो संसार को दैत्यराज हिरण्यकश्यपु से मुक्त करने और उसके पुत्र महान् भक्त बालक प्रहलाद की रक्षा के लिए पृथ्वी पर अवतरित हुए।

भारत में भक्ति का तीसरा मुख्य केंद्र देवी है—असंख्य रूपों में देवी की पूजा होती है। पार्वती यानी शिव की सहचरी के रूप में उसकी पूजा की जाती है, लक्ष्मी यानी विष्णु की सहचरी, सीता और राधा की भी पूजा श्री राम और श्रीकृष्ण के साथ की जाती है, लेकिन महत्त्वपूर्ण यह है कि उनकी पूजा केवल सहचरी के रूप में नहीं बल्कि शक्ति और सौंदर्य की मूर्ति के रूप में भी की जाती है। शेर पर सवार अठारह भुजाओं वाली देवी दुर्गा के रूप में जो दैत्य-दल को भूसी की भाँति उड़ाते हुए आगे बढ़ती जाती है, रथपर खड़ी भयानक नग्न देवी काली के रूप में, जो अपने तुरंत मारे हुए शत्रु का रक्त पीती हुई चित्रित हैं; कला काव्य और संगीत की देवी सरस्वती के रूप में जो विद्या और ज्ञान की संरक्षिका हैं। माँ सरस्वती की पूजा किसी न किसी रूप में पूरे विश्व में

होती है लेकिन हिंदू धर्म में वह अपनी समस्त महिमा के साथ प्रकट है।

दुर्गा के जन्म के संबंध में एक पौराणिक मिथक है जो प्रतीकात्मक महत्त्व से भरपूर है। महिषासुर नामक एक बड़ा दैत्य, भौतिक दुनिया की क्रूर शक्ति का प्रतिनिधित्व करता हुआ—सभी मुख्य-मुख्य देवताओं को परास्त करने और सृष्टि पर अपनी सर्वसत्ता स्थापति करने में सफल हुआ। देवता निराश हुए क्योंकि अपने समस्त प्रयासों के बावजूद वे उस भयानक राक्षस को परास्त नहीं कर सके। अंत में वे एक पहाड़ की चोटी पर इकट्ठे हुए और इकट्ठे होकर अपनी दिव्य शक्ति का प्रयोग करने का निर्णय किया। देवों के देव इंद्र के नेतृत्व में प्रत्येक ने अपनी-अपनी शक्ति का प्रयोग किया, जो किसी-न-किसी शस्त्र के रूप में उनके पास थी। इस महाधार्मिक कृत्य के बाद जब समस्त दिव्य शक्तियाँ एकत्र कर ली गईं तब चौंधिया देनेवाले प्रकाश का उदय हुआ, जिसने तीनों लोकों में अपनी महिमा फैलाई और फिर उस प्रकाश से जन्म हुआ दुर्गा का—भयानक शेर पर सवार महान् देवी दुर्गा का, जिसके अठारह हाथ थे और प्रत्येक हाथ में एक शस्त्र। फिर उस देवी ने महिषासुर से युद्ध किया और नौ रात तथा नौ दिनों तक भीषण युद्ध कर अंततः राक्षस का संहार कर संसार को उसके भयानक आतंक से मुक्त किया। हिंदू लोग आज भी दानवी शक्ति पर दैवी शक्ति की विजय के प्रतीक के रूप में प्रतिवर्ष नवरात्र की नौ रातों में उत्सव मनाते हैं।

शिव, विष्णु और देवी के अलावा ऐसे असंख्य देवी-देवता हैं, जिनकी उपासना तथा पूजा-अर्चना हिंदू लोग आज भी करते हैं। इनमें हाथी के मस्तकवाले गणेश हैं जो विघ्न-बाधाओं को दूर करनेवाले माने जाते हैं; किसी भी शुभ कार्य का आरंभ होने से पहले जिनकी पूजा अत्यावश्यक है; कार्तिकेय या सुब्रमण्य, शिव और पार्वती के छोटे पुत्र के रूप में दक्षिण भारत में इनकी पूजा व्यापक स्तर पर होती है; श्री राम के भक्त हनुमान, जो अपने वानरी रूप-रंग के बावजूद बुद्धिमान और शक्तिशाली हैं; तीन सिर वाले देवता दत्तात्रेय, जो गूढ़ रहस्यों की खोज में लगे योगियों के संरक्षक माने जाते हैं; शिव और विष्णु के मोहिनी रूप के संयोग से उत्पन्न हुए देवता अय्यप्पन, जो दक्षिण भारत में पूजे जाते हैं; सूर्य देव, जिन्हें प्रत्यक्ष देव के नाम से जाना जाता है और सामान्यतया जिनकी पूजा प्रसिद्ध गायत्री मंत्र के पाठ से की जाती है। यह एक विचित्र तथ्य है कि हिंदू त्रिमूर्ति के प्रथम देव ब्रह्मा का पूरे भारत में केवल एक मंदिर है, जो पुष्कर में स्थित है; यह स्पष्ट है कि वैदिक काल के अन्य देवताओं, जैसे इंद्र और वरुण की भाँति उनकी पूजा का भी प्रचलन समाप्त हो गया है।

यह याद रखना आवश्यक है कि इन विभिन्न देवताओं की पूजा किसी भी रूप में परस्पर विरोधी नहीं हालाँकि सामान्यतया प्रत्येक हिंदू परिवार का एक विशेष देवता होता है—इष्ट देवता—पर अपनी दैनिक पूजा में वह प्रायः तीन या चार देवताओं की पूजा करता है और किसी मंदिर में दर्शनार्थ जाने पर वह उस मंदिर में प्रतिष्ठित देवता को श्रद्धांजलि अर्पित करता है। देवी-देवताओं के मानवीय रूप की पूजा के अलावा,

कुछ हिंदू लोग ध्यान के प्रयोजन से कुछ प्रतीकों का भी इस्तेमाल करते हैं। इनमें सबसे अधिक महत्त्वपूर्ण 'ओम्' है, जो धर्मग्रंथों में स्वयं ब्रह्म के श्रव्य-दृश्य प्रतीक के रूप में वर्णित है तथा प्रतीकों के प्राचुर्य से संपन्न है।

ओम् के प्रतीक और ध्वनि पर ध्यान—योग का एक महत्त्वपूर्ण पक्ष है, एक ऐसा शब्द जो पूरे विश्व में लोकप्रिय हो गया है लेकिन सामान्यतया उसका अर्थ ठीक-ठीक समझा नहीं गया। जैसाकि पहले कहा जा चुका है, योग का अर्थ है मनुष्य-चेतना को दिव्यत्व से जोड़ना और इस अर्थ में इसे आत्मिक प्राप्ति के चार मार्गों के साथ प्रयुक्त किया जा सकता है। कुछ और अधिक विशिष्ट अर्थ में योग में शारीरिक और मानसिक क्रियाएँ निहित हैं, जो मानसिक और शारीरिक क्रियाओं के नियंत्रण की दिशा में प्रवर्तित है, विशेषकर श्वास-प्रक्रिया के नियंत्रण के लिए। इस योग का आदर्श मूल पाठ पतंजलि का योग-सूत्र है, जो कि विश्व के महान् धार्मिक ग्रंथों में से एक है।

पतंजलि के सूत्र शारीरिक, मनोवैज्ञानिक एवं नैतिक अनुशासन के लिए अष्टांग योग का निर्धारण करते हैं। यदि योग्य शिक्षक के निर्देश के अनुरूप इनका समुचित पालन किया जाए तो अन्वेषक की चेतना में इसका धीरे-धीरे क्रमिक प्रभाव पड़ता है, जब तक कि विशुद्ध चेतना के रूप में आत्मा अपना प्राचीन गौरव नहीं प्राप्त कर लेती। इस मार्ग में कुंडलिनी शक्ति, जो मनुष्य की रीढ़ के नीचे स्थित मानी जाती है, को जागृत करने की प्रक्रिया भी शामिल है। जैसे-जैसे यह शक्ति शरीर के विभिन्न भागों से होती हुई जागृत होती जाती है, वैसे-वैसे चेतना भी उन्नत होती जाती है। जब तक कि मस्तिष्क के शीर्ष भाग में स्थित चक्र में उसका विस्फोट नहीं हो जाता—सहस्रार या हजार पंखुड़ियों वाला कमल—जहाँ आत्मा और ब्रह्म का मिलन होता है और अन्वेषक परमानंद को प्राप्त नहीं हो जाता। यह उन्नत दशा जिसे समाधि के नाम से जाना जाता है, सभी यौगिक क्रियाओं का लक्ष्य है।

हिंदी साहित्य में योग के विभिन्न पक्षों पर पुस्तकें उपलब्ध हैं—ये सारी पुस्तकें पतंजलि द्वारा निर्धारित सूत्रों पर आधारित हैं। इनमें तंत्र या गूढ़ रहस्यों से संबंधित पुस्तकें भी हैं, जो कुंडलिनी शक्ति को जागृत करने तथा आत्मिक शक्ति उपलब्ध करने की विभिन्न क्रियाओं और तकनीकों से संबंधित हैं। ये चमत्कारी शक्तियाँ या सिद्धि यौगिक क्रियाओं का महत्त्वपूर्ण पक्ष मानी जाती हैं लेकिन उनका दुरुपयोग या अत्यधिक प्रदर्शन परम लक्ष्य की प्राप्ति में बाधा माना जाता है। सदियों से, आज की तरह ही, भारत में अनेक ऐसे व्यक्ति होते आए हैं, जिनके पास ये शक्तियाँ रही हैं; और चमत्कारी शक्तियों का व्यावसायिक उपयोग योगियों के लिए सदा से एक व्यावसायिक संकट रहा है, जिससे बचना आसान नहीं।

हिंदू धर्म का एक महत्त्वपूर्ण पक्ष—चाहे वह योग हो या दर्शनशास्त्र की कोई अन्य पद्धति, विषय या शिक्षा—गुरु या शिक्षक को प्रदान की गई विवेचनात्मक महत्ता है ! हिंदू-परंपरा में गुरु का सम्मान माता-पिता से भी अधिक किए जाने का विधान है,

क्योंकि हमारे माता-पिता हमें शारीरिक जीवन देते हैं जबकि गुरु हमारा आत्मिक पुनर्जन्म संभव बनाता है, जिसके द्वारा मनुष्य अपनी ब्रह्मांडीय नियति पूरी कर सकता है। यह विचार, जो अधिकांश लोगों को कुछ अतिरंजित लगता है, अधिक स्पष्ट हो जाएगा, जब यह बात समझ ली जाएगी कि मनुष्य का गुरु उस दिव्य शक्ति का प्रतीक है, जो हमारे भीतर मौजूद है। गुरु शब्द का अर्थ ही अंधकार को दूर भगानेवाला है तथा सामान्य मानव-चेतना के भौतिक अंधकार में आत्मिक ज्ञान का प्रकाश लाकर वस्तुतः गुरु एक अनोखा और मूल्यवान कार्य संपन्न करता है।

कहने की आवश्यकता नहीं कि हिंदू धर्म में दूसरे अधिकांश धर्मों की तरह आत्मिक गुरु के वेश और आचरण में छल-पट करनेवाले छद्मवेशियों की कमी नहीं। सामान्यतया व्यक्ति को जैसा गुरु मिलना चाहिए, वैसा गुरु मिलता है और एक सुप्रतिष्ठित परंपरा है जिसमें शिष्य के तैयार होते ही गुरु प्रकट होता है। मुंडक उपनिषद् में सच्चे गुरु के दो गुण बताए गए हैं, दोनों गुणों का होना आवश्यक है यदि व्यक्ति को उस उन्नत स्थिति तक पहुँचना है। गुरु में दो गुण माने गए हैं अर्थात् उसे श्रोत्रिय अर्थात् वेदों में पारंगत होना चाहिए और ब्रह्म श्रेष्ठ होना चाहिए। हिंदू धर्म मानता है कि गुरु के बिना आत्मिक प्राप्ति संभव नहीं, हालाँकि कभी-कभी गुरु के न होने पर किसी पुस्तक या धर्मग्रंथ से काम चलाया जा सकता है। ऐसे भी उदाहरण हैं, जिनमें लोग प्रत्यक्ष किसी गुरु से नहीं बल्कि स्वप्न में किसी दिव्य आत्मा द्वारा दीक्षित किए गए हैं।

## भक्ति-आंदोलन

उत्तर में कई शताब्दियों तक विदेशी आक्रमण तथा विजय के कारण भारी उथल-पुथल रही, पर इसके बावजूद हिंदू धर्म का विकास होता रहा। वस्तुतः मुसलमानों के शासन के दौरान इसके विकास का एक महत्त्वपूर्ण पक्ष दुतरफा आंदोलन रहा, मुसलमानों के बढ़ते हुए सख्त अत्याचारों के कारण हिंदू धर्म ने स्वयं को सुरक्षित रखने का आंतरिक सहारा लिया; उनके धर्म में हिंदू धर्म में प्रचलित रीति-रिवाज निषिद्ध थे, विशेष रूप से मूर्तिपूजा; तथा एक समन्वयवादी आंदोलन चला, जिसमें रहस्यात्मक स्तर पर दोनों धर्मों में समन्वय स्थापित करने की संभावना थी। इन दोनों आंदोलनों के कारण एक तरह का आश्चर्यजनक भक्ति पूर्ण पुनरुद्धार हुआ, जिसे भक्ति-आंदोलन के नाम से जाना जाता है—हिंदू धर्म के लंबे और घटनापूर्ण इतिहास का एक अत्यंत रोचक आंदोलन।

पूरे मध्ययुग में अनेक असाधारण संत गायक कवि हुए, जिन्होंने दिव्य प्रेम और भक्ति भाव से जीवन-यापन का उपदेश दिया। इसके पहले की अधिकांश हिंदू शिक्षा केवल संस्कृत में थी पर यह नया आंदोलन कठोर और रूढ़िवादी ब्रह्म परंपरा से हटकर चला और अपना संदेश जन-जन तक पहुँचाने के उद्देश्य से इन संत गायकों और कवियों ने प्रादेशिक भाषा और बोलियों का प्रयोग किया। इसके कारण कठोर जाति बंधन और निषेध, जो कि सनातन हिंदू धर्म का एक नकारात्मक वैशिष्ट्य बन चुका

था, के विरुद्ध विद्रोह हुआ। संत कवि तथा गायक न केवल सभी जातियों और संप्रदायों से आए, जिसमें मुसलमान और कुछ उल्लेखनीय महिलाएँ भी थीं लेकिन उनका संदेश साधारण जन के लिए था जिसमें जातिवाद या मतवाद का स्थान नहीं था।

इस्लाम में भी, कट्टरपंथी या उलेमा (मुल्लावर्ग) के विपरीत, ईश्वर के प्रेम में डूबे हुए अन्वेषकों की एक रहस्यवादी परंपरा रही है। इन्हें सूफी कहा जाता था और इसी सूफी परंपरा के साथ भक्ति-आंदोलन का घनिष्ठ संबंध बना। पहले प्रमुख सूफी शिक्षक जो भारत में आए, उनका नाम था ख्वाजा मुइनुद्दीन चिश्ती (जन्म 1142)। वे लगभग बारहवीं शताब्दी के अंत में दिल्ली आए और अंततः अजमेर में बसे, जहाँ उनके बहुत से शिष्य थे—हिंदू और मुसलमान दोनों। वहाँ उनकी समाधि, दरगाह शरीफ—मुसलमानों के मुख्य तीर्थ केंद्रों में से एक है, जिसमें प्रतिवर्ष असंख्य हिंदू तीर्थयात्री भी जाते हैं। हिंदू धर्म में, मध्ययुगीन रहस्यवाद के पहले महान् चिंतक रामानंद (1370-1440 के आसपास) थे। हालाँकि वे रामानुज के शिष्य थे, रामानंद पारंपरिक पुरातनपंथियों से दूर रहे और जातिभेद को चुनौती दी और उन्होंने संस्कृत के बजाय हिंदी में उपदेश दिए। उनके सर्वाधिक प्रसिद्ध शिष्य गुरु रविदास थे, जो पेशे से मोची थे। केवल आत्मिक गुणों के कारण वे अपने समय के सर्वाधिक सम्मानित शिक्षक हुए और आज भी उनके लाखों अनुयायी हैं।

रामानंद के अधिकांश शिष्य निम्न जाति के थे, उनमें से सर्वाधिक प्रसिद्ध कबीर हुए, जिन्हें हिंदू और मुसलमान दोनों अपना मानते थे। कबीर (जन्म 1440-1518) एक मुसलमान जुलाहे के पुत्र थे, जो अपनी प्रारंभिक अवस्था में ही भक्ति-आंदोलन की तरफ आकर्षित हुए। उन्होंने अपने गीतों में धार्मिक पुरातनपंथी, कर्मकांड और असहिष्णुता पर प्रहार किया है। कबीर ने अपने भीतर सूफी और भक्ति दोनों परंपराओं का सुंदर समन्वय किया। उनके एक गीत में निम्नलिखित पद है जिसका अनुवाद रवींद्रनाथ टैगोर ने किया था—

> मोको कहाँ ढूँढ़े बंदे मैं तो तेरे पास में !
> ना मैं देवल ना मैं मसजिद, न काबे कैलास में।
> न तो कौने क्रिया-कर्म में, नहीं योग वैराग में।
> खोजी होय तो तुरतै मिलिहौं, पल भर की तलास में।
> कहैं कबीर सुनो भई साधो, सब स्वाँसों की स्वाँस में।

कबीर ने अपने जीवनकाल में समूचे भारत में अपना अद्‌भुत प्रभाव छोड़ा। इस तथ्य के बावजूद कि वे एक गरीब जुलाहे थे पर अपनी आत्मिक अनुभूति की शक्ति के कारण वे प्रशंसा के पात्र बने। उनकी मृत्यु के संबंध में एक रोचक, परंतु शायद अप्रामाणिक कथा है, हिंदू और मुसलमान दोनों ने उनके मृत शरीर पर अपने अधिकार

बताया—हिंदुओं ने कहा—उनका दाह-संस्कार होना चाहिए और मुसलमानों ने कहा—उनको दफनाया जाना चाहिए। कहा जाता है कि जब भीड़ तितर-बितर हो गई तब उनका शरीर लुप्त हो गया और उस स्थान पर फूलों का ढेर मिला। फिर ये फूल दोनों पक्षों को बाँट दिए गए। हिंदू लोग अपने फूल ले गए और बड़े भक्ति भाव से उनका दाह-संस्कार किया और मुसलमान अपने फूल ले गए और बड़े आदर तथा श्रद्धा से उनको दफना दिया। इस तरह, जिस प्रकार अपने जीवनकाल में कबीर ने भारत के दो सबसे बड़े धार्मिक संप्रदायों को आत्मिक घनिष्ठता और भाईचारे का उपदेश दिया, उसी प्रकार मरकर भी वही उपदेश दिया।

कबीर के बहुत से शिष्य थे लेकिन शिक्षक केवल दो ही थे जो उनसे बहुत अधिक प्रभावित हुए—उनका उल्लेख आवश्यक है। पहले तो नानक (1469-1538) थे, जिन्होंने सिक्ख धर्म स्थापित किया। उन्होंने इस बात पर बहुत अधिक बल दिया है कि ईश्वर के पास न कोई हिंदू है, न मुसलमान और सिक्खों की पवित्र पुस्तक ग्रंथ साहिब के अधिकांश पदों में इस अवधारणा की गूँज है। कबीर के दूसरे अनुयायी दादू (1544-1603) थे। उन्होंने भी एक प्रभावशाली आंदोलन चलाया, जो दादूपंथ के नाम से जाना गया है। उन्होंने बड़े सुंदर पद लिखे, एक पद में वे कहते हैं, ईश्वर मेरा पूर्वज, वह स्रष्टा मेरा संबंधी, विश्व गुरु मेरी जाति, मैं शिशु हूँ सर्वशक्तिमान का।

भक्ति-आंदोलन के दौरान महान् साहित्य की प्रचुर रचना हुई। विशाल हिंदी भाषी क्षेत्र में यमुना-गंगा के दोआबे में दो विशिष्ट चरित्र हुए—एक थे तुलसीदास (1527-1623) और दूसरे सूरदास (1478-1581)। तुलसीदास ने हिंदी में पहला और उत्कृष्ट महाकाव्य रामचरितमानस लिखा, जिसमें रामायण की कथा भक्तिभाव से कविता में कही गई है। रामायण के अनेक रूप मिलते हैं जिसमें सर्वाधिक महत्त्वपूर्ण वाल्मीकि का संस्कृत और कंबन का तमिल रूप है। लेकिन रामचरितमानस का अनोखा प्रभाव पड़ा है। उत्तर भारत में लाखों हिंदुओं के लिए सदियों से यह महाकाव्य सांस्कृतिक और धार्मिक आधार प्रदान करता रहा है और उसके दोहे और चौपाइयाँ आज तक गाँव-गाँव में और शहर-शहर में गाई जाती हैं। औपनिवेशिक शासन के दौरान भारत में फीजी, सूरीनाम और मारिशस तथा अन्य बागानों में जानेवाले गिरमिटिया मजदूर अपने साथ यह महाकाव्य ले गए थे, जो आज भी उन्हें इनकी धरती से जोड़े हुए है। तुलसीदास श्री राम को ईश्वर का परम अवतार मानते हैं, जो मनुष्य की मुक्ति के लिए पृथ्वी पर अवतरित हुए और जो श्रद्धा और समर्पण के पात्र हैं।

सूरदास को कुछ आलोचक तुलसीदास से भी बड़ा कवि मानते हैं, वे बचपन में ही अंधे हो गए थे फिर भी उन्होंने कृष्ण-भक्ति की स्तुति में सुंदर भक्ति-पद लिखे हैं। उनके पदों में कृष्ण की बाल-लीला, किशोरावस्था में उनके नटखटपन, वृंदावन की गोपियों के साथ उनका खिलवाड़ और उनके मायावी साहसिक कार्यों का अद्‌भुत वर्णन है। दिव्य प्रेमी की साक्षात् प्रतिमा जैसा उनके देदीप्यमान व्यक्तित्व के दर्शनों के लिए, उनकी

दिव्य बाँसुरी के स्वर सुनकर वृंदावन के ग्वाल-बाल भागे चले आते—यह सब हिंदू धर्म की महान् परंपरा का रूप है। तुलसीदास और सूरदास दोनों भक्तिकाल के अन्य संत कवियों के साथ—जिसमें रसखान भी हैं—जो श्री कृष्ण के दूसरे अनन्य भक्त हैं—ने लोकप्रिय हिंदू धर्म के सुंदर पद उजागर किए। ऐसे समय में जब भारत के अधिकांश भाग में मुसलमान शासन स्थापित हो रहा था और पुरानी सनातनी कट्टरपंथी के प्रति लोगों के मन में अविश्वास पनप रहा था, तब भक्ति-आंदोलन ने एक बार फिर से हिंदू धर्म की सहिष्णुता और परिवर्तित परिस्थितियों में उसके अनुयायियों में उसके पुनरुद्धार तथा उसकी पुनर्व्याख्या की क्षमता प्रदर्शित की।

कर्नाटक में, महान् संत पुरंदरदास (1480-1564) ने ईश्वर की गौरव-गाथाएँ गा-गाकर असंख्य अनुयायी बनाए। पूर्वी भारत, विशेषकर बंगाल, सदा से हिंदू धर्म का एक महत्त्वपूर्ण केंद्र रहा है। ग्यारहवीं सदी में महान् भक्त कवि जयदेव हुए, जिन्होंने संस्कृत शास्त्रीय साहित्य के बाद गीति काव्य 'गीतगोविंद' की रचना की, जिसमें उन्होंने श्रीकृष्ण की कथा रची और बंगाल तथा उड़ीसा की वैष्णव भक्ति की स्तुति की। चैतन्य (1485-1534) नाम के एक असाधारण संत ने, जिनका लोकप्रिय नाम महाप्रभु है—उनके भक्त उन्हें श्री कृष्ण का अवतार मानते हैं—बंगाल में वैष्णव आंदोलन की स्थापना की। उनकी धर्म-सेवा की यह विशिष्टता थी कि उनके भक्त गाँव-गाँव और शहर-शहर में घूमकर भजन-कीर्तन करते और गीत गाते थे। प्रायः धार्मिक गीत गाते-गाते पुरुष पर एक प्रकार का धार्मिक उन्माद-सा छा जाता और स्वयं चैतन्य भी श्री कृष्ण का चिंतन करते हुए भाव-समाधि में लीन हो जाते। हालाँकि उन्होंने अधिक नहीं लिखा परंतु उन्होंने बंगाली और उड़िया साहित्य के परवर्ती विकास पर गहरा प्रभाव डाला। सुदूर पूर्व में ब्रह्मपुत्र घाटी में दूसरे महान् शिक्षक और सुधारक शंकरदेव (1448-1568) हुए, जो असमिया में लिखते थे, उन्होंने उस क्षेत्र के हिंदुओं को बहुत अधिक प्रभावित किया। महाराष्ट्र के तुकाराम (1607-1649) ने भी यही किया, इसके पहले महाराष्ट्र में संत ज्ञानेश्वर हुए थे, जिनकी मराठी कृति 'ज्ञानेश्वरी' हिंदूधर्म की महान् शास्त्रीय कृतियों में से एक है।

भक्ति-आंदोलन के किसी भी सर्वेक्षण से, वह चाहे कितना ही संक्षिप्त हो, दो ऐसी विशिष्ट महिलाओं के नाम नहीं हटाए जा सकते, जिन्होंने आनेवाली पीढ़ियों पर अपनी प्राप्ति की अमिट छाप छोड़ी है। लालेश्वरी एक कश्मीरी योगिनी थी, जिन्हें प्रारंभिक अवस्था में ही ईश्वर की प्राप्ति हो गई थी और जिनका जीवन पौराणिक कथाओं और चमत्कारी कहानियों से भरा पड़ा है। उनकी वाणी ईश्वर के भाव-प्रवण प्रेम के माध्यम से ईश्वर की अनुभूति के प्रत्यक्ष मार्ग की शिक्षा देती है तथा सांसारिक वैभव और पारिवारिक बंधन को काटने तथा जाति और मतवाद की दुविधा से ऊपर उठने का संदेश देती है, वे लिखती हैं—

शिव कण-कण में व्याप्त है,
फिर हिंदू और मुसलमान में,
फर्क कैसा ?
अगर तू चतुर है,
पहचानता है स्वयं को
तो है तेरे पास ज्ञान सच्चा
ईश्वर का।
मैंने छोड़ा छल, कपट, झूठ, धोखा,
अपने सभी साथियों में एक ही
ईश्वर को देखने की बात
मैंने अपने मन को समझाई।
फिर मैं कैसे फर्क करूँ
आदमी और आदमी में,
तो कैसे अपने भाई का
दिया हुआ अन्न न स्वीकार करूँ ?

भक्तिआंदोलन की दूसरी महान् महिला मीराबाई (1450-1512) थीं, वे एक राजपूत राजकुमारी थीं —छोटी उम्र में इनका विवाह उदयपुर के राणा से हुआ। ये बचपन से ही श्रीकृष्ण की भक्त थीं, उन्होंने अपना पूरा जीवन उनकी सेवा में समर्पित किया। अपने विवाह के बाद भी वे अपना पूरा समय श्री कृष्ण की भक्ति में लगाती थीं। इसके कारण उनके पति उन पर नाराज हुए और उन्हें विष तक देने की चेष्टा की। लेकिन जब मीरा विष का प्याला लेकर कृष्ण की मूर्ति के समक्ष हर्षोल्लास से नाचने लगीं, तब विष के प्याले में अमृत भर गया। अंततः मीरा ने सांसारिक जीवन से संन्यास ले लिया और अपने रचे हुए गीत गाती हुई पूरे भारत में घूमती फिरीं, जो हिंदू धर्म के अत्यंत हृदय-स्पर्शी गीत हैं। उनका एक सर्वप्रिय गीत—

पग घुँघरु बाँध मीरा नाची रे,
मैं तो अपने नारायन की हो गई आप ही दासी रे।
विष का प्याला राना जी ने भेजा, पीवत मीरा हाँसी रे।
लोग कहें मीरा हो गई बावरी सास कहे कुलनासी रे।
मीरा के प्रभु गिरिधर नागर सहज मिले अविनासी रे।

इस प्रकार हम पाते हैं कि अत्यंत कठिन समय में हिंदू धर्म ने देश के कोने-कोने से ऐसी विशिष्ट प्रतिभाओं को आकृष्ट किया, जिन्होंने लाखों लोगों को अपनी भक्ति और कविता से प्रोत्साहित किया, जो ऐसी बोली में लिखी गई, जिसे सामान्यजन समझ सकें।

ने वेदांत के महान् सत्यों—आत्मा और ब्रह्म के ऐक्य की, मनुष्य और देवत्व के ऐक्य की—पुनर्व्याख्या एक नए मुहावरे में कर रहे थे, जो उनका संदेश दीन-हीन गाँवों तक पहुँचा सके, जहाँ अधिकांश हिंदू सदा-सदा से रहते आए हैं। उनके गीत आज भी हिंदुओं के मुख्य प्रेरणा-स्रोत हैं; सुंदर वैदिक ऋचाओं के संस्कृत गीत विशेष अवसरों पर आज भी सुने जा सकते हैं, विशेषकर दक्षिण भारत में, लेकिन मध्ययुगीन संतों के गीत खेतों और जंगलों में, गाँव और शहर में गूँजते रहते हैं। यह सच ही कहा गया है कि संगीत में मनुष्य चेतना को उसके संकीर्ण दायरे से निकालकर दिव्यत्व से लबालब भरे महासागर की ओर ले जाने की क्षमता है।

## आधुनिक पुनर्जागरण

हिंदू धर्म के संपूर्ण इतिहास को यदि एक विशेष दृष्टि से देखा जाए तो उसमें चुनौतियों का सामना करने और संकटकालीन समय में प्रतिक्रिया करने की परिपाटी निरंतर देखी जा सकती है। प्रत्येक बड़े संकट के समय हिंदू धर्म ने प्रतिक्रिया की—पहले तो परिदृश्य से स्वयं को हटाकर और बाद में आत्मसात् करने और पुनर्जागरण की अपनी अद्वितीय क्षमता के साथ आगे बढ़कर पुनरुत्थान किया। जैन तथा बुद्ध धर्मों के साथ भी यही हुआ एवं प्रारंभिक ईसाई मिशनरियों ने भी यही किया और कुछ कम पर मुसलमानों के आगमन पर भी यही हुआ। लेकिन अँग्रेजों के आने पर—पहले व्यापारी के रूप में और बाद में साम्राज्यवादी शासक के रूप में—हिंदू धर्म को—अपने लंबे और घटनापूर्ण इतिहास के दौरान—सबसे अधिक संकटपूर्ण चुनौतियों का सामना करना पड़ा।

भारत में अँग्रेजों के पहुँचने के समय संभवतः हिंदू धर्म अपनी अवनति के कगार पर खड़ा था। धर्म के नाम पर सभी प्रकार के अंधविश्वास और अप्रिय काम फल-फूल रहे थे। जाति-बंधन इतने कठोर हो गए थे कि हिंदू समाज—जिसने एक हजार साल पहले एशिया के चार कोनों में अपने महान् धर्म प्रचारक भेजे थे—इस बात पर जोर देने लगा था कि विदेश से लौटनेवालों को अपना शुद्धिकरण कराना चाहिए। महिलाएँ, जो कभी सम्मानजनक स्थिति में थीं और उपनिषदों में पुरुषों के साथ सर्वोच्च दार्शनिक प्रश्नों पर बातचीत करते हुए मिलती हैं—अब संयुक्त परिवर में उनकी स्थिति दासी से अधिक नहीं थी। विधवाओं के साथ बड़ा दुर्व्यवहार होता था, कुछ जातियों में स्त्री शिशु-हत्या का प्रचलन था तथा कहीं-कहीं विधवाओं को भी अपना बलिदान करने के लिए बाध्य किया जाता था। ईश्वरपरक दृष्टि से भी हिंदू चिंतन के पीछे वेदांत के जो महान् सत्य थे, वे अंधविश्वास और भ्रष्टाचार की अंधाधुंध भरमार के कारण फीके पड़ गए थे। मध्ययुगीन संत गायकों की प्रेरणा—जिनकी चर्चा होती रहती थी—राजनीतिक उथल-पुथल और व्यापक अराजकता—जिसके कारण मुगलों की शक्ति समाप्त हुई, के कारण धुँधली पड़ने लगी थी। वस्तुतः यह इतिहास का सर्वाधिक

अंधकारमय युग था और यह प्रतीत होने लगा था कि हिंदू धर्म अंततः अपनी आत्मिक निधि निःशेष कर चुका है और नया आक्रमण होते ही धीरे-धीरे मुरझा जाएगा।

हालाँकि एक बार फिर अद्‌भुत पुनर्जागरण हुआ और हिंदू समाज ने अनेक ऐसे विशिष्ट पुरुष पैदा किए, जिन्होंने अपनी आत्मिक ज्योति की शक्ति से बुझी हुई चिनगारी को फिर से जला दिया। 1857 में—जो सिपाही-विद्रोह के नाम से जाना जाता है लेकिन जिसे अब अधिकांश लोग स्वतंत्रता की पहली लड़ाई कहना पसंद करते हैं—भारत अपने विदेशी विजेता के चरणों तले रौंद दिया गया था और साष्टांग दंडवत् किए हुए पड़ा था—जो न केवल शरीर से टूट चुका था बल्कि उसकी आत्मा भी मर चुकी थी। लोग अपनी सांस्कृतिक और धार्मिक विरासत में विश्वास खोने लगे थे, पूरी धरती पर आत्मिक अंधकार का जहरीला धुआँ मँडरा रहा था और फिर भी 90 वर्ष की अल्पावधि में भारत न केवल राख के ढेर से अमरपक्षी की तरह उठ खड़ा हुआ और पूर्ण रूप से विजय प्राप्त कर ली तथा स्वतंत्रता हासिल कर ली, जिससे गैर उपनिवेशीकरण की शुरूआत हुई। इस उपलब्धि का श्रेय हिंदू धर्म के पुनरुत्थान को दिया जा सकता है। इसका उल्लेख भारत के राष्ट्रीय नवजागरण में अन्य समुदायों की भूमिका कम करने के लिए नहीं बल्कि यह प्रकाशित करने के लिए आवश्यक है कि अधिकांश भारतीय सदा से हिंदू रहे हैं और इसलिए मुख्य रूप से हिंदू धर्म ने ही भारत में राष्ट्रीय संस्कृति तैयार की और ऐसा सांस्कृतिक वातावरण एवं महान् पृष्ठभूमि प्रदान की मानो जिसमें उसके इतिहास का नाटक खेला गया हो।

हिंदू धर्म में सामाजिक सुधार के लिए जो पहला आंदोलन हुआ, उसमें अँग्रेजी शासन के खिलाफ पहली सृजनात्मक प्रतिक्रिया व्यक्त हुई और भारत के पहले प्रांत बंगाल ने अँग्रेज विजेता का पहला आघात महसूस किया, जिसने उसके सांस्कृतिक नवजागरण को तेज किया। यहीं ऐसे महान् नेताओं की पहली पंक्ति तैयार हुई, जिन्होंने अपने विचार और कर्म से आगे का मार्ग दिखाया। राजा राममोहन राय (1772-1833), जिन्हें प्रायः आधुनिक भारत का पथ-प्रदर्शक कहा जाता है, असाधारण प्रतिभा के धनी थे, संस्कृत तथा फारसी के विद्वान् होने के साथ-साथ अँग्रेजी संस्कृति के भारी प्रशंसक भी थे। बंगाल में अँग्रेजी माध्यम स्कूल खोलने में उन्होंने अग्रणी भूमिका निभाई और 1828 में ब्रह्मसभा की स्थापना की, जो बाद में उनके उत्तराधिकारी देवेंद्रनाथ टैगोर के अधीन ब्रह्म समाज में विकसित हुई। आधुनिक भारत में हिंदू धर्म को सुधारने और ऐसे अवांछनीय तत्त्वों को हटाने का—जो सदियों से इसमें पनप रहे थे—यह पहला और सुचिंतित प्रयास था।

ब्रह्म-समाज तथा इसकी शाखा-प्रशाखाएँ जैसे देवेंद्रनाथ टैगोर के नेतृत्व में आदि ब्रह्म समाज, 1868 में केशवचंद्र सेन द्वारा स्थापित भारत का ब्रह्म-समाज और उनके कुछ अनुयायियों द्वारा 1878 में स्थापित साधारण ब्रह्म समाज, सब वेदों के प्राचीन गौरव पर आधारित थी। इन सबने मूर्ति पूजा तथा अवांछनीय सामाजिक रीति-रिवाज जैसे

अनिवार्य सती-प्रथा तथा अपने पति की चिता पर विधवाओं के सती बना दिए जाने की प्रथा का घोर विरोध किया। आंदोलन के नेता, विशेषकर सेन, ईसाई मिशनरियों की कार्यप्रणाली से बहुत प्रभावित थे, जो अँग्रेज शासन के दौरान बहुत अधिक सक्रिय हो गए थे, उनकी अधिकांश प्रार्थना-सभाओं का आदर्श ईसाईयों के गिरजाघर थे।

ब्रह्म-समाज के प्रभाव के अंतर्गत भारत के अन्य भागों में कई ऐसे आंदोलनों की शुरूआत हुई, जिनमें बंबई में 1867 में महान् विद्वान् महादेव गोविंद रानाडे तथा आर० डी० भंडारकर द्वारा स्थापित प्रार्थना-समाज उल्लेखनीय है। मुख्य रूप से मुट्ठी भर अँग्रेजी पढ़े-लिखे समाज को प्रभावित करने के अलावा इन संस्थाओं ने हिंदू में भी एक महत्त्वपूर्ण बौद्धिक नव जागरण लाने का काम किया; तथा बदलते परिवेश में शिक्षित हिंदुओं को अपनी धार्मिक विरासत की पुनः परीक्षा के लिए प्रोत्साहित किया। थियोसोफिकल सोसायटी, जिसे 1875 में मदाम ब्लाव्ट्स्की और कर्नल ओलकाट ने न्यूयार्क में स्थापित किया था और जो श्रीमती एनी बेसेंट के कार्य से भारत में बहुत अधिक लोकप्रिय हुई, के लिए भी यही सच है। साथ ही साथ मैक्समूलर फर्ग्युसन और कनिंघम जैसे यूरोपीय विद्वानों के द्वारा प्राचीन भारतीय ग्रंथों की खोज तथा पश्चिमी पुरातत्वविदों और भाषाविदों के काम से हिंदूसमाज की विशिष्ट उपलब्धियाँ प्रकाश में आईं, जो कि शताब्दियों के मुसलमान शासन के दौरान वास्तव में खो चुकी थीं। इन सबने मिलकर उन्नीसवीं शताब्दी के हिंदू को अपनी संपन्न सांस्कृतिक परंपरा की एक नई चेतना दी तथा अपने प्राचीन धर्म में एक नाया गौरव प्रदान किया।

हालाँकि यह सब मुख्य रूप से एक अल्प-संख्यक शिक्षित समाज तक ही सीमित रहा—तथा एक ऐसे आंदोलन की प्रतीक्षा करता रहा जो पारंपरिक हिंदू धर्म का हृदय-स्पर्श कर सकेगा। इसके आने में देर न हुई। हिंदू नव-जागरण के एक विशिष्ट नेता दयानंद सरस्वती (1824-1883) थे, जिन्होंने 1875 में आर्य समाज की स्थापना की। ब्रह्म समाज तथा उसकी शाखा-प्रशाखाओं, जो ईसाई धर्म से अत्यंत प्रभावित थीं, के विपरीत आर्य समाज विवेकपूर्ण ढंग से हिंदू था। स्वामी दयानंद ने वैदिक हिंदू धर्म की प्राचीन पवित्रता का भावप्रवण समर्थन किया और वैदिक हिंदू धर्मग्रंथों जैसे पुराणों की असहनीय रोष से भर्त्सना की। उन्होंने मूर्तिपूजा और जातिभेद की भी निंदा की, महिलाओं के लिए बराबरी का समर्थन किया, महिलाओं की शिक्षा पर विशेष बल देकर शिक्षा के लिए एक व्यापक अभियान चलाया तथा छुआछूत के विरोध में धर्मयुद्ध चलाया, उन्हें ठीक ही मानवी शक्ति का प्रतीक कहा गया—स्वामी दयानंद ने स्थापित हिंदू धर्म की नींव तक हिला डाली और इसमें भी एक नया रक्त तथा ताजगी अनुप्राणित की।

उन्नीसवीं शताब्दी के द्वितीय भाग में हिंदू धर्म में असंख्य अन्य सुधारवादी और शैक्षणिक आंदोलन चले। इसकी समीक्षा के उद्देश्य से हम पाँच विशिष्ट व्यक्तियों का उल्लेख करेंगे, जिन्होंने आधुनिक हिंदू धर्म पर अपना अमिट प्रभाव छोड़ा है और जिनके

अद्भुत व्यक्तित्वों ने हमारी अपनी शताब्दी में हिंदू मस्तिष्क को विवेक देने में महत्त्वपूर्ण योगदान किया। ये हैं श्री रामकृष्ण, स्वामी विवेकानंद, श्री रमण महर्षि, श्री श्रीअरविंद और महात्मा गांधी। इनमें से प्रत्येक हिंदू-परंपरा के भीतर से आया और प्रत्येक ने अपनी असाधारण प्राप्ति की ज्योति में इसके शाश्वत सत्य की पुनर्व्याख्या की। इन्होंने मिलकर हिंदू-परंपरा का व्यापक पुनर्जागरण किया और संसार के समसामयिक धार्मिक चिंतन में ये सब एक बड़ी सामूहिक शक्ति के द्योतक हैं।

**श्री रामकृष्ण (1836-1886) :** पश्चिम बंगाल के हुगली जिले के एक गरीब ब्राह्मण परिवार में जन्मे गदाधर चटर्जी में प्रारंभिक अवस्था में ही धार्मिक उमंग के असामान्य रूप दिखने लगे थे। उन्नीस वर्ष की अवस्था में वे अपने बड़े भाई के साथ रहने के लिए कलकत्ता आए, जिन्हें गंगा नदी के तट पर दक्षिणेश्वर में नवनिर्मित मंदिर का पुजारी नियुक्त किया गया था। मुख्य तीर्थ मंदिर महान् देवी काली को समर्पित है, जिसके नाम पर कलकत्ता शहर का नाम पड़ा है और देवी काली के भक्त के रूप में श्री रामकृष्ण, उन्हें बाद में इसी नाम से जाना जाने लगा, ने आत्मिक अनुशासन और प्राप्ति का अपना अद्भुत जीवन प्रारंभ किया। भगवद्-दर्शन, आत्म-विस्मृति और भाव समाधि उनके जीवन में छा गए और उनका अधिकांश समय आत्मिक भावोद्गार में बीतने लगा। दिव्य दर्शनों के लिए उनके मन में जो कसमसाहट थी, वह दर्शन पाकर समाप्त हुई और उन्हें हिंदू धर्म ग्रंथों में वर्णित रहस्यपूर्ण संबंधों की अनुभूति हुई—जो कि तीव्र भावात्मक हर्षातिरेक से लगाकर निर्विकल्प समाधि के सर्वोच्च परमानंद तक पहुँचा—सर्वव्यापी से संबंध निराकार ब्रह्म, जो वेदांत का सर्वोच्च लक्ष्य है। इससे संतुष्ट न होने पर उन्होंने ईसाई तथा इस्लाम धर्म का आत्मिक दर्शन अपनाया तथा उन्होंने कहा कि दोनों ही स्थितियों में उन्हें इन दोनों धर्मों के संस्थापकों से महान् आत्मिक अनुभूति हुई।

इन असाधारण चमत्कारों का बहुत अधिक मिला-जुला प्रभाव पड़ा। केवल अपनी आत्मिक प्राप्ति की शक्ति से श्री रामकृष्ण अपने समय के बढ़ते अंधकार में प्रकाश बन गए। धीरे-धीरे इस अशिक्षित पुजारी की प्रसिद्धि पूरे बंगाल में फैलने लगी। ग्रामवासी, शहरवासी विद्वान् और कवि, जीवन के सभी क्षेत्रों से शिक्षित तथा अशिक्षित लोगों के कदम दक्षिणेश्वर की तरफ बढ़ने लगे। उनमें से कुछ जीवन के विभिन्न क्षेत्रों के तेजस्वी व्यक्तित्व के—जो उस समय बंगाल में हुए—जैसे गिरीश घोष, डॉ. एम. एल. सरकार, केशवचंद्र सेन, विजय कृष्ण गोस्वामी, पंडित ससाधर तारक चूड़ामणि इत्यादि। स्वयं श्री राम कृष्ण सुविख्यात देवेंद्रनाथ टैगोर, ईश्वरचंद्र विद्यासागर और बंकिमचंद्र चटर्जी से मिलने गए।

जो भी श्री रामकृष्ण से मिलने आया, उसके लिए उनके पास एक ही संदेश था। उन्होंने उसे इस या उस मत या धर्म की निंदा में अपना समय न बर्बाद करने तथा शुद्ध एवं समर्पित हृदय से ईश्वर की खोज करने का उपदेश दिया। अपने आत्मिक अनुभव

के आधार पर उन्होंने इस बात की पुष्टि की कि सभी मत और धर्म अंततः एक ही लक्ष्य पर पहुँचाते हैं ; तथा उन्होंने अपने उपदेश प्रभावशाली परिचित नीति कथाओं में दिए, जिसके कारण वे बिल्कुल दीन-हीन ग्रामवासी के निकट भी बोधगम्य हुए। उनकी कहावतें और जीवन की घटनाएँ आज भी धार्मिक प्रेरणा का महत्त्वपूर्ण स्रोत हैं।

श्री रामकृष्ण ने बताया कि हिंदू धर्म एक निष्प्राण होता धर्म नहीं, जैसे कि नव-शिक्षित बौद्धिक वर्ग मानने लगा था, बल्कि वह कभी न शेष होनेवाला आत्मिक प्रेरणा का स्रोत है। हालाँकि वे दक्षिणेश्वर में एक शांत जीवन जी रहे थे और मंदिर के बाहर जाने का दुःसाहस कभी-कभी ही करते थे, लेकिन उनकी उपस्थिति मात्र से हिंदू समाज में नए प्रकाश की शक्तिशाली ज्योति फैलने लगी और बंगाली, जिनमें असामान्य भावनात्मक और बौद्धिक क्षमता है—इस संत का, जिसका नाम श्री रामकृष्ण था, का भावनात्मक साथ देने लगे, जो दिव्य अनुभूति की मूर्ति था, एक ऐसा विरल व्यक्तित्व जिसका आगमन आत्मिक क्रांति का उद्घोष करता आता है।

**स्वामी विवेकानंद (1863-1902) :** कभी-कभी दक्षिणेश्वर जाने वाले लोगों के अलावा श्री रामकृष्ण ने एक बुद्धिमान युवा समूह को भी अपनी ओर आकर्षित किया, जिनमें से कई अँग्रेजी माध्यम स्कूल और कॉलेज, जो बंगाल में स्थापित किए गए थे, से निकले हुए थे। इनमें से अधिकांश युवा पुरुषों ने अपने पारंपरिक धर्म में विश्वास खो दिया था एवं कटुता तथा आत्मिक निराशा के समुद्र में लोट-पोट रहे थे। उन्हें श्री रामकृष्ण में अद्‍भुत प्रेरणा का स्रोत दिखा—एक ऐसा पुरुष, जो उनका आत्मिक अंधकार दूर कर सकता था और उनके व्यक्तित्व को परिवर्तित करने की क्षमता रखता था। इन शिष्यों में सर्वाधिक असाधारण थे युवा नरेंद्रनाथ दत्त, जो बाद में स्वामी विवेकानंद के नाम से पूरे विश्व में प्रसिद्ध हुए।

रामकृष्ण एवं स्वामी विवेकानंद जैसा संबंध खोजने के लिए सुकरात और प्लेटो तक जाना पड़ेगा। हालाँकि गुरु से एकदम पृथक् शिष्य ने उनकी शिक्षा का प्रचार तब तक दूर-दूर तक किया, जब तक उनकी शिक्षा संपूर्ण विश्व में फैल न गई। विवेकानंद विशिष्ट गुणों वाले व्यक्ति थे, जिनका शरीर हृदय-पुष्ट था तथा जिनमें असाधारण बौद्धिक क्षमता थी। अपनी मृत्यु से कुछ पहले, श्री रामकृष्ण ने विवेकानंद को अपना आत्मिक उत्तराधिकारी घोषित किया, शिष्य ने अपने गुरु की मृत्यु के बाद शिष्यों को जोड़ने और उन्हें समर्पित भाव से उनकी शिक्षा ग्रहण करने का उपदेश दिया। एक निर्धन साधु के रूप में संपूर्ण भारत में घूमकर अपने प्रिय गुरु के आदर्शों का मार्ग खोजते हुए विवेकानंद ने धर्म संसद की चर्चा सुनी, जो 1993 में शिकागो में आयोजित होनेवाली थी। बड़ी कठिनाइयों के बाद उन्हें अमेरिका जाने की स्वीकृति मिली और कुछ और अधिक कटिनाइयाँ झेलकर वे अंततः शिकागो पहुँचे और विश्व मेले में होनेवाले सम्मेलन में एक प्रतिनिधि के रूप में अपना नाम लिखाया। सम्मेलन में उनका

आगमन एक रोमांचक घटना थी। एक अज्ञात और अपरिचित हिंदू साधु, जो अपने व्यक्तित्व की शक्ति मात्र से पूरी धर्मसभा पर छा गया, जिसे आज केवल उस साधु के कारण याद किया जाता है। एक प्रभावशाली वक्ता, जिसकी आवाज में अद्‌भुत गूँज थी और अँग्रेजी भाषा पर सुंदर अधिकार था। संसद के पहले दिन विवेकानंद के प्रसिद्ध भाषण ने एक उत्तेजना पैदा कर दी तथा उसके बाद दिए गए भाषणों से वे एक असाधारण धर्मप्रचारक के रूप में स्थापित हुए।

अपने उनतालीस वर्ष के छोटे से जीवन में स्वामी विवेकानंद ने जो दायित्व उठाया, वह वास्तव में उन नई परिस्थितियों में हिंदू धर्म की पुनर्व्याख्या का था, जो उन्नीसवीं शताब्दी के दौरान विकसित हुई थी। उन्होंने भारत में और विदेश में घूम-घूमकर मूल वेदांत के सिद्धांतों पर भाषण दिए, जो हिंदू धर्म में निहित थे। उन्होंने 'रसोई धर्म' हास्यास्पद निषेध तथा नियामक प्रथाओं के विरोध में आवाज उठाई, जिनके कारण बड़े-बड़े सत्य अदृश्य जैसे हो गए थे। उन्होंने न केवल ईश्वर के दिव्यत्व की पुष्टि की। उनकी शिक्षा का विशिष्ट पक्ष था—अपने भीतर प्रखर सामाजिक चेतना का विकास तथा गरीब एवं दलित, बीमार और भूखों की सेवा पर विशेष ध्यान। मनुष्य-जीवन के संबंध में वे प्रायः ऋग्वैदिक काल का कथन उद्‌धृत किया करते थे, जिसमें मनुष्य-जीवन के दो लक्ष्य बताए गए हैं : 'आत्मनो मोक्षार्थं जगद्धिताय च—' विश्व के कल्याण एवं अपनी आत्मा की मुक्ति के लिए। उनकी प्रसिद्ध उक्ति यह है कि भूखे व्यक्ति को धर्म का उपदेश देना धर्म और व्यक्ति दोनों का अपमान है और भारत के विशाल जन समूह के समक्ष ईश्वर के उपस्थित होने का केवल एक मार्ग है, वह है—अन्न के रूप में। उन्होंने आत्मिक जीवन की प्रमुखता पर बल दिया, आंतरिक शक्ति तथा आत्मिक शक्ति के सिद्धांत का उपदेश दिया। केवल इसका पालन करने पर भारत को उसके भौतिक, बौद्धिक तथा आत्मिक बंधन से मुक्ति मिल सकती है तथा सभी धर्मों की तात्त्विक एकता पर बल दिया।

विवेकानंद के धर्म-शिक्षा के दो पक्ष विशेष महत्त्व के हैं क्योंकि समसामयिक हिंदू धर्म के पुनरुत्थान पर उनका विशेष प्रभाव पड़ा। सन् 1897 में उन्होंने रामकृष्ण मठ तथा मिशन की स्थापना की, जिसका मुख्यालय कलकत्ता के पास बेलूर में है। हालाँकि हिंदू धर्म की एक लंबी और विशिष्ट मठवादी परंपरा रही है, जो आदि शंकराचार्य तक जाती है लेकिन रामकृष्ण मिशन एक नया प्रकाश लेकर आया था तथा भारत की समसामयिक समस्याओं के प्रति इसका दृष्टिकोण प्राचीन धर्म-सिद्धांतों की आधुनिक पुनर्व्याख्या पर आधारित था। शिक्षा तथा चिकित्सा कार्य में इसकी विशेष प्रवृत्ति थी और सदियों से प्राकृतिक विपदाओं जैसे बाढ़ तथा अकाल-पीड़ितों को सहायता प्रदान करता आया है, जिसके कारण इसने अपना विशिष्ट स्थान बनाया है। इस दृष्टि से, विवेकानंद ने अपना संगठन ईसाई मिशनरियों के पैटर्न पर निरूपित किया था जो अँग्रेजों के आगमन के समय से ही भारत में सक्रिय थे। आज रामकृष्ण मिशन, भारत

तथा विदेश में अपनी असंख्य शाखाओं सहित, श्री रामकृष्ण तथा उनके महान् शिष्य के उपदेशों का प्रचार करने में महत्त्वपूर्ण भूमिका निभा रहा है।

स्वामी विवेकानंद के जीवन का दूसरा महत्त्वपूर्ण पक्ष था—विदेश में हिंदू-चिंतन के प्रसार में उनका योगदान, विशेषकर अमेरिका में। उनके आगमन से पहले, मुट्ठी भर पश्चिमी भारतविद् और विद्वान् थे, जिन्हें हिंदू प्रकृति की वास्तविक समझ थी जबकि आम जनता के भीतर इस महान् धर्म के संबंध में हर प्रकार की विचित्र तथा भ्रांत धारणाएँ थीं विवेकानंद ने पश्चिम में हिंदू धर्म के लिए एक नई चेतना जागृत की। हिंदू धर्म में निहित तात्त्विक सत्यों के सुंदर और सक्षम प्रस्तुतीकरण तथा सब धर्मों की तात्त्विक एकता के उनके विस्तृत दृष्टिकोण ने पश्चिमी सभ्यता की हलचल भरी तकनीकी संस्कृति के बीच उन्हें पूर्व का एक अद्‍भुत वक्ता बना डाला।

विवेकानंद का यह गहरा विश्वास था कि भारत का लक्ष्य न केवल उनका अपना पुनर्जागरण उपलब्ध करना है बल्कि पूरे विश्व को एक नया आत्मिक संवेग और प्रकाश देना भी है। हिंदू धर्म धर्मप्रचारक शिष्य बनाने वाला धर्म नहीं; इसलिए विवेकानंद धर्म-परिवर्तन करने की इच्छा रखने वालों को नहीं खोज रहे थे बल्कि वे वेदांत के मूल सिद्धांतों के ऐसे श्रोता खोज रहे थे, जो उन्हें सुनकर अपने मन और मस्तिष्क में हिंदू धर्म की भीतरी शक्ति आत्मसात् कर सकें। वास्तव में वे एक पूरे नए धार्मिक आंदोलन के प्रकाश-स्तंभ थे तथा असंख्य अन्य हिंदू शिक्षकों और योगियों के अग्रदूत जो पश्चिम में आज भी इस कार्य में लगे हैं। इस प्रकार, भारत तथा विदेश दोनों में, विवेकानंद आधुनिक हिंदू धर्म में शिखर पुरुष की भाँति खड़े हुए हैं। 'नव वेदांत' के लिए उनके समर्थन ने, जैसाकि उसे कभी-कभी कहा जाता है, पारंपरिक हिंदू धर्म को नई दिशा प्रदान की है और समसामयिक धर्म पर उसका गहरा प्रभाव पड़ रहा है।

**श्री रमण महर्षि (1879-1950) :** यदि श्री रामकृष्ण एक उत्कृष्ट भक्त थे और विवेकानंद कर्मयोगी तो श्री रमण महर्षि महान् हिंदू परंपरा में एक ज्ञानयोगी थे। तमिलनाडु के एक मध्यवर्गीय ब्राह्मण परिवार के रमण को सत्रह वर्ष की अवस्था में कई प्रभावपूर्ण आत्मिक अनुभव हुए, जो पवित्र अरुणाचल पहाड़ी पर, जिसकी तलहटी में तिरुवनमलाई शहर बसा हुआ है, स्थायी आवास लेने के बाद अपनी पराकाष्ठा पर पहुँचे। यहाँ धीरे-धीरे वे भक्तों के एक दल को अपनी ओर आकर्षित करने लगे और शेष जीवन एक सम्मानजनक संत या महर्षि की तरह बिताया—आत्मिक जगत् के प्रभावशाली व्यक्तित्व के रूप में पहचाने जाते रहे।

श्री रमण की शिक्षा आत्मज्ञान के वैदिक मार्ग की व्याख्या करती है तथा उनकी मूल कृतियाँ और हिंदू शास्त्रीय ग्रंथों की टीकाएँ आत्म-परीक्षण की प्रक्रिया से निकली हैं। यह प्रश्न "मैं कौन हूँ ?" अधिकांश धार्मिक परंपराओं में मिलता है क्योंकि आत्मज्ञान के लिए अन्वेषण प्रत्येक आत्मिक प्रयास के हृदय में है। लेकिन श्री रमण ने पूरे दर्शन को इसकी आधारशिला बनाया। प्रत्येक प्रश्न का उत्तर वह प्रतिप्रश्न देकर

करने लगे। "वह कौन है जो प्रश्न करता है ?" इस प्रकार जब शरीर, इंद्रियाँ तथा मन अस्वीकार कर दिए जाते हैं, तब वास्तविक 'मैं' अपने संपूर्ण गौरव में चमक उठता है।

आत्म-निरीक्षण की यह प्रक्रिया श्री रमण द्वारा बड़ी स्पष्टता से प्रस्तुत की गई तथा उन्होंने प्राणायाम या श्वास नियंत्रण की प्रक्रिया भी सिखाई या जो अन्वेषक की मस्तिष्क की क्रियाएँ निश्चेष्ट करने में सहायता करेगा और मानसिक ऊर्जा को वही एक प्रश्न पूछने में केंद्रित करेगा— "मैं कौन हूँ ?" वह एक प्रज्वलित अग्नि की तरह है जिसका उपयोग महाग्नि जलाने के लिए किया जाता है, जिससे न केवल संपूर्ण सामग्री जल उठती है बल्कि इस प्रक्रिया में वह स्वयं भी समाप्त हो जाती है। इस प्रकार श्री रमण ने यह शिक्षा दी कि "मैं कौन हूँ ?" यदि उचित तरीके से यह प्रश्न बार-बार पूछा जाए, तो इसमें सभी भ्रांतियों को नष्ट करने की क्षमता है तथा अंततः आत्मबोध का नया प्रकाश देकर स्वयं समाप्त हो जाने की क्षमता है।

विवेकानंद से भिन्न श्री रमण ने स्वयं को सामाजिक सेवा या सुधार आंदोलन के साथ कभी नहीं जोड़ा। वे अरुणाचलम में अपने निवास से कभी-कभी बाहर निकलते और फिर भी उनकी आत्मिक उपस्थिति ऐसी थी कि उन्हें हर पक्ष से सम्मान प्राप्त हुआ। हजारों, जो उनके दर्शनों के लिए मीलों चलते थे, बस उनके दर्शन पाकर संतुष्ट हो जाते थे, क्योंकि हिंदू-परंपरा में एक पवित्र आत्मा के निकट होने यानी उसके दर्शनों का भी बहुत महत्त्व है।

श्री रमण की उपस्थिति का विलक्षण प्रभाव पड़ता था। बाहरी घटनाओं से एकदम अनभिज्ञ, वे मानो सदा-सदा के लिए ब्रह्म में लीन हो गए हों और उनके शब्द मानो बौद्धिक प्रताप से नहीं बल्कि संपूर्ण आंतरिक विश्वास से निकलते थे। रामकृष्ण की ही तरह वे हिंदू धर्म की आत्मिक शक्ति का जीवित प्रमाण थे। कहा जाता है कि एक लंबी और दर्दनाक बीमारी के बाद जिस रात वे दिवंगत हुए, उनके चेहरे पर दर्द या शिकायत का कोई भाव नहीं था और उस रात एक चमकीला धूमकेतु आकाश के आर-पार निकला और ऊपर नक्षत्रों के वैभव में क्षण भर के लिए चमक कर अरुणाचल के पवित्र पहाड़ों के पीछे अदृश्य हो गया।

**श्री श्रीअरविंद (1872-1950) :** 15 अगस्त 1872 में जन्मे श्रीअरविंद घोष को सात वर्ष की अवस्था में इंग्लैंड में स्कूल भेज दिया गया था। वहाँ पहले मैनचेस्टर ग्रामर स्कूल में, फिर लंदन में सेंट पाल्स में और अंततः किंग्स कॉलेज कैंब्रिज में उन्होंने पूरे चौदह वर्ष शिक्षा प्राप्ति में लगाए, इस दौरान उन्होंने प्रथम श्रेणी में क्लासिक ट्राइपास पास किया तथा अँग्रेजी और साहित्य में उन्हें कॉलेज स्तर के पुरस्कार मिले। 1893 में इक्कीस वर्ष की अवस्था में वे भारत लौटे और अँग्रेजी के प्रोफेसर के रूप में बड़ौदा स्टेट सर्विस (बड़ौदा राज्य सेवा) आरंभ की, फिर बड़ौदा कॉलेज के उपप्राचार्य और फिर प्राचार्य हुए।

श्रीअरविंद को ईश्वर ने तीक्ष्ण बौद्धिक क्षमता तथा गहरी आत्मिक शक्ति प्रदान की थी। इंग्लैंड में रहते हुए उन्होंने आयरिशसिन फेन आंदोलन तथा इतालवी रिसोरगिमेतो पर पुस्तकें पढ़ीं।

इन पुस्तकों से उनके हृदय में देशभक्ति की ज्वलंत आग जल उठी। भारत वापिस लौटकर वे स्वतंत्रता आंदोलन में गहरी रुचि लेने लगे, जो अभी अपनी शैशवावस्था में था।

सन् 1885 में एलेन अकटेवियन ह्यूम नाम के अंग्रेज ने इंडियन नेशनल कांग्रेस की स्थापना की। शीघ्र ही इस महान् संगठन में दो प्रकार की विचारधाराओं ने जन्म लिया— 'मध्यमार्गी' जो धीरे-धीरे सत्ता के हस्तांतरण के पक्ष में थे तथा 'उग्रवादी' जो तुरंत पूर्ण स्वतंत्र के पक्षधर थे। श्रीअरविंद लोकमान्य बाल गंगाधर तिलक के साथ उग्रवादियों के नेता बने और सन् 1905 में जब अंग्रेजों ने बंगाल के विभाजन का विवादात्मक प्रस्ताव पारित किया तब बड़ौदा कॉलेज की नौकरी छोड़कर वे राष्ट्रीय आंदोलन में कूद पड़े।

सन् 1905 से 1910 तक श्रीअरविंद राजनीतिक जगत् में उल्का की भाँति चमकते रहे। वंदे मातरम् तथा कर्मयोगिनी में उन्होंने अत्यंत प्रभावशाली संपादकीय लिखे, जो अंग्रेजी की असाधारण राजनीतिक रचनाओं में गिने जाते हैं, उनका राजनीति दर्शन मातृ-भूमि की हिंदू-परंम्परा में विशेष रूप से जो परंपरा बंगाल में है, गहराई तक ओत-प्रोत है। बंकिमचंद्र चटर्जी के प्रसिद्ध उपन्यास आनंदमठ जो आधी सदी पहले लिखा गया था, और विशेष रूप से उसमें लिखी गई एक कविता 'वंदे मातरम्' से प्रेरणा लेकर अरविंद ने एक समस्त राजनीति दर्शन विकसित किया। उनकी मूल अवधारणा मातृभूमि के दिव्यत्व की थी, जिसे उन्होंने देवी भवानी भारती के रूप में आदर्श रूप दिया और उससे प्रवाहित हुई राष्ट्रीयता की अवधारणा, जो न केवल एक राजनीतिक सिद्धांत के रूप में आई, बल्कि एक आध्यात्मिक आवश्यकता के रूप में आई। उनके द्वारा दी गई आध्यात्मिक राष्ट्रीयता की धारा ने उस संकटपूर्ण परिस्थिति में बंगाल तथा भारत के अन्य भागों के युवावर्ग पर तीव्र प्रभाव डाला। हालाँकि आंदोलन को तुरंत कोई सफलता प्राप्त न हुई। लेकिन इसके कारण पहली बार जन सामान्य इसमें शामिल हुआ तथा भारतीय स्वतंत्रता आंदोलन पर इसका अमिट प्रभाव पड़ा।

बड़ौदा में रहते हुए श्री अरविंद कुछ यौगिक क्रियाएँ करने लगे थे और बंगाल आंदोलन के दौरान उन्हें प्रसिद्ध अलीपुर बम षड्यंत्र के मामले में गिरफ्तार किया गया और उन्हें एक वर्ष से भी अधिक के लिए जेल भेज दिया गया। इस बाध्य एकांत के दौरान उनके मानस-जगत् में आध्यात्मिक प्रवृत्ति ने प्रधानता पाई; और हालाँकि अपनी मृत्यु के बाद वे कुछ समय तक राजनीतिक कार्यकर्ताओं के साथ काम करते रहे, पर कुछ समय बाद उन्हें यह भान हुआ कि उनके जीवन कार्य का लक्ष्य कहीं और है। अचानक एक आंतरिक प्रेरणा से 1910 में वे बंगाल छोड़कर चंदर नगर चले गए, जो

फ्रांसीसियों के कब्जे में था और वहाँ से फ्रांसीसियों के ही कब्जे वाले स्थान पांडिचेरी गए, जहाँ वे चालीस वर्ष तक रहे यानी सन् 1950 तक अपनी मृत्यु के अंतिम दिन तक रहे। अपने चार दशकों के दौरान पांडिचेरी में श्रीअरविंद ने चिंतन की ऐसी समग्र और मौलिक पद्धति विकसित की, जो आधुनिक समय के लिए उपयुक्त है। उन्होंने हिंदू-परम्परा को अपनी आधार-भूमि बनाया। लेकिन प्राचीन ग्रंथों की रचनात्मक पुनर्व्याख्याएँ भी कीं, जिनमें वेद और उपनिषद् भी शामिल हैं। उनकी एक उत्कृष्ट कृति 'ऐसेज आन द गीता' शायद शंकराचार्य के बाद गीता की अब तक लिखी गई सभी टीकाओं में सर्वाधिक महत्त्वपूर्ण टीका है। जबकि उनकी प्रमुख साहित्यिक कृति 'द लाइफ डिवाइन' विराट महाकाव्य 'सावित्री' और असंख्य अन्य कृतियाँ उनकी विराट् प्रतिभा तथा गहरी अंतर्दृष्टि का प्रमाण हैं।

यदि उनके राजनीतिक दर्शन को आध्यात्मिक राष्ट्रीयता कहा जा सकता है तो अरविंद के सामान्य दर्शन को आध्यात्मिक विकास कहा जा सकता है। उन्होंने व्यक्तिगत मोक्ष की पारंपरिक हिंदू अवधारणा को अस्वीकार किया, जिसमें मनुष्य-जाति की सामूहिक चेतना को जागृत करने की बात की गई है। उनके चिंतन की मूल अवधारणा आध्यात्मिक विकास की है। श्रीअरविंद के अनुसार मनुष्य एक कोशीय जीव से खनिज में से निकलकर वनस्पति और पशु रूप में पहुँचकर युग-युग से विकास करता हुआ मनुष्य रूप में अवतरित हुआ है, फिर भी मनुष्य को जैविक विकास की अंतिम सीढ़ी नहीं कहा जा सकता। श्रीअरविंद विकास की एक और अभिधारणा प्रस्तुत करते हैं जिसके अनुसार मनुष्य अपनी मानसिक कार्य-शक्ति से अतिमानवीय तथा अतिमानवीय से दैवी कार्यक्षमता अर्जित करता है। वस्तुतः वे मानते हैं कि जैविक विकास के अभियान में मानव जाति जो अगली क्वांटम छलाँग लगाएगी, उससे वह वर्तमान अवरोध से निकलकर अपनी आध्यात्मिक नियति पूरी करेगी।

इस छलाँग के संबंध में श्रीअरविंद ने बहुत अधिक लिखा और इसकी पूर्ति के लिए अपना मार्ग प्रस्तुत किया, जिसे उन्होंने 'समेकित योग' कहा क्योंकि यह चारों समेकित योगों के गुण एक ही समेकित योग में बाँधने का मार्ग खोजता है, बहुपक्षीय आध्यात्मिक प्रयास करता है। श्रीअरविंद का मार्ग व्यक्तिगत मोक्ष का नहीं था और न ही जातीय मोक्ष का, उनका मार्ग मनुष्य की लौकिक चेतना में मूलभूत परिवर्तन का मार्ग था, 'पृथ्वी पर एक नए स्वर्ग की सृष्टि का' उन्हें प्रायः पराबौद्धिक जगत् का पथ-प्रदर्शक कहा जाता है।

श्रीअरविंद का 'समेकित योग' मदाम अलफासा—जो माँ के नाम से जानी जाती हैं—के साथ उनकी मैत्री के सक्रिय सहयोग से निकला है। इस योग की तीन मुख्य गतिविधियाँ हैं : पहली, ईश्वर के प्रति पूर्ण रूप से संपूर्ण समर्पण; दूसरी, पराबौद्धिक स्तर तक मनुष्य चेतना को उन्नत करना और तीसरी पराबौद्धिक की शक्ति और प्रकाश लेकर पृथ्वी पर वापसी ताकि लौकिक जीवन पर इसका प्रत्यक्ष प्रभाव अनुभव किया

जा सके। क्रमिक विकास का यह महत्त्व हालाँकि हिंदू धर्मग्रंथों पर आधारित है किंतु समसामयिक हिंदू धर्म में यह एक नए विकास का द्योतक है, जिसका अभी तक पूर्ण विकास नहीं हुआ है।

**महात्मा गाँधी (1869-1948) :** भारतीय स्वतंत्रता आंदोलन के अद्भुत नेतृत्व के लिए महात्मा गाँधी को पूरे विश्व में जाना जाता है, सत्य और अहिंसा की अवधारणा के लिए जो उनके राजनीतिक दर्शन की आधारशिला थे और उस रीति के लिए जिससे वे महान् अंग्रेजी साम्राज्य की आधारशिला हिला देने में समर्थ रहे। वस्तुतः भारतीय स्वतंत्रता आंदोलन में उस औपनिवेशिक युग का अंत हुआ, जो पिछली तीन शताब्दियों से विश्व पर छाया हुआ था और 1947 में भारत की स्वतंत्रता ने ऐसे अन्य दर्जनों राष्ट्रों में स्वतंत्रता की भावना का संवेग किया, जो वर्षों से औपनिवेशिक दमन के शिकार रहे हैं। महात्मा गाँधी आज भारत में राष्ट्रपिता के रूप में पूजनीय हैं तथा न केवल भारत में प्रेरणा का स्रोत रहे बल्कि विश्व में जहाँ कहीं भी मनुष्य स्वतंत्रता के लिए संघर्ष कर रहा है, वहाँ भी प्रेरणा का स्रोत बने हुए हैं।

यद्यपि यह याद रखना आवश्यक है कि गाँधी की राजनीतिक दृष्टि मुख्य रूप से हिंदू धर्म पर आधारित थी। वे न केवल स्वयं एक धर्म-परायण हिंदू थे, जो इतिहास में एक महान् सामाजिक सुधारक के रूप में याद किए जाएँगे, जो हिंदू धर्म की देन हैं।

एक दृष्टि से देखा जाए तो स्वतंत्रता आंदोलन में दो मुख्य धाराओं—उग्रवादी तथा मध्यम मार्गी का समावेश किया गया।

पूर्ण स्वराज के लक्ष्य की उग्रवादी धारा को स्वीकार करते हुए उन्होंने सुधार आंदोलन में नया जीवन अनुप्राणित किया, जिसका समर्थन मध्यममार्गी नेताओं ने किया था। जिस रूप में गाँधी ने छुआ-छूत की समस्या उठाई—"जिसकी उपेक्षा हिंदू धर्म के नाम पर कलंक था—वह सिर्फ हिंदू धर्म में गाँधी का मुख्य योगदान था। हरिजन के रूप में या ईश्वर की संतान के रूप में उनका नामकरण कर उन्होंने इस अपराध के प्रायश्चित की चेष्टा की और उसके बाद जहाँ कहीं भी गए, वहाँ हरिजन बस्तियों में रहने की नीति अपनाई, स्वयं शौचालय साफ कर, हिंदू समाज की मुख्य धारा में दलित वर्ग को आत्म-सम्मान तथा उसका एक अंग होने की भावना का अनुभव कराने की चेष्टा कर। विधान मंडलों, नौकरियों तथा शिक्षा संस्थानों में विशेष आरक्षण गाँधी के प्रभाव तथा हरिजन नेता बी. आर. अंबेडकर के विशिष्ट योगदानों का प्रत्यक्ष प्रमाण है।

गांधी द्वारा किया गया महत्त्वपूर्ण योगदान, बड़ी संख्या में महिलाओं की भागीदारी के लिए उनका प्रयत्न तथा उनकी सामाजिक मुक्ति को उन्होंने जो महत्त्व दिया, उसका है। उनके 'रचनात्मक कार्यक्रम' में हस्तकला तथा कुटीर उद्योग का प्रचार शामिल था, उसका भी हिंदू समाज पर समतामूलक प्रभाव पड़ा। उनकी सभी प्रार्थना सभाएँ रामधुन, ईश्वर के नाम के पाठ से शुरू होती थीं और आदर्श सरकार की अपनी अवधारणा का प्रतिफलन उन्हें रामराज्य में दिखाई दिया, जो श्री राम के प्राचीन समय में आदर्श शासन

माना गया था। उन्होंने भगवद्गीता की एक टीका लिखी थी, जिसे वह प्रेरणा का अक्षय स्रोत मानते थे। उन्होंने गो-सेवा को प्रोत्साहन दिया। धार्मिक आधार पर नहीं, बल्कि उसमें उन्होंने मनुष्य तथा पशु के बीच सुंदर सहजीवन का प्रतीक देखा।

गाँधी की सत्य की अवधारणा मूल रूप से हिंदू परंपरा पर आधारित है। मुंडक उपनिषद् के प्रसिद्ध शब्द सत्यमेव जयते (केवल सत्य की विजय होती है) उनके आदर्श वाक्य थे। स्वतंत्रता के बाद इस वाक्य को भारत का राष्ट्रीय वाक्य बनाया गया है। 'अहिंसा' के लिए उनके आग्रह में हिंदू धर्म के एक पक्ष की जड़ें थीं—हालाँकि बुद्ध तथा जैन परंपरा में इस पर अधिक महत्त्व दिया गया था। उनकी आत्मकथा 'माई एक्सपेरिमेंट्स विद ट्रुथ'' एक अद्भुत दस्तावेज है, जिसमें हिंदू धर्म के मूलभूत आदर्शों के प्रति गाँधी की प्रतिबद्धता झलकती है। यद्यपि उन्होंने धार्मिक नेता होने का दावा कभी नहीं किया और ऐसे मामलों में सदा अत्यंत विनम्रता दिखाई किंतु अपने कथनों में उन्होंने हमेशा यह स्पष्ट किया कि यह मानना मूर्खता है कि राजनीति का धर्म से कोई लेना-देना नहीं। उन्होंने सभी धर्मों की तात्त्विक एकता तथा समन्विति की हिंदू अवधारणा को महत्त्व दिया; उनकी प्रार्थना सभाओं में हिंदू धर्म के अतिरिक्त अन्य धार्मिक ग्रंथों से भी वाचन किया जाता था। मध्ययुगीन भारत के संत गायकों से वे बहुत अधिक प्रभावित हुए, विशेषकर कबीर तथा मीराबाई से और जनसामान्य के लिए धर्म के प्रति उनकी प्रत्यक्ष और सरल दृष्टि के समर्थक थे।

भारत में अपने राजनीतिक उत्कर्ष के तीन दशकों के दौरान हिंदू धर्म के पुनरुत्थान तथा हिंदू समाज के सुधार में गाँधी का योगदान अत्यंत महत्त्वपूर्ण रहा है। इसलिए उन्हें न केवल एक अद्भुत राजनीतिक नेता के रूप में देखा जाना चाहिए बल्कि आधुनिक हिंदू धर्म में एक मुख्य रचनात्मक प्रभाव के रूप में उन्हें देखा जाना चाहिए। एक ऐसा पुरुष, जिसने न केवल अपने देश पर अपने व्यक्तित्व की अमिट छाप छोड़ी, बल्कि अपने धर्म पर भी अपना अमिट प्रभाव छोड़ा।

आधुनिक हिंदू धर्म के इन पाँच विशिष्ट चरित्रों के अतिरिक्त असंख्य अन्य विशिष्ट व्यक्तियों ने अपना योगदान देकर हमारे अपने देश में हिंदू धर्म के पुनरुत्थान तथा पुनर्व्याख्या में योगदान किया है। उनमें से अधिकांश ने अपनी संस्थाएँ तथा धार्मिक संगठन बनाए हैं। इनमें से कुछ प्रमुख नाम जैसे योगानंद परमहंस जिन्होंने अमरीका में धर्मोपदेश दिया तथा योगोदा सोसायटी की स्थापना की; संयुक्त राज्य अमरीका रामकृष्ण मिशन के स्वामी निखिलानंद तथा स्वामी प्रभावानंद; ऋषिकेश के स्वामी शिवानंद, जिन्होंने डिवाइन लाइफ सोसायटी की स्थापना की; स्वामी भक्ति वेदांत प्रभुपाद, जिनके कृष्णा कांसस मूवमेंट (कृष्ण चेतना आंदोलन) ने अपना विशिष्ट प्रभाव छोड़ा है; तथा श्रीकृष्ण प्रेम नाम के एक अंग्रेज ने भगवद्गीता तथा कठ उपनिषद् पर उज्ज्वल टीकाएँ लिखी हैं और अपने गुरु यशोदा भाई के साथ हिमालय की तराई में अल्मोड़ा के निकट कृष्ण-मंदिर स्थापित किया है।

इन पंक्तियों को लिखते, जो आज भी सक्रिय हैं, वे हैं—दक्षिण भारत में काची कामकोटि पीठ के संत शंकराचार्य; अंधे शतायु संत स्वामी गंगेश्वरानंद, जिन्होंने वेदों की पुनर्व्याख्या और प्रचार का बड़ा उल्लेखनीय कार्य किया है और आज भी सक्रिय तथा सचेत हैं; महर्षि महेश योगी जो अपने लोकोत्तर मनन चिंतन के लिए प्रसिद्ध हैं स्वामी रंगनाथ नंदा और रामकृष्ण मिशन के अन्य संत, स्वामी चिन्मयानंद, जिन्होंने हिंदू धर्म के पुनरुत्थान के लिए अपना मिशन स्थापित किया है, चमत्कारी भौतिकीकरण के साई बाबा और श्री माधव आशीष, जो मिरतोला में अपने गुरु श्री कृष्ण प्रेम की परंपरा चला रहे हैं। जे. कृष्णमूर्ति के संबंध में कुछ कहना प्रासंगिक होगा, जो यह चित्रण स्वीकार तो नहीं करते परंतु वे हिंदू शिक्षकों की महान् परंपरा से पूर्णतया ओत-प्रोत थे और पंडित गोपी कृष्ण जिन्होंने कुडंलिनी पर असाधारण पुस्तकें लिखी हैं। इसके अतिरिक्त, पारंपरिक मठवादी परंपरा के असंख्य गुरु हैं, जिसमें देश में शंकराचार्य द्वारा स्थापित मठ भी शामिल हैं।

यह सूची किसी भी दृष्टि से संपूर्ण नहीं है लेकिन यह दर्शाने के लिए पर्याप्त है कि हिंदू धर्म अपने रचनात्मक पुनरुत्थान के महत्त्वपूर्ण दौर से गुजर रहा है। एक ओर विज्ञान और प्रौद्योगिकी की प्रगति तो दूसरी ओर अपने अनीश्वरवादी निहितार्थों के साथ कम्युनिज्म पूरे विश्व के स्थापित धर्मों के लिए एक बड़ी चुनौती है। जीवित बचे रहने के लिए पुरानी रूढ़िवादिता की पुनरावृत्ति मात्र काफी नहीं। आवश्यक है कि समसामयिक बाध्यताओं के प्रकाश में प्राचीन सत्यों की पुनर्व्याख्या की जाए और हिंदू धर्म ने अपने लंबे और घटनापूर्ण इतिहास में यह बार-बार किया है।

## भविष्य

अपने क्रमिक विकास के इस चरण में मानवजाति एक जटिल द्विविधा का सामना कर रही है। विज्ञान और प्रौद्योगिकी ने उसे पहली बार अभाव और गरीबी, अशिक्षा और बीमारी, बेरोजगारी और असमानता को पृथ्वी से समाप्त करने की क्षमता दी है, दूसरी तरफ उसी विज्ञान ने उसे नष्ट करने की शक्ति भी दी है, न केवल मनुष्य जाति को वल्कि संपूर्ण जीवन को। मानव-जाति की सामूहिक चेतना का मंथन तेजी से किया जा रहा है और ध्वस्त होती पुरानी मान्यताओं का स्थान लेने की गहरी इच्छा जाग उठी है। ऐसी स्थिति में सभी धर्म भूलभत चुनौती का सामना कर रहे हैं। हिंदू धर्म में पुनर्जागरण और पुनर्व्याख्या की भारी क्षमता है, इसलिए इसे डरना नहीं चाहिए।

भारत जिसके पास संपन्न और वैविध्यपूर्ण धार्मिक परंपरा है और विकासशील विश्व में वैज्ञानिक प्रतिभा का विशिष्ट खजाना है; ऐसे भारत में इस निर्णायक क्षण में मानवजाति को सही मार्ग दिखाने की क्षमता होनी चाहिए।

विश्व-सभ्यता को हिंदू धर्म का योगदान अतीत में बहुमुखी रहा है। कुछेक क्षेत्रों को लें तो हम देखेंगे कि गणित में शून्य का आविष्कार इस परम अमूर्त विज्ञान की

प्रगति के लिए अनिवार्य था, आयुर्वेद के माध्यम से औषधि विज्ञान में मानवजाति को ज्ञात एक सबसे पुरानी और समग्र प्रणाली, एलोरा जैसी गुफाओं और दक्षिण भारत के महान् मंदिर नगर जैसे आश्चर्य रचने वाली वास्तुकला, भरत के महान् ग्रंथ नाट्यशास्त्र पर आधारित भरतनाट्यम् समेत अन्य शास्त्रीय नृत्य, पिछले वर्षों में पश्चिम पर प्रभाव डालने वाली कर्नाटक शैली और हिंदुस्तानी शैली का संगीत, मानवीय मस्तिष्क और चित्त के रहस्यों की आज तक की सबसे गहरी छानबीन करने वाली प्रक्रिया योग से प्रसूत मनोविज्ञान, संस्कृति की अद्वितीय शक्ति और भव्यता समेत तमिल इत्यादि अन्य भाषाओं के माध्यम से प्रस्तुत भाषा विज्ञान और साहित्य और अंत में वह दर्शन, जिसकी अविराम धारा उपनिषद् से लेकर इस शताब्दी में स्वामी विवेकानंद एवं श्री अरविंद तक प्रवाहित होती आ रही है। इन क्षेत्रों में तथा अन्यत्र भी मानवीय ज्ञान एवं उपलब्धि के भंडार को हिंदी मानस की देन ऐसी अकूत है कि शायद ही कोई और धर्म इसकी तुलना में ठहर सके।

हिंदू धर्म में एक ऐसी आंतरिक गतिशीलता है तथा उसके पास आज के इस आणविक युग के उपर्युक्त ऐसे अनेक विचार हैं, जो केवल हिंदुओं के लिए नहीं वरन् समूची मानव-जाति के लिए लाभदायक हो सकते हैं। निम्नलिखित पाँच बीज विचार इसलिए चुने गए हैं कि अपने उदात्त विस्तार में वे किसी धार्मिक या मतवादी सीमा में नहीं बँधे हैं और इनकी प्रासंगिकता सार्वभौमिक है।

**मानव-जाति की एकता :** प्रत्येक देश ने स्वयं अपने राष्ट्रत्व के लिए प्रेम विकसित किया है, किंतु ऐसे बहुत कम हैं जिन्होंने राष्ट्रवाद के रोबीले भवन से ऊपर उठकर समूची मानव जाति की एकता की कल्पना की हो। हिंदुओं की प्रतिभा यह रही है कि उन्नीसवीं सदी के महान् पुनर्जागरण के बाद आधुनिक अर्थ में राष्ट्रवाद को स्वीकृत तथा उद्घोषित करने के बावजूद, इसकी उत्कृष्टतम मेधाओं ने हमेशा ही वसुधैव कुटुम्बकम् की—पूरी मानव जाति को एक ही परिवार मानने की ऋग्वैदिक अवधारणा को सर्वोच्च स्थान दिया है। वर्तमान मानवीय संकट के दौर में इस अवधारणा की प्रासंगिकता स्वतः स्पष्ट है। ऋषियों के मन-मस्तिष्क में जो बात केवल एक स्वप्न थी, विज्ञान और प्रौद्योगिकी ने उसे आज एक ठोस सच्चाई बना दिया है। काल और देश हमारे देखते-देखते सिकुड़ने लगे हैं, और चंद्रमा से हमारी पृथ्वी का जो असाधारण छाया चित्र लिया गया, वह साफ दिखाता है कि हमारा चंद्र ग्रह वास्तव में एक छोटा-सा अंतरिक्ष यान ही है, जो परम सुंदर लेकिन परम भंगुर है, और अंतरिक्ष के अनंत विस्तार में लुढ़क-पुढ़क हो रहा है। स्वयं मानवीयता के तथ्य पर आधारित इस ग्रह के निवासी मानवों की मूलभूत जातीय एकता एक ऐसी अवधारणा है, जिसकी प्रासंगिकता इस सदी के अवसान के साथ-साथ और स्वयं मानव जाति अपनी प्रौद्योगिकी चतुराई के प्रहार से बचे रहने के निर्मम संघर्ष में अधिकाधिक महसूस कर रही है।

**धर्मों की एकता :** हिंदू धर्म ने जो दूसरी महान् धारणा युग-युगों में विकसित की

है, वह है धर्मों की मूलभूत एकता। मानव के मन में दिव्यत्व की जो लालसा होती है, वही धार्मिक संधान के केंद्र में है। किंतु व्यवहार में यह प्रायः विभिन्न धर्मों के अनुयायियों के बीच कुरूप संघर्ष में परिणत होती रही है, क्योंकि प्रत्येक अनुयायी खुद अपने सच्चे होने का दावा करता है और विभिन्न धर्मों के भीतर ही क्रूर यातना दी जाने लगती है। किंतु हिंदू नीति-शास्त्र में ऋग्वेद के वचनानुसार परमात्मा तक पहुँचने के विभिन्न पथों को सदैव स्वीकार किया गया है—एकम् सद् विप्राः बहुधा वदन्ति (सत्य एक है जिसे बुद्धिमान अनेक नामों से पुकारते हैं।) हिंदू धर्म के अलावा जो कि भारत का हमेशा ही सबसे बड़ा धर्म रहा है, ऐसे करोड़ों मुसलमान, बौद्ध, जैन, सिक्ख-पारसी और अनेक संप्रदायों के ईसाई और यहूदी शताब्दियों से इस देश में शांतिपूर्वक रहते आ रहे हैं। इन सभी धर्मों के पूज्य प्रसिद्ध मंदिर और तीर्थ आदि भी इस देश में हैं।

कश्मीर में शैव मत और आगंतुक सूफीमत के बीच अनोखे मिलन से जो ऋषि परंपरा बनी है, वह हिंदुओं और मुसलमानों—दोनों के लिए समान रूप से पूज्य है; और धार्मिक एकता की हिंदू-परंपरा की ही यह एक अधिक नाटकीय अभिव्यक्ति है। किसी और धर्म को सहन करना अधिक से अधिक एक नकारात्मक उपाय ही कहा जा सकता है। किंतु सहज तथा सकारात्मक भाव से सभी धर्मों को स्वीकार करना केवल हिंदुओं का ही अद्वितीय योगदान है। धर्मों की एकता का यौगिक और रहस्यमय अनुभवों की तात्त्विक एकता का, सर्वव्यापी और तेजोमय परमात्मा को स्वीकार करने का इसका जो संदेश है, उसका स्वागत किया जाना चाहिए। क्योंकि वह आधुनिक युग में अत्यधिक प्रासंगिक है; इस विषय में इसकी शैली और मुहावरे पर आपत्ति का कोई औचित्य नहीं।

**व्यक्ति की दिव्यता** : मनुष्य जाति की एकता और सभी धर्मों की एकता की अवधारणा से हिंदू संदेश का यह तीसरा पक्ष उभरता है, जो कि व्यक्ति की दिव्यता और गरिमा का उद्घोषक है। यह सच है कि हिंदू समाज प्रायः ऊँच-नीच और श्रेणी-विभाजन में इतना बँटा हुआ दिखता है, और सामाजिक कर्तव्य तथा हैसियत पर इतना अधिक बल देता है कि लगता है व्यक्तिगत स्वतंत्रता का कोई महत्त्व नहीं है। फिर भी याद रखना चाहिए कि इन सामाजिक श्रेणी-विभाजनों के समानांतर और अंततः इनके पार जानेवाली प्रत्येक मनुष्य की दिव्यता की अवधारणा यहाँ विद्यमान है। मानव जाति में जन्मा प्रत्येक व्यक्ति दिव्य क्षमता के तात्त्विक रहस्य का ही अंश है। भले ही उसका लिंग या धर्म, रंग या वर्ण, भाषा या भौगोलिक भू-प्रदेश चाहे जो हो। हिंदू दृष्टि में प्रत्येक आत्मा के भीतर आत्मिक विकास एवं परम मोक्ष के बीज रहते हैं।

परिस्थितियाँ चाहे जैसी हों, वातावरण चाहे जितना शत्रुतापूर्ण हो किंतु हिंदू धर्म मानता है कि मनुष्य के चित्त में दिव्यता की अनबूझ चिनगारी रहती है, जो देर-सवेर जागृत कर आध्यात्मिक साक्षात्कार की ज्वलंत अग्नि में परिणत की जा सकती है। इस अवधारणा से प्रत्येक व्यक्ति ऐसी गरिमा से मंडित हो जाता है कि सारतः वह तमाम

सामाजिक विधि-विधानों और परंपराओं से ऊपर उठ जाता है। आज जब सैकड़ों तरह की सामूहिकताएँ व्यक्तिगत मानवीय गरिमा का महत्त्व समाप्त करती जा रही हैं, तब हिंदू धर्म का यह संदेश कोई मामूली नहीं है। यह मानवीय एकता का दूसरा पक्ष प्रस्तुत करता है, जिसमें समूची जाति की एकता पर बल देते हुए भी प्रत्येक व्यक्ति के अद्वितीय महत्त्व को पुनः स्थापित किया गया है।

**रचनात्मक संश्लेषण का गुण :** हिंदू नीतिशास्त्र का चौथा पक्ष संश्लेषण और समन्वय की इसकी असामान्य क्षमता की देन है। संसार में कर्म और एकांत चिंतन के बीच कठोर विभाजन के विपरीत यहाँ गीता का महान् आदर्श प्रतिष्ठित है, जिसमें कर्म-मार्ग और ज्ञानमार्ग को परमात्मा की भक्ति में समन्वित किया गया है। यह पदार्थ और ऊर्जा के बीच निर्मम विभाजन के विरुद्ध है। पश्चिमी दुनिया में आइंस्टाइन और उनके परवर्तियों के प्रयास से ही यह विभाजन हाल ही में दूर हो पाया है। भारतीय मनीषा ने अस्तित्व मात्र के पीछे तात्त्विक एकत्व का निरूपण किया है जैसा कि ईशोपनिषद् में कहा गया है, ईशावास्यमिदं सर्वं यत् किंच जगत्यां जगत्, परमाणु के हृदय में भी वही शक्ति स्पंदित है जो कि सुदूरतम नीहारिका की गहराइयों में। विज्ञान और धर्म के बीच कट्टर प्रतिद्वंद्विता के विपरीत यहाँ माना गया है कि मूलतः एक ही सत्य तक पहुँचने के ये दो भिन्न उपाय हैं। इनमें एक मार्ग बाहर ब्रह्मांड के ढाँचे के भीतर तक जाता है और दूसरा मानव-चित्त की मूल सत्ता तक भीतर की ओर जाता है। संतुलन की भिन्न धारणाओं और परस्पर विरोधी लगने वाली गतियों के बीच समन्वय की यही क्षमता महानतम हिंदू मनीषाओं की पहचान रही है; इसमें एक ऐसी विश्व सभ्यता के वैचारिक बीज हैं, जो कि आदर्श रूप में विभिन्न राष्ट्रीय संस्कृतियों की सर्वोत्तम परंपराओं को, भविष्य में एक जगमग एवं सामंजस्यपूर्ण संश्लेषण में गूँथ सकेगी।

**विश्वव्यापी मूल्य :** अंत में, इस भूलोक की सीमाओं से छूटकर बाह्य अंतरिक्ष के अनंत विस्तार में कदम रखने की जो नई क्षमता हमने पा ली है, उसके संदर्भ में हिंदू धर्म ने विश्वव्यापी मूल्यों की जो प्रणाली प्रदान की है, उसकी समकालीन प्रासंगिकता विस्मयजनक है। विश्व विशाल काल-खंडों से होकर गुजरता है। चार युग हैं जिनमें कुल चार दशमलव तीन दो (4.32) खरब वर्ष हैं और प्रत्येक युग ब्रह्मा के एक दिन के बराबर है।

यह गणना अन्य सभी पुरातन गणना पद्धतियों की अपेक्षा इस पृथ्वी की आयु के सबसे अधिक निकट पड़ती है। कोटि-कोटि ब्रह्मांडों की अवधारणा एक जमाने में कोरी कपोल कल्पना बताई जा सकती थी, आज जब निस्सीम ब्रह्मांड हमारे विस्फारित नेत्रों के सामने खुलता जा रहा है, तो यह धारणा सच्ची प्रतीत होने लगी है। शिव के तांडव नृत्य में करोड़ों ब्रह्मांडों के प्रतिपल जनमने और प्रतिपल बुझने के सनातन और अंतहीन चक्र की परिकल्पना अभी हाल ही में उस ज्ञान की कसौटी पर खरी बताई जाने लगी है, जो अपने आस-पास के ब्रह्मांड की शुरूआती खोज में हमें मिल रहा है।

इसके बावजूद इस अकल्पनीय विस्तार के भीतर या कि शायद इसी के कारण मानव व्यक्तित्व का सनातन रहस्य ज्यों का त्यों है। ब्रह्मांड की करोड़ों नीहारिकाओं में हमारी नीहारिका सिर्फ एक है, इस नीहारिका के करोड़ों तारों में हमारा तारा सिर्फ एक है; इस सौर मंडल के करोड़ों मनुष्यों में हम स्वयं सिर्फ एक हैं; किंतु आत्मा की महिमा और रहस्य कुछ ऐसा है कि यह अस्तित्व के निर्वचनीय रहस्य का भेदन कर सकती है। हम लोग जो कि अतीत और भविष्य की, पृथ्वी और आकाश की, प्रकाश और अंधकार की, मनुजता और देवत्व की ऐसी संतान हैं, जो एक ही साथ क्षण-भंगुर और सनातन सांसारिक और अलौकिक कालबद्ध और कालातीत है; ऐसी क्षमता से परिपूर्ण है कि अपनी परिस्थिति का आकलन कर सकते हैं, अपनी सांसारिक सीमाओं से ऊपर उठ सकते हैं और अंततः स्वयं देश और काल के धड़कते अंतराल से परे जा सकते हैं। सारतः यही है हिंदू धर्म का संदेश।

# आणविक युग में वेदांत

मानव-जाति आज संक्रमण के युग में है। यह संक्रमण वैसा ही है या शायद उससे भी महत्त्वपूर्ण है जैसा कि इससे पहले यायावरी से कृषि व्यवस्था में, कृषि प्रधान समाज से औद्योगिक समाज और औद्योगिक से उत्तर औद्योगिक युग में प्रवेश का दौर रहा है। हम शायद इस घटना के इतने निकट हैं कि इसकी संपूर्ण महत्ता को समझ नहीं पा रहे हैं लेकिन यह बिल्कुल स्पष्ट है कि हम एक बड़े परिवर्तन के दौर में हैं। चाहे राजनीति का क्षेत्र हो या अर्थशास्त्र का, संचार माध्यमों का हो या संस्कृति का, सभी क्षेत्रों में एक सशक्त नया भूमंडलवाद या सार्वभौमिकता उभर रही है। आइंस्टाइन के बाद की भौतिकी क्वांटम मेकैनिक्स, आइजनवर्ग के अनिश्चयवादी सिद्धांत तथा अन्य अनेक अवधारणात्मक क्रांतियों के प्रभाव से पुराने ढाँचे चरमराने लगे हैं। ठोस पदार्थ संभाव्यता की तरंगों में विलीन हो रहा है और नई भौतिकी उस रहस्यमूलक दृष्टि को अपनाती प्रतीत हो रही है, जिसका बखान सभी परंपराओं के ऋषि-मुनियों ने किया है।

मानव-जाति का प्रमुख चेतना प्रवाह उसकी विकासशील अवस्था को प्रतिबिंबित कर रहा है और यह कहना सही होगा कि इस निर्णायक चौराहे पर मानव जाति अपने लिए एक नया दर्शन, एक नई आदर्श सृष्टि और एक नई चेतना की खोज में है, जो कि पुरातन का स्थान ले सके और यह भी कोई संयोग मात्र नहीं है कि यह सब एक ऐसे अवसर पर हो रहा है, जब मानवता स्वयं किसी अन्य जाति से नहीं, बाह्य अंतरिक्ष से नहीं बल्कि अपने आप से विनष्ट होने के चरम खतरे में आ पड़ी है। ज्ञान और विवेक के नीचे एक त्रासद विच्छेद आ गया है और मानवीय चित्त के अंतस्तल से एक ऐसा भयानक विष पैदा हुआ है, जो न केवल हमारी अपनी पीढ़ी के लिए बल्कि अभी अजन्मी असंख्य पीढ़ियों के लिए, न केवल हमारी अपनी जाति के लिए बल्कि इस पृथ्वी पर जीवनमात्र के लिए खतरा है।

पुरातन मिथक मानव की विडंबना को प्रायः आलोकित कर सुस्पष्ट कर देते हैं। समुद्र-मंथन का पौराणिक मिथम हमारे पास है और हजारों साल पुराना है। हमारे ग्रह पृथ्वी पर चेतना के विकास की लंबी और पीड़ा भरी प्रक्रिया का वह प्रतीक है। आज

की मानवीय द्विधा या विडंबना इस मिथक से स्पष्टतः समझ में आती है। दीर्घकालिक मंथनों ने मनुष्य को विज्ञान और प्रौद्योगिकी के महान् वरदान प्रदान किए हैं। औषधि विज्ञान और संचार प्रविधियों, कृषि और इलेक्ट्रॉनिकी अंतरिक्ष यात्रा और कृत्रिम मेधा (साइवरनेटिक्स) जैसे क्षेत्रों में अकल्पनीय सीमाएँ लाँघी जा चुकी हैं। अब हमारे पास इस धरती पर प्रत्येक मनुष्य के संपूर्ण और स्वस्थ जीवन के लिए आवश्यक शारीरिक, भौतिक, बौद्धिक और आध्यात्मिक सामग्री प्रदान करने में समर्थ संसाधन और प्रौद्योगिकी मौजूद है। लेकिन तब भी जहर से भी हमारा छुटकारा नहीं है। विनाश की अभूतपूर्व शक्तियों से संपन्न दानवीय शास्त्रास्त्र निर्माण कर प्रतिदिन अरबों-खरबों रुपए खर्च किए जा रहे हैं। अनुमान है कि इस समय पृथ्वी ग्रह पर पचास हजार से भी अधिक नाभिकीय अस्त्र या अण्वस्त्र हैं, जिनमें से प्रत्येक अणु के युग के उदयकाल में हिरोशिमा और नागासाकी को ध्वस्त करने वाले बमों से हजारों गुना अधिक शक्तिशाली हैं; कुछेक में तो समूचे दूसरे विश्वयुद्ध में दोनों पक्षों द्वारा प्रयुक्त बल से भी अधिक विध्वंसक शक्ति है। इसी लोमहर्षक संदर्भ में एक वैकल्पिक जीवन दर्शन की आवश्यकता इतनी गहन हो उठी है, और सार्वभौम मूल्यों को प्रतिष्ठापित करने के कारण वेदांत ही है, जो वैसा एकान्वित और सार्वभौम दर्शन हो सकता है। अनेकानेक ऋषि-मुनियों के समन्वित विवेक पर आधारित उपनिषद् और भगवद्गीता प्राचीन भारत की भव्य आध्यात्मिक चेष्टा और उपलब्धि के प्रमाण स्वरूप हमारे सामने हैं। ज्ञान का यह विशद भंडार, जो वेदांत नाम से जाना जाता है, ऐसी अंतर्दृष्टियाँ प्रदान करता है, जो इस नाभिकीय या आणविक युग में मानवजाति को बचाए रखने में निर्णायक हो सकती है। वेदांत का क्षेत्र अत्यंत व्यापक और समृद्ध है। मैं यहाँ वेदांत के केवल पाँच महत्त्वपूर्ण सूत्र तत्त्व उठा रहा हूँ, जिन्हें मिलाकर एक ऐसे दर्शन की रूप-रेखा बनाई जा सकती है, जो हमारे इस पृथ्वीग्रह में उभरती भूमंडलीय चेतना का उपजीव्य हो सकता है।

इनमें पहली और सबसे बुनियादी अवधारणा सर्वव्यापी ब्रह्म की है 'ईशावास्यमिदं सर्वं यत् किंच जगत्यां जगत्' जो कुछ विद्यमान है और जहाँ कहीं विद्यमान है, वह सब उसी एक दिव्य सत्ता एवं शक्ति से आप्लावित है। वस्तुतः दिव्यता के आधार के अभाव में कोई भी अभिव्यक्ति हो ही नहीं सकती और यह बात एक तरह से आधुनिक विज्ञान को अपनी समझ या अनुभूति के समानांतर एक तथ्य है। पूर्वकाल में न्यूटन के 'शास्त्रीय' (क्लासिकल) विज्ञान में पदार्थ और ऊर्जा के बीच एक असाध्य विभाजन माना जाता था, लेकिन अब आइंस्टाइन के बाद से यह माना जाने लगा है कि जो कुछ है, वह वास्तव में वही एक ऊर्जा ही है, भले ही वह कहीं पदार्थ, कहीं कण (पार्टिकल) या कहीं तरंग के रूप में दिखाई दे। जिस एकीकृत क्षेत्र सिद्धांत के सत्यापन में वैज्ञानिक जी-जान से जुटे हुए हैं, उपनिषद् के सर्वव्यापी ब्रह्म की धारणा के रूप में उसका आध्यात्मिक प्रतिरूप पहले से विद्यमान है।

दूसरा सूत्र यह है कि यह ब्रह्म प्रत्येक व्यक्ति की चैतन्य में, उसकी आत्मा में बसा हुआ है। आत्मा एक प्रकार से प्रत्येक व्यक्ति के भीतर उस सर्वव्यापी ब्रह्म की प्रतिछाया है, पर अंततः आत्मा उस ब्रह्म से विलग (कोई वस्तु) नहीं है। यह उसी परम ब्रह्म का प्रतिबिंब है, उसी का अंग है। उपनिषद् के दृष्टांतों में एक दृष्टांत यह है कि जब विशाल अग्नि प्रज्वलित होती है तो उससे ये करोड़ों स्फुलिंग उड़कर निकलते हैं और फिर उसी में जा गिरते हैं; इसी प्रकार परमात्मा में से ये करोड़ों जीवात्माएँ उभरती हैं और फिर अंत में उसी में जा समाती हैं ''ईश्वरः सर्वभूतानां हृद्देशेऽर्जुन तिष्ठति'' (हे अर्जुन, ईश्वर प्रत्येक व्यक्ति के अंतर में निवास करता है)—यह धारणा उपनिषद् की दूसरी महत् अंतर्दृष्टि है और आत्मा एवं ब्रह्म के बीच वह मूल बिंदु है, जिसके चतुर्दिक् वेदांत की समूची शिक्षा का ताना-बाना है। इसी से ज्ञानयोग, भक्तियोग, कर्मयोग और राजयोग—चारों योग आत्मा और ब्रह्म के मिलन की दिशा में अभिकल्पित हैं।

इसी में एक दूसरी महत्त्वपूर्ण वेदांती अवधारणा निकली है : सभी मनुष्य अपनी इस सहभागी आध्यात्मिकता के कारण एक ही बड़े परिवार के सदस्य हैं। मानव जाति के लिए उपनिषद् में एक सुंदर शब्द मिलता है—अमृतस्यापुत्राः—क्योंकि हमारे भीतर हम उस ब्रह्म की ज्योति और सत्ता लिए रहते हैं, भले ही हमारे बीच आपस में नस्ल या रंग, धर्मसंप्रदाय या स्त्री-पुरुष-भेद या अन्य प्रकार के जो भी विभेद हों। समस्त मनुष्यों के एक संयुक्त परिवार 'वसुधैव कुटुम्बकम्' की अवधारणा का यही आधार है। एक प्रसिद्ध श्लोक में बताया गया है कि अपरिपक्व मस्तिष्कों के कारण मेरे और तेरे में जो भेद किया जाता है, वह यथार्थ को देखने का एक तुच्छ और संकीर्ण दृष्टिकोण है। महत्तर चेतना वाले लोगों की दृष्टि में संपूर्ण विश्व ही एक परिवार है। मानव-इतिहास के इस मोड़ पर उपनिषद की यह महान् अंतर्दृष्टि अत्यंत प्रासंगिक है।

अभी हम वेदांत की चौथी महत्त्वपूर्ण अवधारणा पर आते हैं, जिसमें समस्त धर्मों की, समस्त आध्यात्मिक मार्गों की तात्त्विक एकता अभिहित है—'एकं सद् विप्राः बहुधा वदन्ति'—सत्य एक है। विद्वज्जन उसे अनेक नामों से पुकारते हैं —जैसा कि ऋग्वेद में आया है। मुंडक उपनिषद् में एक सुन्दर उक्ति में कहा गया है : जिस प्रकार नद-नाले विश्व के विभिन्न भागों में उद्भूत होते हैं लेकिन अंततः उसी एक महासागर में जा मिलते हैं, उसी प्रकार ये समस्त धर्म, संप्रदाय और धर्मसूत्र विभिन्न कालों एवं स्थानों में उदित होते हैं, फिर भी यदि उनका हेतु सच्चा हो तो अंततः वे उसी एक लक्ष्य पर पहुँचते हैं। इस तरह यह एक ऐसा दर्शन है जो धर्म के नाम पर बनाई गई घृणा और मतांधता को लाँघने में सक्षम है। वेदांत एक सार्वभौमिक धर्म है। यह दिव्यता की ओर प्रयाण की अनंत संभावनाएँ स्वीकार करता है, यह हमें किसी खास या विशेष जड़ सूत्र में सीमित या आबद्ध नहीं करना चाहता। यह देवत्व के मार्गों की विविधता न केवल स्वीकार करता है बल्कि उसका स्वागत भी करता है। यह एक पहाड़ की चढ़ाई चढ़ने-जैसा है। प्रस्थान के अनेक और विभिन्न स्थान होते हैं और यदि हम उन्हीं बिंदुओं

पर तर्क-वितर्क में उलझे रहे तो हम मीलों दूर खड़े रहेंगे। किंतु जब हम चढ़ना शुरू करते हैं और सचमुच ऊँचाई की ओर बढ़ते हैं तो जैसे-जैसे हम शिखर के पास पहुँचते हैं वैसे-वैसे हमारे रास्ते भी एकदूसरे में मिलने लगते हैं और अंत में जब हम सर्वोच्च शिखर पर पहुँचते हैं, तो सभी मिल जाते हैं—कारण यह कि सर्वोच्च शिखर एक ही है। इसी प्रकार जब हम आध्यात्मिक चेष्टा के क्षेत्र में सचमुच ऊपर चढ़ने लगेंगे, हम पाएँगे कि हमारे संप्रदायगत और बुद्धिजन्य विभेद अपनी महत्ता उत्तरोत्तर खोते जाएँगे और शिखर पर पहुँचने पर हम सभी मानवता के आध्यात्मिक एकत्व का अनुभव करेंगे।

वेदांत की पाँचवीं अवधारणा समस्त जीवों के कल्याण की है, 'बहुजन सुखाय बहुजन हिताय च', वेदांत सृष्टि मात्र के कल्याण की कामना करता है—न केवल मनुष्यों की बल्कि उनकी भी, जिन्हें हम निम्नतर जीव कहते हैं—अपने अहंकार और अज्ञान के कारण हमने इस ग्रह का पर्यावरण नष्ट कर दिया है। हमने महासागर दूषित कर दिए हैं, हवा में साँस लेना असंभव कर दिया है। हमने प्रकृति को भ्रष्ट कर दिया है। और वन्य जीवन का संहार कर दिया है। किंतु वेदांती ऋषि जानते थे कि मनुष्य प्रकृति से विलग कोई प्राणी नहीं है और इसलिए सभी जीवों के प्रति उनके मन में करुणा थी। यही कारण है कि वेदांत निरंतर उपदेश देता है कि स्वयं अपनी मुक्ति के लिए कार्य करते हुए भी हमें हिंसा और घृणा के मार्ग का परित्याग भी करना ही चाहिए। हमें अपने चित्त के आंतरिक और बाह्य निश्चेष्ट और सचेष्ट दोनों प्रकार के तत्त्वों को विकसित करना चाहिए। वस्तुतः ये दोनों एक ही सिक्के के दो पहलू हैं, इसलिए अपनी नियति का संधान करते हुए हमें जीव मात्र के कल्याण के लिए भी कार्य करना है।

वेदांत की ये पाँच अवधारणाएँ—सर्वव्यापी ब्रह्म; समस्त जीवों में निवास करने वाली आत्मा, एक ही परिवार के सदस्य के रूप में मानवजाति की परिकल्पना, यह विचार कि सभी धर्म मूलतः एक ही लक्ष्य के विभिन्न मार्ग हैं और यह धारणा कि हमें केवल अपने नहीं बल्कि पूरे मानव समुदाय के लिए कार्य करना चाहिए। जब हम इन्हें एक साथ देखते हैं तो हमें एक ऐसी सर्वांगीण विश्वदृष्टि मिलती है। हम जिस भूमंडलीयकरण की प्रक्रिया में आज लगे हुए हैं, यह दृष्टि परम सहायक होगी।

शनैः शनैः एक विश्व-सभ्यता जन्म ले रही है और इसे जन्म लेना ही होगा, यदि मानव जाति इस आणविक युग में जीवित बचे रहना चाहती है। विज्ञान और प्रौद्योगिकी ने हमें अद्भुत शक्ति प्रदान की है और वह शक्ति यदि सही उद्देश्यों के लिए प्रयुक्त की जाए तो इस शताब्दी के अंत तक हमारे धरातल से गरीबी और भूख, कुपोषण और दैन्य, निरक्षरता और बेरोजगारी समाप्त की जा सकती है। दूसरी ओर हमारे पास इतनी आण्विक शक्ति मौजूद है कि पूरी मानवजाति को चालीस बार नष्ट किया जा सकता है—यह न केवल मानवजाति की हत्या होगी पृथ्वी की हत्या होगी। हम यह कभी न भूलें कि सत्ता या शक्ति अपने आपमें न तो अच्छी है न बुरी। एक

तरफ दैवी शक्ति है तो दूसरी तरफ आसुरी शक्ति भी होती है। शक्ति की, विज्ञान की पूजा अपने आप में पर्याप्त नहीं, हमें विवेक करुणा और समझदारी भी पुनः प्राप्त करनी होगी।

मानव-जाति को इस अवस्था में ला देने वाली विचारधारा के विकल्प में एक दूसरी विचारधारा खोजकर और साहसपूर्वक उस विचारधारा के अनुरूप चलकर ही हम बच सकते हैं। वेदांत हमें वैसी एक वैकल्पिक दृष्टि प्रदान करता है; और यदि इतने विलंब के बाद भी हम आज उसके कुछ अकाट्य सार्वभौमिकता आत्मसात् कर सकें तो शायद हम सर्वनाश की ओर बावली दौड़ को पलट सकेंगे और विवेक की सुदीर्घ और धीमी चढ़ाई चढ़ सकेंगे।

अंत में हम उस अमर वैदिक प्रार्थना की याद करें, जो हमें अज्ञान के असत्य से ज्ञान के सत्य की ओर, आंतरिक अंधकार से ऊर्ध्वस्थ प्रकाश की ओर और जन्म मृत्यु के संसार-चक्र से अमरत्व की ओर ले जाना चाहती है :

''असतो मा सद्गमय !<br>
तमसो मा ज्योतिर्गमय !<br>
मृत्योर्मा अमृतं गमय !''

# उपनिषदों का संदेश

उथल-पुथल और संक्रमण के इस युग में कभी-कभी ऐसा लगता है, मानो स्वयं मानवीय चित्त एक विराट और उद्वेलित महासागर में भटक रहा हो—बिना दिशा-ज्ञान के, रास्ता दिखाने वाले किसी चिह्न या प्रकाश-स्तंभ से वंचित दृश्य और अदृश्य हवाओं में हिचकोले खाता हुआ। बाह्य-जगत् में उथल-पुथल है, हमारे चारों ओर हिंसा और घृणा, हत्या और यातनाएं हैं और आंतरिक जगत् में भी उथल-पुथल है, मानव-चेतना को नियंत्रित करनेवाली गहन मनोवैज्ञानिक धाराएँ भी विचलित जान पड़ती हैं। जो पुराना है वह मर रहा है और जो नया है वह जन्म लेने को छटपटा रहा है, और हमारी पीढ़ी देखती है कि वह अतीत और भविष्य के बीच एक नाजुक बिंदु पर फँसी हुई है।

ऐसे समय में हम अपनी महान् आध्यात्मिक परंपराओं की ओर देखते हैं। इसलिए नहीं कि हम पीछे लौटें क्योंकि वह असंभव है। अनेक सभ्यताएँ प्रायः ललक के साथ पीछे देखने और किसी तथाकथित स्वर्णयुग की कामना करने की भूल प्रायः करती हैं जबकि वैसा कोई समय अब संभव ही नहीं रहा। देशकाल के इस वर्तमान नैरंतर्य में समय सिर्फ एक ही दिशा में रहता है। इसलिए किसी विगत युग के बाहरी ढाँचों को फिर से पाने की कोशिश का कोई लाभ नहीं। लेकिन एक परंपरा की अंतरात्मा को समझने की कोशिश का अत्यधिक महत्त्व है।

वह क्या था, जिसने भारत को उन तमाम शताब्दियों से जीवित बनाए रखा है? एक के बाद एक युग और शताब्दी में नितांत नृशंस दमन और आक्रमण का शिकार रहने के बावजूद वह क्या है, जिसने हिंदू धर्म को बचे रहने का सामर्थ्य प्रदान किया? ऐसा क्यों है कि जब विश्व की अन्य महान् सभ्यताएँ, जिनमें मिस्र मेसोपोटामिया और बेबीलोन जैसी कुछ सभ्यताएँ भारतीय सभ्यता से अधिक पुरानी थीं या यूनान और रोम की सभ्यताएँ जो समवयस्क थीं, वे लुप्त हो गई और आज सिर्फ शोधकर्ताओं के मस्तिष्क में, संग्रहालयों की चारदीवारी में ही बची हैं।

भारतीय सभ्यता वर्तमान क्षण तक जीवंत हुई है, सो क्यों ? यही है जिसका हमें पता लगाना है क्योंकि भारतीय सभ्यता की अंतरात्मा को पुनः पाकर शायद हम अपने

सामने मौजूद समस्याओं का सामना करने की प्रेरणा और शक्ति और दृष्टि प्राप्त कर सकें। तभी शायद हम अपने सामने फैले-अँधेरे और तूफानी महासागर को पार कर सकेंगे।

भारतीय संस्कृति के विशाल परिदृश्य पर दृष्टि डालने पर हमें अपनी संस्कृति के स्रोत नगाधिराज हिमालय की ही तरह वेदों का महान् वितान दिखाई पड़ता है। दिल्ली से कलकत्ता की उड़ान में हम हिमालय के समानांतर उड़ते हैं। ऐसे क्षणों में कुमार संभव के आरंभ में प्रयुक्त कालिदास के वे भव्य शब्द विस्मित कर देते हैं—

''अस्त्युत्तरस्यां दिशि देवतात्मा हिमालयो नाम नगाधिराजः।

पूर्वापरौ तोयनिधी ऽवगाह्य स्थितः पृथिव्या इव मानदण्डः।।''

(अर्थात्—हिमालय एक महान् देवात्मा, एक महान् आध्यात्मिक उपस्थिति है, जो पश्चिम से पूर्वी समुद्र तक पृथ्वी को नापने के मानदंड की तरह फैला हुआ है।)

कालिदास अपने युग में हवाई जहाज से नहीं उड़ सके होंगे। लेकिन प्रतिभा की सर्जनशीलता का ही यह वैशिष्ट्य है कि वह हिमालय की पूर्व शृंखला को एक सशक्त इकाई के रूप में देख सके।

इसी प्रकार अपनी गरिमा और महिमा के साथ वेद भी हिंदू सभ्यता के मूल स्रोत और मेरुदंड के रूप में मौजूद है। वस्तुतः वेद अनेक देदीप्यमान उद्‌बुद्ध आत्माओं की, अध्यात्म पुरुषों की अंतःप्रेरित वाणी है—ऐसे लोगों की जो न केवल बौद्धिक दृष्टि से बल्कि अध्यात्म चेतना की दृष्टि से भी संपन्न थे।

वेद अद्वितीय है, इसलिए कि उनकी रचना एक विराट कालखंड में हुई—आज हमें प्राप्त वैदिक परंपरा कम से कम एक हजार वर्ष से डेढ़ हजार वर्ष के बीच लिखी गई होगी। यह परंपरा इसलिए भी महान् है कि इन आध्यात्मिक संदेशों को स्वीकार या प्राप्त करने वाले लोग भी कितने विविधतापूर्ण रहे हैं और यदि आप वेदों को अपनी सांस्कृतिक परंपराओं के हिमालय के रूप में देखें, तो कहा जा सकता है कि ऊपर आकाश से देखने पर चमकनेवाली हिमालय की उच्च चोटियों की तरह ही हमारे उपनिषद् हैं। यह गिरिशिखर उस समूची पर्वत शृंखला का एक छोटा-सा अंग मात्र है लेकिन यही जो अपने सनातन हिमावरण से हमारे मस्तिष्क और हृदय को अपनी ओर खींचते हैं।

उपनिषदों को वेदांत कहा जाता है क्योंकि कालक्रम में वे वेदों के अंत में आते हैं और इसलिए भी कि वैदिक सभ्यता और प्रतिभा का दार्शनिक चरमोत्कर्ष उनमें मिलता है। उपनिषद् शब्द का एक अर्थ है निकट बैठना। भारतीय परंपरा में गुरु किसी नदी या झील के निकट किसी वृक्ष के नीचे बैठे होते थे और ज्ञान अर्जित करने के लिए एक या अधिक शिष्य उन्हें घेरकर बैठ जाते थे। यह रोचक है क्योंकि ग्रीक परंपरा को देखें तो उसमें सुकरात और प्लेटो सहित उनके तमाम शिष्य अपनी अकादमी के बरामदों में एक सिरे से दूसरे सिरे तक घूमते हुए संवाद करते थे। वास्तव में सुकरात

के संवादों और उपनिषदों के बीच काफी कुछ साम्य है; वे सभी गुरु और शिष्य के बीच वार्तालाप के रूप में है लेकिन यूनानी लोग चहलकदमी करते रहते थे, शायद इसलिए कि उन्हें जलवायुगत कारणों से लगता था कि चलने से सोचने की प्रक्रियाओं को उत्तेजना मिलती है; इसलिए वे लोग गत्वर अथवा भ्रमणशील दार्शनिक कहलाए।

संस्कृत में किसी एक शब्द या मुहावरे के कई आशय हो सकते हैं और जरूरी नहीं कि वे एक-दूसरे के विरुद्ध ही हों। एक शब्द का एक ही अर्थ हो, यह कट्टर विभाजन हम स्वीकार नहीं करते। उपनिषद् का एक दूसरा अर्थ 'गुप्त विद्या' है। मुंडक उपनिषद् में विख्यात गृहस्थ शौनक ऋषि अंगिरस के पास जाते हैं और यह प्रसिद्ध प्रश्न पूछते है : 'कस्मिन् नु भगवो विज्ञाते, सर्वमिदं विज्ञातं भवति इति।'' (पूज्यपाद, वह क्या है जिसे जानने पर सभी कुछ ज्ञात हो जाता है ?) और उस प्रश्न के उत्तर में गुरुदेव ज्ञान के दो प्रकारों का सिद्धांत प्रतिपादित करते हैं जिनमें एक उच्चतर है, दूसरा निम्नतर — पराविद्या और अपराविद्या।

उपनिषदों में उच्चतर विद्या का विवेचन है जो कि परावौद्धिक विद्या है। यह तार्किकता का निषेध नहीं करती बल्कि उससे परे जाती है क्योंकि दीप्तिमान और बहुमुखी उपकरण होने के बावजूद बुद्धि या मस्तिष्क स्वयं अपनी संरचना से परिसीमित है। ज्ञान और अनुभव के ऐसे अनेक दायरे हैं जो तथाकथित तर्कपरक चिंतन के घेरे में नहीं आ पाते। हमारी चेतना की उड़ान में किसी न किसी बिंदु पर बुद्धि का अतिक्रमण करना ही होता है, और उपनिषद् उसी उच्चतर ज्ञान की बात कहते हैं। जिसका परावौद्धिक साक्षात्कार बौद्धिक व्यायाम से नहीं बल्कि आध्यात्मिक साधना से होता है। ज्ञान का अंतिम लक्ष्य आत्मज्ञान ही समस्त औपनिषदिक शिक्षा का आधार है।

मुंडक उपनिषद् में ही दो अविस्मरणीय श्लोक उपनिषदों के वास्तविक लक्ष्य का वर्णन करते हैं। उपनिषदों की तुलना एक महाधनुष से की गई है, जिस पर ध्यान और साधना से पैने किए हुए बाण का संधान करना होता है। यह बाण आत्मा है, लक्ष्य ब्रह्म है और धनुष है ओम। गहरी एकाग्रता से बाण खींचें तभी हम अपने लक्ष्य से एकाकार हुए बाण की तरह ब्रह्म में मिल सकते हैं। उपदेश का मर्म यही है, यह एक साधन है, जिसके द्वारा आत्मा अपने साध्य ब्रह्म में लीन होती है। धर्मशास्त्रीय शब्दों में आत्मा परमात्मा से एकाकार हो जाती है। अंग्रेजी के शब्द गॉड और सोल वस्तुतः वेदांत परंपरा के नहीं हैं और ईसाई, इस्लाम आदि सभी धर्मों में जो अर्थ हैं, वे हिंदू धर्म से काफी भिन्न हैं। वेदांत के केंद्रीय प्रत्यय हैं: आत्मा, ब्रह्म और इन दोनों का विलय। महान् धनुष के रूप में उपनिषद् इस विलय के साधन बनते हैं।

पारंपरिक रूप से एक सौ आठ उपनिषद् बताए जाते हैं जो कि पवित्र गूढ़ संख्या है। लेकिन मुख्य उपनिषद् लगभग चौदह हैं। आदि शंकराचार्य ने इनमें से ग्यारह उपनिषदों पर अपनी प्रांजल टीकाएँ लिखी हैं : ईश, केन, कठ, प्रश्न, मुंडक, मांडूक्य,

ऐतरेय, तैत्तिरीय, श्वेताश्वतर, छांदोग्य और वृहदारण्यक। इनमें अनेक का आकार बड़ा है तो कुछ का बहुत छोटा। उदाहरण के लिए ईशोपनिषद में केवल अठारह मंत्र हैं जबकि वृहदारण्यक में सैकड़ों श्लोक हैं। अपने वैविध्य और एक बड़े समय में अलग-अलग समय में रचे जाने के बावजूद उपनिषदों में एक आंतरिक सूत्रता है जो कि एक असामान्य तथ्य है।

समस्त महान् ऋषि प्रायः उसी एक मूलभूत अनुभव की चर्चा करते दीखते हैं अर्थात् दिव्यता की, ब्रह्म के अनुभव की। अतः उपनिषदों को मूलतः ज्ञानमार्ग कहा जा सकता है। इसके लिए गुरु में केवल दो गुणों की अपेक्षा की गई है—उसे श्रोत्रिय और ब्रह्मनिष्ठ होना चाहिए। इसका अर्थ है कि उसे श्रुति अर्थात् वेदों में पारंगत होने के साथ-साथ आध्यात्मिक साधक भी होना चाहिए। यह ध्यान रखना आवश्यक है कि उपनिषद् की शिक्षा निराबौद्धिक व्यायाम या अकादमीय कृत्य नहीं है बल्कि अध्यात्मविद्या सिखानेवाली शिक्षा है।

उपनिषद के केंद्रीय मूलभूत प्रत्यय संक्षेप में पाँच माने जा सकते हैं। प्रथम और सबसे मूलभूत अवधारणा या प्रत्यय सर्वव्यापी ब्रह्म की है—ईशावास्यमिदं सर्वं यत् किंच जगत्यां जगत् (जो है और जहाँ भी है वह सब उसी दिव्य सत्ता और शक्ति से अनुप्राणित है)।

यह एक महत्त्वपूर्ण अनुभूति है क्योंकि अनेक दर्शनों में ईश्वर और जगत् के बीच, पदार्थ और आत्मा के बीच, अच्छाई और बुराई के बीच, दैवी और दानवो के बीच द्वैध या विभाजन स्थापित किया है। परंतु उपनिषद् की दृष्टि में अंततः वह सब जो मौजूद है, उसी एक दिव्य तत्त्व की अभिव्यक्ति है। वस्तुतः दिव्यता के आधार के बिना कोई भी अभिव्यक्ति संभव नहीं और एक तरह से नए विज्ञान की प्रतीति भी वही है। पहले, न्यूटन के क्लासिकी विज्ञान में पदार्थ और आत्मा, पदार्थ और ऊर्जा के बीच, भेंट किया जाता था, लेकिन आइंस्टाइन के बाद अब यह प्रतीति हो चुकी है कि वास्तव में जो कुछ अस्तित्वमान है, वही एक ऊर्जा है। यह पदार्थ के रूप में प्रकट हो सकती है और ऊर्जा के रूप में भी यह सूक्ष्मकण के रूप में या फिर तरंग के रूप में प्रकट हो सकती है लेकिन तत्त्वतः है यह वही ऊर्जा। वैज्ञानिक जिस एकीकृत बल के सिद्धांत की अथक खोज में लगे हैं, उसी का आध्यात्मिक प्रतिरूप उपनिषदों के सर्वव्यापी ब्रह्म की धारणा में मिल जाता है। सबसे बड़ी अनुभूति सर्वत्र ब्रह्म को देखने और पाने या देख पाने की है—ऊपर-नीचे, दाएँ-बाएँ, भीतर-बाहर। यह सर्वव्यापी ब्रह्म वेदांत विद्या की पहली महत्त्वपूर्ण अवधारणा है।

दूसरी यह है कि यह ब्रह्म प्रत्येक व्यक्ति की चेतना में, आत्मा में वास करता है। एक तरह से आत्मा व्यष्टिगत चेतना में इस सर्वव्यापी ब्रह्म का प्रतिबिंब ही है किंतु, अन्ततः आत्मा ब्रह्म से अलग नहीं, ब्रह्म की ही प्रतिच्छाया, उसी का एक अंग है। उपनिषदों में दिए गए दृष्टांतों में एक यह है कि जब एक बड़ी आग जलती है तो उसमें

से करोड़ों चिनगारियाँ निकलती हैं और फिर उसी में समा जाती हैं; इसी प्रकार ब्रह्म के भीतर से ये करोड़ों आकाशगंगाएँ निकलती हैं और फिर वे सभी अंत में ब्रह्म के भीतर ही लय हो जाती हैं। ईश्वरः सर्वभूतानां हृद्देशेऽर्जुन तिष्ठति— प्रत्येक व्यक्ति के हृदय में प्रभु के वास की धारणा दूसरी महान् अंतर्दृष्टि है; और आत्मा तथा ब्रह्म के बीच यह संबंध ही वेदांती शिक्षा का मूल स्वर है। चारों प्रकार के योग आत्मा और ब्रह्म में तादात्म्य स्थापित करने के लिए ही अभिप्रेरित हैं। योग शब्द की मूल धातु वही है जो अंग्रेजी शब्द योक की, अर्थात् जोड़ना। योग वह है जो आत्मा को ब्रह्म से जोड़े। हमारी परंपरा में योग के चार प्रमुख मार्ग—ज्ञानयोग, भक्तियोग, कर्मयोग और राजयोग। इन सभी का लक्ष्य बहिरंग सर्वव्यापी ब्रह्म और अंतरंग अमर आत्मा के बीच सायुज्य स्थापित करना है।

इससे होते हुए हम अब वेदांत की एक और महत्त्वपूर्ण धारणा पर आते हैं। वह यह है कि अपनी सहचरी आत्मिकता के कारण सभी मनुष्य एक ही विराट परिवार के सदस्य हैं। उपनिषदों में मनुष्यों के लिए एक अद्भुत नाम प्रयुक्त हुआ है—अमृतस्य पुत्राः।

हम मनुष्यों को तत्त्वतः पापी, दुर्बल और आर्त्तदीन और याचक के रूप में नहीं देखते, जो किसी सातवें आसमान में बैठी किसी अदृश्य सत्ता के सामने गिड़गिड़ाती हो। इसके विपरीत हम अमरता की संतानें हैं क्योंकि हमारी चेतना के भीतर हम ब्रह्म की ज्योति और सत्ता धारण किए हुए हैं। नस्ल या रंग, धर्म या लिंग या किसी भी अन्य विभेद से परे प्रत्येक मनुष्य की चेतना के भीतर यह विराजमान है। एक विराट परिवार, वसुधैव कुटुम्बकम्, के रूप में मनुष्यों की परिकल्पना का आधार यही है। उपनिषदों का तो नहीं लेकिन उनके बाद के एक ग्रंथ का प्रसिद्ध श्लोक है —इसमें बताया गया है कि 'मेरे' और 'तेरे' की दृष्टि से यथार्थ को देखना एक तुच्छ और संकीर्ण ढंग है। और छोटे दिमागोंवाले लोग ही इसे अपनाते हैं। महत्तर चेतनावाले लोगों के लिए संपूर्ण संसार एक ही परिवार है। उपनिषद की यह और एक महान् अंतर्दृष्टि है और जैसा कि मैं आगे इंगित करूँगा, मानव इतिहास के इस मोड़ पर यह खास तौर से प्रासंगिक है।

अब हम उपनिषद् की चौथी बड़ी दार्शनिक अवधारणा पर आते हैं, वह है समस्त धर्मों की समस्त आध्यात्मिक मार्गों की तात्त्विक एकता की धारणा—एकं सद् विप्राः बहुधा वदन्ति—जैसा कि ऋग्वेद में कहा गया है। मुंडक के एक मनोरम मंत्र में कहा गया है कि जिस प्रकार विभिन्न झरने और नदियाँ विश्व के विभिन्न भागों में फूटते हैं लेकिन अंत में एक ही सागर में जा मिलते हैं, उसी प्रकार ये तमाम धर्म (संप्रदाय) और जातियाँ और धार्मिक सूत्र विभिन्न समयों और क्षेत्रों में जन्म लेते हैं, किंतु यदि उनमें सच्ची आकांक्षा हो तो वे अंत में एक ही लक्ष्य पर पहुँचते हैं।

यह एक ऐसा दर्शन है जो धर्म के नाम पर निर्मित घृणा और उन्माद की दीवारों को तोड़ने में समर्थ है। वेदांत एक सार्वभौमिक धर्म है; यह दिव्यता की ओर बढ़ने की

असंख्य संभावनाएँ स्वीकार करता है, यह हमें किसी खास सूत्र में नहीं बाँधता। आखिरकार हममें से प्रत्येक भिन्न है। आप चाहे पुनर्जन्म मानते हों या आनुवंशिक समरूपण, यह एक तथ्य है कि कोई भी दो मनुष्य पूरी तरह से एक जैसे नहीं होते और इसलिए सभी को दिव्यता का अपना रास्ता खोजना पड़ता है। वेदांत दिव्यता के पथों की बहुविधता का स्वागत करता है और उसे स्वीकार करता है बशर्ते कि वे पथ कोई बौद्धिक व्यायाम और वितंडा नहीं हों बल्कि दिव्यता के साक्षात्कार के लिए सचमुच के उपाय हों। यह कुछ-कुछ एक पहाड़ पर चढ़ने जैसा है। प्रस्थान के अनेक, विभिन्न बिंदु होते हैं और अगर हम उन्हीं प्रस्थान-बिंदुओं पर बहस करते रहें तो हम एक-दूसरे से मीलों दूर खड़े रहते हैं। लेकिन जब हम चढ़ने लगते हैं और सचमुच ऊपर की ओर बढ़ते हैं तो ज्यों-ज्यों हम शिखर के निकट पहुँचते हैं, त्यों-त्यों हमारे रास्ते एक-दूसरे के समीप आने लगते हैं। अंत में जब हम शिखर पर पहुँचेंगे तो वहाँ हम सभी मिलेंगे। इसी प्रकार जब आप सचमुच आध्यात्मिक प्रयास में ऊपर की ओर बढ़ने लगेंगे तो आप पाएँगे कि ये संप्रदायगत विभेद महत्त्वहीन होते जाएँगे और जब आप शिखर तक जा पहुँचेंगे तब आपको दैवी शक्ति के आत्मिक ऐक्य की अनुभूति होगी।

वेदांत की पाँचवीं अवधारणा समस्त जीवों के कल्याण की धारणा है, बहुजन-सुखाय, बहुजन-हिताय। वेदांत एक वर्ग को दूसरे वर्ग के विरुद्ध, एक जाति को दूसरी जाति के विरुद्ध या एक समूह को दूसरे समूह के विरुद्ध नहीं करना चाहता। वेदांत सृष्टि मात्र का कल्याण चाहता है। केवल मनुष्यों का नहीं बल्कि उनका भी, जिन्हें हम निम्नकोटि के जीव कहते हैं। अपने अहंकार के कारण हमने इस पृथ्वीग्रह का पर्यावरण नष्ट कर दिया है, महासागर दूषित कर दिए हैं। हवा को श्वास लेने लायक नहीं छोड़ा हमने प्रकृति को नष्ट-भ्रष्ट और वन्य जीवन को निःशेष कर दिया है। मनुष्य के नाते अपने अहंकार के कारण इतनी सारी प्रजातियाँ विलुप्त हो चुकी हैं। लेकिन वेदांती ऋषि जानते थे कि आदमी प्रकृति से विलग कोई विशिष्ट पदार्थ नहीं है कि मानवीय चेतना संपूर्ण वैश्विक स्थिति के भीतर से पनपी है और इसलिए जीवमात्र के प्रति उनके मन में करुणा थी। इसीलिए वेदांत निरंतर यह उपदेश देता है कि स्वयं अपनी मुक्ति के लिए कार्य करते समय हमें हिंसा के मार्ग से परे रहना चाहिए, घृणा के मार्ग से परे रहना चाहिए और आंतरिक एवं बाह्य दोनों तरह के तत्त्वों का विकास करते रहना चाहिए : आत्मनो मोक्षकर्म जगद्धिताय च। वस्तुतः ये दोनों एक सिक्के के दो पहलू हैं; हमें अपनी मुक्ति की चेष्टा तो करनी ही चाहिए किंतु जगत् के कल्याण की भी चेष्टा करनी चाहिए। हमारा एक सामाजिक दायित्व भी है और जब तक हम शरीरधारी हैं, हमें समस्त प्राणियों के कल्याण के लिए कार्य करते रहना चाहिए।

वेदांत की ये पाँच अवधारणाएँ हैं; सर्वव्यापी ब्रह्म, समस्त जीवों में विराजमान आत्मा, विभेदों के बावजूद एक ही परिवार के सदस्य के रूप में मानवजाति की परिकल्पना, एक ही लक्ष्य के विभिन्न मार्गों के रूप में तत्त्वतः सभी धर्मों को समझना

और समूचे समाज तथा संपूर्ण पर्यावरण मंडल के कल्याण के लिए सक्रियता केवल अपने लिए नहीं। इन्हें एक साथ देखें तो हमें ऐसी सर्वांगीण विश्वदृष्टि मिलेगी जो हमें इस कठिन समय में मूल्यवान सहायता प्रदान कर सकती है। हम एक अत्यंत दुरूह युग में रह रहे हैं। लेकिन यह एक उत्तेजक युग है जीने के लिए, विशेषरूप से युवा पीढ़ियों के लिए। आजकल लोग अक्सर चिंतित और व्यग्र रहते हैं कि हर चीज में इतनी उथल-पुथल क्यों है। लेकिन यह तो अपरिहार्य है क्योंकि हम एक महत् संक्रमण के दौर में हैं। यह मेरा विश्वास है जो पिछले कुछ वर्षों में सारी दुनिया में घूमते हुए और भी सुदृढ़ हुआ है कि मनुष्य-जाति आज कुछ उसी तरह अत्यंत निर्णायक मोड़ पर है जैसे वह हजारों साल पहले घुमंतू अवस्था से पशुपालन की अवस्था में, फिर पशुपालन से कृषि व्यवस्था, कृषि से औद्योगिक व्यवस्था और फिर उत्तर औद्योगिक सभ्यता में प्रवेश करते समय थी। अब हर परिवर्तन अधिक वेग से हो रहा है क्योंकि उन्नति और विकास की गति बेहद तेज है और हो यह रहा है कि हमारे तमाम विग्रहों और समस्याओं के बावजूद एक भूमंडलीय चेतना उदित होने लगी है।

जो घटित हो रहा है उसे हम समझ सकें, यह संभव नहीं क्योंकि यह हमारे बहुत ही नजदीक की घटना है लेकिन मैं जो देख पाता हूँ वह है एक अत्यंत महत्त्वपूर्ण दृष्टि परिवर्तन (पैराडाइम शिफ्ट), मूल्यांकन में आमूल परिवर्तन (शिफ्ट ऑफ एम्फसिस)। वेशभूषा हो या संगीत, भाषा हो या खाने-पीने की आदतें या कोई भी क्षेत्र हो शनैः-शनैः एक विश्व-सभ्यता जन्म ले रही है और यदि इस आणविक युग में मानव जाति को बचे रहना है तो इसे जन्म लेना ही होगा। विज्ञान और प्रौद्योगिकी ने हमें अकूत शक्ति दे दी है; लेकिन इस शक्ति का प्रयोग हितकर या अनिष्टकर दोनों ही प्रयोजनों में किया जा सकता है। हम इस सदी के अंत तक इस धरती से गरीबी और भूख, कुपोषण और दरिद्रता, अशिक्षा और बेरोजगारी समाप्त कर सकते हैं। यह बहुत आसानी से किया जा सकता है—दुनिया के हथियारों पर सात दिन के खर्च से अफ्रीका की भूख दूर की जा सकती है; दुनिया के हथियारों पर दस दिन के खर्च से लतीनी अमरीका का कर्ज समाप्त किया जा सकता है लेकिन इसके बजाय हर साल लाखों-करोड़ों डॉलर और रूबल और पाउंड और रुपये और अन्य मुद्राएँ महासंहार के शस्त्रास्त्र बनाने में लग रही हैं। हम यह कभी न भूलें कि सत्ता शक्ति अपने आप में न अच्छी है न बुरी; एक दैवी शक्ति है और एक आसुरी शक्ति है। सत्ता की, विज्ञान की पूजा करना पर्याप्त नहीं, हिटलर के गैस चैंबर विज्ञान और प्रौद्योगिकी के ही उदाहरण थे, हिरोशिमा और नागासाकी वाले परमाणु बम विज्ञान और प्रौद्योगिकी के ही उदाहरण थे। अब तो एक-एक आणविक अस्त्र एक-एक हजार हिरोशिमा बमों जितनी ताकत वाला है और आज इस धरती पर ऐसे पचास हजार आणविक हथियार हैं। क्या हम लोग एक विकराल सर्वनाश के कगार पर नहीं हैं ? क्या हम महाप्रलय की या महाअग्नि की या किसी भी ऐसे सर्वनाशी क्षण की कगार पर खड़े हुए नहीं हैं।

ऐसे समय में हम तभी बच सकते हैं, जब हमें उस विचारधारा का एक विकल्प प्राप्त हो, जिसके कारण मानवजाति आज इस दशा को प्राप्त हुई है। मेरा दावा है कि वेदांत वस्तुतः एक वैकल्पिक विचारधारा प्रदान करता है। इस चरण में इतनी देर के बाद भी यदि हम वेदांत के कुछ सार्वभौम सत्यों को आत्मसात् कर सकें तो शायद हम विनाश की इन प्रक्रियाओं को अभी भी पलट सकते हैं।

यह एक भयानक त्रासदी है कि भारत में आज, हमें आजाद हुए चालीस बरस बीत जाने पर भी, हमारी शिक्षा-पद्धति वेदांत के महान् सत्यों से सर्वथा अपरिचित है। आज युवा छात्रों से दो उपनिषदों के नाम पूछिए, वे नहीं बता सकेंगे क्योंकि उन्हें कभी कुछ बताया ही नहीं गया।

विडंबना देखिए कि हमारे पास एक ऐसी महान् विरासत है जिसकी ओर पूरी मानवजाति मुड़ रही है, और एक हम हैं जो खुद भारत में ही जान-बूझकर और नृशंसतापूर्वक अपनी इस विरासत की अवहेलना कर रहे हैं। जब कभी उपनिषदों की बात चलती है, लोग सोचते हैं कि उपनिषद् कोई अजीब और बेढंगी चीज है। वे यह नहीं जानते कि वास्तव में समूची भारतीय सभ्यता की आधारशिला ये उपनिषद् ही हैं। जिस तरह पाश्चात्य दर्शन को प्लेटो के चिंतन पर पाद-टिप्पणियों की शृंखला मात्र बताया गया है, उसी तरह कहा जा सकता है कि समूचा पौर्वात्य दर्शन भी उपनिषदों की पाद-टिप्पणियों की शृंखला मात्र है।

इसीलिए मैं आग्रह करता हूँ कि आप लोग इन महान् और सुंदर ग्रंथों को अपनाएँ उनसे भयभीत न हों, यह न सोचें कि उनमें उठाए जाने वाले प्रश्न ऐसे भारी-भरकम हैं कि आप नहीं समझ सकते। अपने आपको उनके सामने खोलिए और उन्हें प्रयत्नपूर्वक समझिए। श्वेताश्वतर उपनिषद् में ऋषि का कथन है : 'वेदाहं एतं पुरुषं महान्तं आदित्य-वर्णं तमसाः परस्तात्' (मैं उस महान् को जानता हूँ जो अंधकार से परे सूर्य की तरह चमक रहा है; इस तरह जानने पर ही आप मृत्यु पर विजय पा सकते हैं; इसके अतिरिक्त अमरत्व का कोई और उपाय नहीं है)। उपनिषदों में वर्णित अमरत्व मृत्यु के बाद जीवित बने रहनेवाला अमरत्व नहीं है, वस्तुतः यह जन्म और मृत्यु का अतिक्रमण करने वाला अमरत्व है। उपनिषदों की अमरता का आशय यह है कि हमारी चेतना ऐसी उच्च अवस्था में जा पहुँचे कि हमें संसारचक्र के अंतर्गत बारंबार जन्म लेना न पड़े। इसका अर्थ यह नहीं कि हमें पलायन करना है। महान् ऋषिगण और उनकी शक्ति अभी भी विद्यमान है। बौद्ध परंपरा में हमें बोधिसत्त्व मिलते हैं, जो बुद्धत्व प्राप्त करने के बाद भी पीड़ित मानवता की सहायता के लिए बार-बार संसार में लौट आते हैं। औपनिषदिक परंपरा में हमें सिद्ध मिलते हैं, जो पीड़ित मानवता की सहायता के लिए जहाँ चाहें वहाँ प्रकट हो सकते हैं।

अतएव प्रश्न स्वार्थी होने का नहीं बल्कि उन बंधनों को काटने में समर्थ होने का है, जिसमें हम बँधे हैं। जरा कल्पना कीजिए उस बदसूरत जमीन पर रेंगती इल्ली की,

जो कोषावरण डालकर अंत में एक चमत्कारिक काया-कल्प के बाद निहायत सुंदर रंगीन और चमकदार तितली के रूप में प्रकट होती है। इसी तरह के काया-कल्प की परिकल्पना उपनिषदों में मानव-चेतना के लिए मिलती है। हम अपनी धरती से बँधी चेतना को रूपांतरित कर यह दिव्य रंगारंग चेतना प्राप्त करते हैं जो धरती पर एक इल्ली की तरह आज भी उतर सकती है, लेकिन हवा में एक तितली की तरह भी उड़ सकती है जबकि इल्ली ऐसा नहीं कर सकती। मेरी समझ से वही उपनिषदों का सच्चा संदेश है। अंत में मैं वह महान् और अमर वैदिक प्रार्थना दोहराना चाहूँगा, जो हमें अज्ञान के असत्य से ज्ञान के सत्य की ओर हमारे अंत:वर्ती अंधकार से ऊर्ध्वस्थ प्रकाश की ओर, और जन्म एवं मत्यु के चक्र से अमरत्व की ओर ले जाना चाहती है—

असतो मा सद्गमय !
तमसो मा ज्योतिर्गमय !
मृत्योर्मा अमृतं गमय !

उपनिषदों की यही सर्वोच्च उपलब्धि है और यही वह लक्ष्य है जिसकी ओर हम सबको बढ़ना चाहिए।

# भगवद्गीता का संदेश

आज हम मानव-चेतना को जिस रूप में पाते हैं, वह करोड़ों-अरबों बरसों के विकास का परिणाम है : तीन अरब बरसों का जैविकी पूर्व विकास, एक अरब बरसों का जैविक विकास, शायद पाँच लाख बरसों का मानवजातीय विकास और दस-पंद्रह हजार बरसों की मानव-सभ्यता इसके पीछे है। अब हम जिस मोड़ पर आ पहुँचे हैं, वहाँ हमें समुद्र-मंथन की महाकथा या मिथक याद आती है। इस महान् मिथक में—और मैं एक पराबौद्धिक सशक्त कथा के अर्थ में इस शब्द का प्रयोग कर रहा हूँ—देवों और असुरों ने निस्संकोच परस्पर सहयोग किया था। वे युगों-युगों तक मंथन करते रहे, और तब क्षीर-सागर एक-एक कर महान् रत्न प्रदान करने लगा। दैवीय अश्व : उच्चैश्रवा, दिव्य गौः कामधेनु, समस्त इच्छाएँ पूरी करने वाला कल्पवृक्ष, छह दाँतों वाला ऐरावत इत्यादि। ये महान् रत्न मथने से निकले थे, देवताओं और असुरों ने उन्हें आपस में बाँट लिया, प्रसन्न भाव से और आशा से कि आगे भी ऐसा ही कल्याणकारी मंथन जारी रहेगा।

लेकिन अचानक एक नितांत अप्रत्याशित घटक—गरल, महाविष, जो इस चेतना के हृदय में छुपा हुआ था, उभरने लगा और इससे सागर खौलने लगा। जब गरल उभर आया तो देव और असुर भयवश भाग खड़े हुए। उन्हें इसकी आशा नहीं थी। उन्होंने मान रखा था कि भयावह यथार्थदर्शन पर विवश हुए बगैर अनंत काल तक वे इसी प्रकार मंथन करते चले जाएँगे। वह विष तीनों लोकों में—पृथ्वी, जल और आकाश में—तेजी से फैलने लगा। जब आदिदेव शिव महादेव प्रकट हुए और उन्होंने उस गरल को पी लिया और उसे अपने अस्तित्व का अंग बना लिया, तभी खतरा टल सका, असुर और देवता वापस आ गए। मंथन चलता रहा और अंत में अमृत-कलश प्रकट हुआ।

मुझे लगता है कि यह मिथक आज की मानवीय दशा-दुर्दशा को स्पष्ट कर देता है। विज्ञान और प्रौद्योगिकी ने हमें अद्भुत वर दिए हैं। मानव की अवस्था को सुधारने की अभूतपूर्व शक्ति प्रदान की है। लेकिन साथ ही इसने विनाश का यह डरावना जहर भी ला फेंका है—परमाणु के विखंडन में—स्वयं पदार्थ की संरचना में निहित विनाशक

शक्ति। तो इस समय हम यहाँ हैं; समस्त रत्नों उपहारों और वरदानों के बाद जहर उभरने लगा है। और एक कथा और भी है। यह पश्चिमी सभ्यता से प्राप्त अटलांटिस की कथा है, पहले-पहल यूनानी दार्शनिक प्लेटो में हमें यह मिली। यह महान् और भव्य सभ्यता वहाँ पनपी और फली-फूली जहाँ आज अटलांटिक महासागर लहरा रहा है। वैभव और दीप्ति में संपदा और प्रौद्योगिकी में यह एक अभूतपूर्व सभ्यता थी। लेकिन कहा जाता है कि एक दिन वह इन्हीं लहरों के बीच डूब गई। खुद अपनी औद्योगिक विदग्धता से अधिक जीवित रहे आने में असमर्थ।

देश-देशांतर घूमते-घूमते और विभिन्न धर्मों एवं मतों वाले लोगों से बात करते-करते मुझे यह लगने लगा है कि शायद हम नव एटलांटिस है। शायद मानव सभ्यता आज एक विराट प्रलय के कगार पर खड़ी है इसीलिए हम अपनी श्रुति-परंपरा की ओर मुड़ने को बाध्य हैं, वापस लौटने को नहीं, क्योंकि आदमी कभी वापस लौट नहीं सकता, बल्कि आगे भविष्य में बढ़ने के लिए—आगे का रास्ता देख सकें, इस हेतु साहस, शक्ति और समझ जुटाने के लिए। हमारी भारतीय परंपरा यदि हजारों बरसों से अक्षुण्ण चलती चली आई है तो इसीलिए कि हर युग में वह अपना आत्मिक नवीकरण करने में सक्षम रही है। नवीकरण और नवोन्मेष की क्षमता से रहित कोई भी दर्शन या धर्म वास्तव में किसी भी परिवर्तमान समाज की आवश्यकता पूरी नहीं कर सकता। नए-नए घटनाक्रमों या विकासों से जूझने के लिए उसके भीतर लचीलापन और औदार्य होना जरूरी है, और ऐसे स्त्री-पुरुषों का होना भी जरूरी है, जो स्वयं अपने जीवन में इन महान् सच्चाइयों या सत्यों को साक्षात् जिएँ और उन्हें प्रकाशित करें।

हम जब भारतीय सभ्यता को, विशेष रूप से महान् हिंदू परंपरा को देखते हैं तो पाते हैं कि हमारे पास वेद हैं—स्वयं इतिहास के उषःकाल में अवतरित, ऋषियों की महती प्रेरक वाणी, जो हजारों-हजार रमणीक मंत्रों में निबद्ध है। हमारे पास उपनिषद् अर्थात् वेदांत हैं जो कालक्रम में और दार्शनिक विवेचन में भी वेदों की चरम उपलब्धि हैं। हमारे पास ब्रह्म सूत्र हैं, जिनसे हमें वेदों को जानने-समझने की बौद्धिक कुंजी तथा मार्गदर्शन सुलभ है।

हमारे पुराण हैं, हमारे पास महाकाव्य हैं—रामायण और महाभारत। मैंने वेदों की महती हिमगिरि शृंखला एवं गिरिशिखरों जैसे उपनिषदों की बात कही है। अब मैं इस रूपक को बदलकर रात्रिकालीन तारामंडित आकाश की बात करूँगा। बिना चाँद की रात में यानी अमावस्या को आकाश ताकने से अधिक भव्य और सुंदर कोई और वस्तु नहीं—आपको वहाँ हजारों-हजार खगोलीय पिंड अपने भीतर की शक्ति और उजास से दमकते दीखते हैं। लेकिन आप गौर करेंगे कि इन नक्षत्रों में एक नक्षत्र अन्य सभी से अधिक चमकता है। वह दूसरों से बड़ा या अधिक नजदीक भले ही न हो, पर वह सर्वाधिक देदीप्यमान तारा है—'शुक्र' या 'भोर का तारा'। और जब हम हिंदू श्रुतियों और ग्रंथों की इस महती आकाश-गंगा को देखते हैं तो हम पाते हैं कि इन सबके बीच

एक तारा है जो सबसे अधिक दिपता है, और वह है भगवद्गीता।

गीता स्मृति है जबकि वेद और उपनिषद् श्रुति हैं, और प्रामाणिकता तथा ऐतिहासिक वरीयता के संदर्भ में स्मृति से श्रुति श्रेष्ठतर मानी जाती है, तब भी गीता की स्थिति अद्वितीय और विशिष्ट है।

आदिशंकराचार्य ने अपने एक स्मरणीय श्लोक में कहा है कि जिसने अमृत की एक बूँद चख ली या फिर भगवद्गीता थोड़ी-सी भी समझ ली हो, उसे फिर मृत्यु का कोई भय नहीं है। शंकर और मध्व, रामानुज और बल्लभाचार्य, ज्ञानेश्वर और स्वयं हमारी शताब्दी में बाल गंगाधर तिलक, श्रीअरविंद, महात्मा गाँधी और विनोबा भावे तक समस्त महान् दार्शनिकों और चिंतकों ने गीता पर टीका लिखी है। मेरी राय में शंकराचार्य की टीका के बाद आधुनिक टीकाओं में सबसे अधिक ज्ञानवर्धक और भव्य टीका श्रीअरविंद की है, जिसका शीर्षक है 'एसेज आन द गीता।''

हमारे स्वातंत्र्य आंदोलन के समस्त दिग्गज नेता गीता से प्रभावित हुए थे। गीता की इस अद्भुत लोकप्रियता और आधुनिक युग में इसकी प्रासंगिकता का क्या कारण है ? जैसा मैं देख पाता हूँ चार मुख्य कारण हैं, जिनसे हमारे इस युग में गीता अत्यधिक अर्थपूर्ण और प्रासंगिक है; इन्हीं कारणों से हिंदू धर्मग्रंथों में सबसे अधिक विख्यात गीता ही है।

मानव-जाति के इतिहास में बाइबिल और कुरान के साथ यह तीसरा सबसे अधिक प्रभावशाली ग्रंथ है। पहला कारण यह है कि गीता की उत्पत्ति एक संघर्षमय स्थिति में हुई—उस महान् कुरुक्षेत्र युद्ध के बीचो-बीच। दोनों तरफ सेनाएँ सनद्ध हैं, अस्त्र फेंके जाने लगे हैं, शंखनाद हो चुका है, युद्ध का कोलाहल चरम बिंदु पर है और युद्ध के भागीदारों के हृदय अंतर्द्वंद्व से विदीर्ण हैं।

ऐसे समय में गीता का प्रवचन हमें प्राप्त होता है। वहीं श्रीकृष्ण अर्जुन से कहते हैं कि उठो युद्ध के लिए तैयार हो जाओ। गीता अंतर्द्वंद्व और संघर्ष का ग्रंथ है जबकि उपनिषद् एक अत्यंत शीतल शांत वातावरण में अवस्थित है।

हम यह याद रखें कि कुरुक्षेत्र हरियाणा में स्थित एक मैदान मात्र नहीं है। निश्चय ही बहिरंग कुरुक्षेत्र आज भी है लेकिन हममें से प्रत्येक के मन में एक अंतरंग कुरुक्षेत्र भी है। हमारे चित्त के भीतर ही आसुरी और दैवी शक्तियाँ एक-दूसरे के विरुद्ध खड़ी हुई हैं। हमारी चेतना के अंतस्तल में निरंतर यह युद्ध लड़ा जाना है। आज जब संसार एक विकराल विस्फोट की कगार पर आ पहुँचा है तो स्थिति कुरुक्षेत्र जैसी ही है और आज मानवजाति को गीता की, एक संघर्षशास्त्र की आवश्यकता है—शस्त्र उठाने के लिए एक उद्वेलक आह्वान की, निजी स्वार्थ-लाभ के लिए नहीं, राष्ट्रीय अभियान के लिए भी नहीं बल्कि दैवी इच्छा के एक उपकरण या निमित्त बनने के कठिनतर और गहनतर कर्तव्य के लिए चाहिए एक योद्धा, दैवी ध्येय के लिए चाहिए एक सूरमा, दिव्य चेतना के लिए। यही वह युद्ध है जिसके लिए श्रीकृष्ण हमारा आह्वान करते हैं और

यही कराण है कि आज मनुष्य संघर्षमय स्थिति में फँसा होने के कारण गीता के संदेश को स्वीकार भाव से सुनता है।

गीता के महत्त्व और प्रासंगिकता का दूसरा कारण इसके उपदेष्टा का दैवी व्यक्तित्व है। प्रत्येक धर्मग्रंथ का अपना गुरु, अपना आचार्य होता है। मुंडक उपनिषद् के अंगिरस हैं, वृहदारण्यक उपनिषद् के याज्ञवल्क्य हैं और इसी तरह अन्य ऋषि-मुनि हैं। किंतु भगवद्गीता में स्वयं ब्रह्म एक मनुष्य का रूप धरकर हमसे बात कर रहे हैं। श्रीकृष्ण को विभिन्न दृष्टियों से देखा जा सकता है। एक दृष्टि में वे स्वयं ब्रह्म के अवतार हैं। वह महाशक्ति, जो स्वयं देदीप्यमान है और प्रत्येक वस्तु को प्रकाशित करती है; तम एव भ्रांतम् अनुभाति सर्वं तस्य भाषा सर्वं इदं विभाति (उस देदीप्यमान ज्योति के बाद ही प्रत्येक वस्तु चमकती है। उसकी चमक इस पूरे संसार को प्रकाशित करती है।) गीता के ग्यारहवें अध्याय में श्रीकृष्ण अपने विराट् स्वरूप में प्रकट होते हैं जिसमें संसार की प्रत्येक वस्तु मौजूद है; अर्जुन उसी की महिमा से चकाचौंध हो जाता है, मानो क्षितिज पर सहसा एक हजार सूर्य उदित हो गए हों।

इसके बावजूद यही कृष्ण गीता में हमारे सामने एक सारथी के रूप में, एक मार्गदर्शक के रूप में, रथ के घोड़ों की लगाम थामे एक व्यक्ति के रूप में आते हैं। हमारे सामने स्वयं भगवान् दिव्य सारथी के रूप में उतरते हैं और इसीलिए जब श्रीकृष्ण बोलते हैं, तब उनके वचनों में केवल मानवीय नहीं बल्कि दिव्यता की दृष्टि से भी अकाट्य प्रामाणिकता और अधिकार रहता है। इसीलिए गीता इतनी अर्थपूर्ण है क्योंकि इसमें परब्रह्म मूर्तिमान है ? उपनिषदों में परब्रह्म ही सर्वोच्च ईश चेतना है, जैसा कि उपनिषद् में कहा गया है ; सर्वं खलु इदं ब्रह्म। गीता कहती है—वासुदेवः सर्वं इति (यह सभी कुछ वासुदेव सर्वोच्च देव हैं)।

इस प्रकार गीता में श्रीकृष्ण का स्वरूप उस दिव्य महिमा और शक्ति का मानवीय रूप है जिसका मनोरम गुणगान उपनिषदों में मिलता है, इसी कारण हमारे मस्तिष्क और हृदय पर इसका अनोखा प्रभाव पड़ता है।

गीता के विशिष्ट महत्त्व का तीसरा कारण है गुरु-शिष्य-संबंध। हिंदू-परंपरा में यह एक अत्यंत घनिष्ठ संबंध होता है। उपनिषदों में गुरु अपने शिष्यों को 'सौम्य' (अत्यंत प्रिय) कहते हैं। वह अपने शिष्यों को अपने बेटों से भी अधिक समीपस्थ मानते हैं, क्योंकि पिता तो केवल एक शारीरिक जीवन प्रदान करता है, किंतु गुरु एक सचमुच का आध्यात्मिक जन्म संभव बनाता है। लेकिन भगवद्गीता में अर्जुन और कृष्ण के बीच ऐसी घनिष्ठता है, जो मेरी समझ में किसी भी अन्य ग्रंथ में नहीं मिलती। गीता की परम मार्मिक उक्तियों में से एक वह है, जो अर्जुन कृष्ण का विराट् रूप देखने के बाद कहता है—"मैं नमन करता हूँ और मैं आपको साष्टांग प्रणाम करता हूँ। मैं आपकी कृपा चाहता हूँ। पुत्र के प्रति पिता की तरह, एक सुदृढ़ मित्र के प्रति मित्र की तरह, एक प्रेमिका के लिए प्रेमी की तरह, आप मेरा साथ निभाएँगे।" दुनिया के किसी दूसरे

ग्रंथ में आपको यह मिला-जुला साँझा संबंध मिलेगा ? पितापुत्र-भिन्न-भिन्न और प्रेमी-प्रेमिका के बीच विविध संबंध, कृष्ण और अर्जुन के बीच मौजूद संबंध एकमेक हो गए हैं। इसीलिए यह इतना अर्थवान् है। यह विश्वास, निष्ठा और श्रद्धा का मिला-जुला संबंध है। कृष्ण अपने मित्र का उद्‌बोधन कर रहे हैं, उसे धमका नहीं रहे। अपने उपदेश के समापन के समय अंततः कृष्ण अर्जुन से यही कहते हैं : यथेच्छसि तथा कुरु। मानो वे यही कह रहे हों—"मैं तुम्हें विवश नहीं करता, मैं तुम्हें डराता-धमकाता नहीं, मैं तुम्हें फुसलाता भी नहीं हूँ। तुमने मुझसे एक प्रश्न किया था और मैंने तुम्हें रास्ता दिखा दिया है। अब तुम्हारा अपना फैसला है; तुम्हें वही करना है जो तुम्हें पसंद हो।"

गीता का यह पक्ष अपने उपदेशों को परम महत्त्वपूर्ण और आकर्षक बनाता है, खासकर नई पीढ़ियों के लिए। युवावर्ग भारत में ही नहीं, संसार भर में, पुरानी पीढ़ियों की घुड़की या दबाव में नहीं आना चाहता। वह ज्ञान या बुद्धि या नैतिकता में भी उनकी श्रेष्ठता को स्वीकार नहीं करना चाहता। फिर भी यदि हम उन्हें प्रेम से समझाएँ, यदि हम उनसे मित्रता रखें तो शायद हम उन्हें अधिक कारगर ढंग से प्रभावित कर सकते हैं।

गीता के महत्त्व का चौथा कारण है—उसकी सार्वभौमिक प्रयोगक्षमता।

सिद्धांत या मत के रूप में गीता किसी संप्रदाय विशेष तक सीमित नहीं है। दसवें अध्याय में श्रीकृष्ण स्पष्ट कहते हैं—"लोग जिस किसी रूप में मेरी उपासना करें, यदि वे श्रद्धा-भक्ति के साथ ऐसा करते हैं, तो मैं उनका प्रण पक्का करता हूँ।" कितना अद्भुत अभिवचन है यह! हिंदू धर्म सामान्य रूप से धर्मांतरण नहीं कराना चाहता, क्योंकि उसे पता है कि सभी जीवों में दिव्य आत्मा निवास करती है। इसलिए अंततः धर्मांतरण हुआ भी तो किसका होगा, गीता की सार्वभौमिक प्रयोगपरकता और इसका उदात्त सर्वग्राही सिद्धांत परम महत्त्व की वस्तु है। यह कोई संकीर्ण मतवाद या संप्रदाय नहीं है। श्रीकृष्ण गीता में बराबर कहते हैं कि कोई चाहे जो धर्ममत अपनाए, अंततः वह पूजा श्रीकृष्ण तक की पहुँचेगी। इसीलिए गीता न केवल हिंदुओं को बल्कि किसी भी धर्म के अनुयायी या सच्चे साधक को अपनी ओर गहराई से खींचती है।

अब हम गीता की अंतर्वस्तु को देखें। यह बहुमुखी और बहुआयामी है। एक-एक श्लोक को लेकर कई-कई दिनों तक विचार किया जा सकता है, जैसा कि अनेक टीकाकारों ने किया है, किंतु मैं आपके सामने संक्षेप में गीता के उपदेशों के वे चार महत्त्वपूर्ण पक्ष रखूँगा जो मेरी दृष्टि में विशेष रूप से अर्थपूर्ण हैं। पहला है सही कर्म का सिद्धांत, मैंने कहा है कि गीता एक संघर्षशास्त्र है और युद्ध की समस्या यह है कि क्या किया जाए ? वास्तव में अपने जीवन में किसी भी मोड़ पर, चाहे हम छात्र हों या व्यापारी हों, राजनीतिज्ञ या किसी भी अन्य कर्मक्षेत्र के हों, प्रश्न हमेशा यही रहता है; क्या किया जाए ? हमारा कर्त्तव्य कर्म क्या है ?

यह सबसे कठिन प्रश्न है। स्वयं गीता में इसका अहसास है और एक जगह श्रीकृष्ण कहते हैं; गहना कर्मणो गतिः (गहन औरं उलझा हुआ है कर्म का मार्ग)। गीता में सही कर्म का सिद्धांत एक ही अवधारणा के इर्द-गिर्द है, वह यह कि कर्म नितांत स्वार्थी प्रयोजनों से नहीं होना चाहिए, भले ही यह सच है कि स्वात्मा का सरोकार रहता ही है; हमें कर्म करना ही है, इस बात को एक अपरिहार्य बुराई मानकर नहीं चलना चाहिए। कर्म हमेशा सकारात्मक, आनंदमय, विधेयात्मक कर्म होना चाहिए; कर्म प्रभु को समर्पित नैवेद्य की तरह है। यह एक महत्त्वपूर्ण बात है। हम क्या कर रहे हैं, इसका उतना महत्त्व नहीं है, जितना कि उस कर्म में अंतर्निहित मानसिक और आध्यात्मिक अंतर्वस्तु का। अठारहवें अध्याय में एक महत्त्वपूर्ण श्लोक में बताया गया है कि विश्वव्यापी दैवी शक्ति की पूजा अपने कर्म के माध्यम से करते हुए मनुष्य परिपूर्णता की ओर अग्रसर होता है।

तो यह है उत्तर। कर्म ऐसा है जो कौशलपूर्ण हो और दक्षतापूर्ण हो लेकिन जिसमें मोह से बचा गया हो, मोहांध कर्म सहज ही आत्महंता हो जा सकता है। यदि कर्म निष्काम हो तो एक तरह की आंतरिक स्वतंत्रता और आंतरिक श्रद्धा बनी रहती है और व्यक्ति मोहांध नहीं होता। अपने जीवन में विशेष रूप से राजनीति में मेरी भेंट बहुत लोगों से, अपार प्रतिभावाले लोगों से हुई है लेकिन वे कर्म में और अपने कर्मों के फल में इतने आसक्त हो जाते हैं कि अंततः वे मनुष्य के रूप में स्वयं को नष्ट कर लेते हैं। हमारे भीतर आसक्ति से रहित सक्रियता और मोह से रहित समर्पण या प्रतिबद्धता होनी चाहिए। यह एक बेहद कठिन रास्ता है। हमारे भीतर सक्रियता और लगाव तो हो लेकिन आसक्ति न हो। यदि आप सक्रिय न हों तो अपने दायित्व से भाग रहे होंगे, लेकिन यदि आप आसक्त हो गए तो अपनी चेतना को ही विकृत कर रहे होंगे। इसी प्रकार मोहरहित समर्पण या प्रतिबद्धता उस विशेष प्रकार का कर्म है, जो हमें गीता प्रदान करती है।

तंजौर में चोल नरेश ने हजार वर्ष पहले जो महान् वृहदीश्वर मंदिर बनवाया था और जो शायद भारत का सबसे सुंदर मंदिर है, उसके संबंध में एक कथा है। एक दिन राजा ने स्वयं जाकर निर्माण कार्य देखने का निश्चय किया; सो वे रथ पर बैठकर मंदिर के निर्माण-स्थल पर पहुँचे और रथ से उतरकर आगे बढ़े। उन्हें एक आदमी मिला, जो पत्थर काट रहा था। राजा ने पूछा—"क्या कर रहे हो ?" आदमी बोला—"महाराज, मैं पत्थर काट रहा हूँ।" राजा आगे बढ़े और एक दूसरा आदमी देखा, जो वही काम कर रहा था। राजा ने पूछा—"तुम क्या कर रहे हो ?" आदमी ने उत्तर दिया, "महाराज, मैं रोटी कमा रहा हूँ।" राजा कुछ और आगे बढ़ा और एक तीसरे आदमी को ठीक वही काम करते देखा। राजा ने पूछा, "तुम क्या कर रहे हो ?" उसने कहा, "मैं एक विराट् मंदिर बना रहा हूँ।" अब आप दृष्टिकोण का अंतर देख सकते हैं। वे लोग एक ही काम कर रहे थे। उन्हें एक-सी ही मजदूरी मिल रही थी, लेकिन पहला

आदमी यांत्रिक ढंग से एक काम निपटा रहा था। उसके भीतर कोई वृहत्तर बोध नहीं था। दूसरे आदमी की दृष्टि किंचित् अधिक व्यापक थी। उसके सामने परिवार की समस्या थी, जिनके लिए वह धन कमा रहा था। तीसरा व्यक्ति निश्चय ही अपने परिवार के लिए कमाई कर रहा था फिर भी उसकी दृष्टि विशाल थी, उसे अहसास था कि वह भगवान शिव का एक भव्य मंदिर बनाने में लगा है। इस दृष्टांत से सही कर्म के सिद्धांत से मेरा जो आशय है, वह स्पष्ट होता है। आप चाहे जो काम करें, यदि आप आंतरिक समर्पण और श्रद्धा के साथ करें तो इससे कोई फर्क नहीं पड़ता कि काम कौन-सा है; स्वयं कर्म को आध्यात्मिक विकास के सशक्त उपाय के रूप में बरतना परम आवश्यक है। गीता का यही पहला बड़ा उपदेश है—सही कर्म का सिद्धांत।

दूसरे गीता हमें पूर्णयोग या एकीकृत योग का सिद्धांत बताती है। मैंने ब्रह्म और जीव के तादात्म्य के चार मार्गों अर्थात् चार योगों का उल्लेख किया है; ज्ञानयोग जो कि बौद्धिक विवेक और बुद्धिमत्ता का मार्ग है; भक्तियोग जो कि परमशक्ति की एक अवतारी प्रतिभा के प्रति भावात्मक अनुराग का मार्ग है; कर्मयोग जो कि समर्पित कर्म का मार्ग है; और राजयोग जो कि चित्तवृत्तियों के अनुशासन का, प्राणायाम का अर्थात् श्वास-प्रश्वास पर नियंत्रण का और हमारे भीतर स्थित कुंडलिनी शक्ति को जागृत करने का मार्ग है। हमारी परंपरा में ये चार प्रमुख योग हैं और इन चारों के लिए विभिन्न ग्रंथ हैं, जिनमें विविध पक्ष का विवेचन है। ज्ञानयोग के लिए हमारे पास उपनिषद् हैं; कर्मयोग के लिए हमारे पास कर्मकांड हैं, भक्तियोग के लिए हमारे पास श्रीमद्भागवत, शिवपुराण तथा अन्य पुराण हैं और राजयोग के लिए हमारे पास योगसूत्र तथा अन्य अनेक ग्रंथ हैं। किंतु गीता इस अर्थ में अद्वितीय है कि केवल सात सौ श्लोकों के संक्षिप्त कलेवर में इसमें चारों योग एक समन्वित और पूर्ण मार्ग के रूप में एकीकृत हैं। गीता हमें बताती है कि इनमें से किसी एक मार्ग का अनुसरण मात्र पर्याप्त नहीं है।

पुराने जमाने में ज्ञानी होने पर आप कश्मीर में पहाड़ों में जाकर सारा जीवन ध्यान और चिंतन में बिता सकते थे, किंतु कलियुग में यह पर्याप्त नहीं है। पुराने जमाने में भक्त होने पर आप पूरा जीवन कीर्तन करते हुए भ्रमण करते बिता सकते थे। यदि आप राजयोगी होते तो अपने आश्रम में बैठकर अपनी शक्तियों का विकास कर सकते थे। कर्मयोगी के रूप में आप सत्कर्म करते हुए परिभ्रमण करते रह सकते थे। किंतु अब हमारे लिए इनमें से कोई एक होना काफी नहीं है; हमें ये चारों ही रूप चाहिए। प्रत्येक व्यक्ति को अपनी बुद्धि का, हृदय का, शारीरिक क्षमता का आंतरिक आध्यात्मिक शक्ति का विकास करना है और यही गीता का विशेष संदेश है। श्रीअरविंद जिसे पूर्णयोग कहते हैं, वह हमें गीता से प्राप्त होता है। अक्सर मुझसे जाति के संबंध में पूछा जाता है, और मैं कहता हूँ कि किसी समय जाति का जो भी महत्त्व रहा हो, आज हममें से प्रत्येक को चारों जातियों (वर्णों) के गुण चाहिए। हमें ब्राह्मण जैसा ज्ञान और अध्ययन, क्षत्रिय जैसा शौर्य और देशप्रेम, वैश्य जैसा व्यावसायिक चातुर्य और कौशल

तथा शूद्र जैसी शारीरिक सेवा एवं कार्य की क्षमता चाहिए। हममें से प्रत्येक में इन चारो गुणों का समन्वय होना चाहिए, इसके बिना हम लोहे के इस युग कलियुग में आगे बढ़ने में वस्तुतः समर्थ नहीं होंगे।

तीसरे, गीता में दैवीय हस्तक्षेप का आश्वासन बारंबार दिया गया है। हम सभी इस प्रसिद्ध श्लोक से परिचित हैं, जिसमें श्रीकृष्ण कहते हैं कि हर युग में जब कभी पाप बढ़ता है और धर्म का लोप होने लगता है, तब वह दुष्टों के दलन और धर्म की स्थापना के लिए मनुष्य का रूप लेकर अवतरित होते हैं। यह आश्वासन संपूर्ण मानवजाति को दिया गया आश्वासन है। यदि हम खुले मन से गीता पढ़ें और हमें इसमें तथा श्रीकृष्ण में आस्था हो, तो हमें इस आश्वासन को सहज स्वीकार करना चाहिए। श्रीकृष्ण यहाँ कोई अतिरंजना नहीं कर रहे हैं। मेरा परिचय देते समय किसी ने कहा कि मैं मंत्री रह चुका हूँ। जैसा कि आप जानते हैं, जब कोई मंत्री सदन में आश्वासन देता है, तो उसे उसके लिए उत्तरदायी माना जाता है। मुझे लगता है कि आज समय आ गया है, जब हम श्रीकृष्ण से पूछें कि उन्होंने हमें जो आश्वासन दिया है उसे पूरा क्यों नहीं कर रहे, क्योंकि यदि हमें दैवीय तत्त्व को आवश्यकता है तो दैवीय तत्त्व की भी किसी न किसी रूप में हमारी आवश्यकता है। श्रीकृष्ण के पास तो हजार दाँतोंवाला सुदर्शन चक्र था; उसका प्रयोग कर वे स्वयं युद्ध समाप्त कर सकते थे। उन्होंने ऐसा क्यों नहीं किया ? उन्हें अर्जुन की भी जरूरत थी, भले ही निमित्त मात्र के लिए, किंतु निमित्त तो उन्हें चाहिए ही था; इसके बिना वे महाभारत का युद्ध जीत नहीं सकते थे, या वैसे तो नहीं ही जैसे वह जीता गया।

संभवतः यह एक नया विचार है कि जो मैं आपके मन में बैठा रहा हूँ। यदि हमें दिव्य तत्त्व की, परमात्मा की जरूरत है, तो क्या परमात्मा को हमारी जरूरत नहीं है ? क्या वह पराबौद्धिक शक्ति, वह महत्तर चेतना, जो अवतीर्ण या प्रकट होना चाहती है, हमारे सक्रिय सहयोग की मोहताज नहीं है? मैं समझता हूँ कि ऐसा है और इसीलिए मैं यह कहने का साहस करता हूँ कि जैसा कि श्रीअरविंद ने कहा है, नीचे से आकांक्षा प्रकट हुए बगैर ऊपर से प्रत्युत्तर आ नहीं सकता। इसीलिए आवश्यक है कि हम भारत में अक्सर दिखाई पड़नेवाले निराशा, हताशा और निषेधवाद के दृष्टिकोणों से बचें; लोग निरंतर विलाप और क्रंदन करते हैं कि उनका भाग्य फूटा हुआ है और देश का सत्यानाश हो रहा है और सभी कुछ ध्वस्त हो रहा है। इस प्रकार के विलाप और संताप का कोई लाभ नहीं, इससे हम कहीं नहीं पहुँचेंगे। हमें अस्तित्व के युद्ध के लिए उठकर तैयार होना होगा। यदि लड़ाई पूरी होने से पहले ही हमारा जीवन खत्म हो जाए तो भी क्या ? हमारे हजारों जन्म पहले ही हो चुके हैं तथा आगे भी हजारों और होंगे। जैसा कि गीता कहती है, आत्मा न तो जलाई जा सकती है, न काटी जा सकती है, न डुबोई जा सकती है, न सुखाई जा सकती है। पर हमारे भीतर आस्था होनी चाहिए, खुद अपनी आंतरिक क्षमता में आस्था और स्वयं भगवान श्रीकृष्ण के आश्वासन में

आस्था।

मैंने सही कर्म या सम्यक् कर्म, चारों योगों के समन्वय आध्यात्मिक उन्नयन के चार मार्गों और दिव्य हस्तक्षेप के बारंबार आश्वासन का उल्लेख किया है। अंत में हम परमात्मा के सामने संपूर्ण समर्पण की गीता की वाणी पर आते हैं। अंत में अपने पूरे उपदेश के समापन पर, जब श्रीकृष्ण कह चुके हैं कि 'यथेच्छसि तथा कुरु' उसके बाद वे फिर बोलते हैं; इस बार वे बिना किसी प्रश्न के अपने आप कहते हैं। उनका बकाया सारा वक्तव्य अर्जुन के प्रश्नों के उत्तर के रूप में ही है, किंतु श्रीकृष्ण का अंतिम वक्तव्य स्वेच्छाजन्य है। और वे कहते हैं,

सर्वधर्मान् परित्यज्य मामेकं शरणं व्रज।
अहं त्वां सर्वपापेभ्यो मोक्षिष्यामि मा शुचः।

कितना सुन्दर श्लोक है यह।

धर्म क्या है ? धर्म धृ धातु से बना है, वह जो धारण करे। अंततः वह क्या है जो मानव-चेतना को धारण करता है। यह न तो धन है, न पद है, न राजनीतिक शक्ति है—भले ही यह हमें कितना ही महत्त्वपूर्ण लगे। अंततः वह एक दिव्य चेतना ही है जो हमें धारण करती है, जो हमारे अस्तित्व मात्र को बचाए रखती है।

इसीलिए श्रीकृष्ण हमें अन्य सभी आधारों या धर्मों को छोड़कर केवल अपनी शरण में आने के लिए कहते हैं। श्रीकृष्ण स्वयं भगवान के रूप में कहते हैं— "मैं तुम्हें समस्त पापों से छुड़ा दूँगा, डरो मत....मा शुचः।" इन दो शब्दों 'डरो मत' में कितना अधिक प्रेम है।

जब कोई बच्चा अपनी माँ या पिता के आगे-आगे किसी अँधेरे कमरे में घुसने लगता है तो माँ या पिता उससे कहते हैं : 'डरो मत, मैं यहाँ हूँ, आगे बढ़ो।' मा शुचः, ये शब्द एक तरह से गीता के संपूर्ण संदेश का सार हैं। हम डरना छोड़ दें और हम तमाम छोटे-मोटे आधारों को छोड़ दें ताकि अंततः हम एकमात्र सच्चा आधार पा सकें—परमात्मा की कृपा, वह एक मात्र वस्तु, जो महत्तर चेतना के उन्नयन और विकास का आधार हो सकती है।

श्रीकृष्ण की बाँसुरी अब भी वृंदावन में बज रही है, हम इसे शायद न सुन पाएँ। क्योंकि हमारे कान दैनदिन जीवन के शोरगुल और हमारे आस-पास के तनावों और संघर्षों से भरे हुए हैं; किन्तु बाँसुरी बज रही है। और श्रीकृष्ण अब भी वहीं है, हमारी अपनी उच्चतर चेतना में हमारे सारथी के रूप में सवार । हमें वापस कुरुक्षेत्र नहीं जाना, हमें वापस अर्जुन के पास नहीं जाना । श्रीकृष्ण सदैव हमारे साथ हैं। शर्त यही है कि सुनने को हमारे कान हों, देखने को आँखे हों, हमारे चतुर्दिक् फैले बाह्य भौतिक संघर्षों से हम सर्वथा अंधे और बहरे न हो गए हों। बहिरंग भी महत्त्वपूर्ण है, किंतु अंततः जिसकी अंतश्चेतना एक मात्र परमात्मा में दृढ़ता से केंद्रित हो, केवल वही आगे पड़ने वाले संघर्षों का सामना कर पाएगा।

द्वंद या संघर्ष तो है ही। महत्ता अथवा आध्यात्मिक सिद्धि तक पहुँचने का कोई व्यक्तिगत अथवा सामूहिक सीधा सरल रास्ता नहीं है। हम इस वैदिक अनुज्ञा को हमेशा याद रखें : चरैवेति चरैवेति (चलते रहो, चलते रहो)। मानव-चेतना की कल्पना एक ऐसी महान् जलधारा के रूप में करें, जो काल की अँधेरी गुफाओं के भीतर बहती जाती है। यदि हम जलधारा के प्रवाह के विपरीत ऊपर की ओर न तैरें तो हम जलधार के मुहाने और जलगर्त में बह जाएँगे। मनुष्य के लिए कहीं भी अचल खड़े रहने की गुंजायश नहीं है। मनुष्य एक संक्रमणशील जीव है, पशु और देवता के बीच में कहीं मनुष्य की नियति विकास के अगले चरण की ओर ऊपर बढ़ने की ही है क्योंकि तभी हमारी दैवीय प्रकृति पूर्णतः पल्लवित-पुष्पित हो सकती है। किंतु ऊपर की ओर बढ़ने के लिए हमें संघर्ष करना होगा। यदि हमारे मन में श्रद्धा और विश्वास हो, तो हम अपने कानों में दिव्य बाँसुरी की मधुर तान और अपने हृदय में दिव्य सारथी वाणी की अनुगूँज लिए हुए हमारे लिए पर्युत्सुक दिव्य नियति की ओर दृढ़तापूर्वक आगे बढ़ सकते हैं। सारतः यही है संदेश गीता का।

# योगियों की अंतर्दृष्टि

बीसवीं सदी के अंतिम चतुर्थांश की उल्लेखनीय विशेषता है उस भौतिकतावादी आदर्श का अंतिम पतन, जो सदियों से सारे विश्व पर छाया हुआ था। डकार्ट, न्यूटन, मार्क्स से उद्भूत यह आदर्श अंततः ध्वस्त हो गया है, और आइंस्टाइन के बाद के इस युग में क्वांटम मेकेनिक्स और हाइजेनबर्ग के अनिश्चय सिद्धांत, स्तानग्रोफ के एक्सटेंडेड कार्टोग्राफी ऑफ द साइकी तथा ऐसे अन्य अनेक उत्तेजक एवं रोचक सिद्धांतों के विकास के साथ हम पाते हैं कि योगियों की पुरातन दृष्टि एक बार फिर से ग्रहण की जा रही है। अत्यंत ठोस पदार्थ संभाव्यता की तरंगों में लय होता गया है और तमाम भौतिकतावादी दर्शन, चाहे वह मार्क्सवादी हो या पूँजीवादी या अन्य किसी छाप के, विफल हो गए हैं। मानवजाति एक नए नमूने (मॉडल) एक नए दर्शन और एक नए आदर्श (पैराडाइम) की तलाश में है जो पुराने का स्थान ले सके; वस्तुतः यह एक नई चेतना की तलाश में है। मानवजाति एक क्रांतिकारी चौराहे पर है और यह निरा संयोग नहीं है कि यह ऐसे समय घटित हुआ है जब वह भयानकतम खतरे में है—यह खतरा किसी अन्य नस्ल से नहीं, ऋतुओं में किसी तथाकथित प्राकृतिक परिवर्तन से नहीं और ग्रह-नक्षत्र से नहीं बल्कि स्वयं अपने आप से है। मानवचित्त के भीतर एक ऐसी भयानक शक्ति विकसित हुई है जो न केवल हमारी पीढ़ी के लिए बल्कि इस भूलोक पर जीवन के सभी रूपों के लिए भी प्राणघाती सिद्ध हो सकती है।

पुराकथाओं से मानवीय संकटों का प्रायः अत्यंत रोमांचक चित्र उभरता है और मैं समुद्र-मंथन नामक एक मिथक के संक्षिप्त वर्णन से शुरू करना चाहता हूँ। इस महान् मिथक में देवता और असुर, सत् और असत् दोनों प्रकार की शक्तियाँ क्षीर-सागर के मंथन में एक साथ जुटती हैं। हमारे यहाँ अच्छाई और बुराई का वैसा चरित्र-विभाजन नहीं मिलता जैसा कि सामी परंपरा में मिलता है। उज्ज्वल और अँधेरी शक्तियाँ, देव और असुर वस्तुतः द्वैत के सिद्धांत के अंतर्गत परस्पर संबद्ध हैं।

ये दोनों शक्तियाँ युग-युगों तक क्षीर-सागर का मंथन करने के लिए एक साथ आ जुटती हैं। और फिर एक के बाद एक दिव्य वस्तुएँ प्रकट होती हैं। सर्वदायिनी गाय

कामधेनु, इच्छापूरक कल्पवृक्ष, अलौकिक घोड़ा उच्चैःश्रवा, अलौकिक हाथी ऐरावत, धनसंपदा की देवी महालक्ष्मी। ये तथा अन्य उपहार प्रकट हुए और असुरों तथा सुरों के बीच आनंदपूर्वक बँट गए। अंतिम लक्ष्य था अमरत्व के रस का घड़ा अमृत-कलश।

तभी अचानक और बिना किसी पूर्व चेतावनी के यह महासागर एक भयानक विष गरल से खौलने लगा; यह एक नया तथा अशुभ आयाम था, जिसका आभास न तो देवताओं को था न असुरों को। जहर समुद्र, पृथ्वी तथा आकाश तीनों लोकों में फैलने लगा। इस भयानक विष से बचने के लिए देवता और असुर त्राहि-त्राहि करके भागने लगे, वे उन तमाम दिव्य उपहारों को भूल गए जो उन्होंने आपस में बाँटे थे, क्योंकि उन्हें प्रतीत हुआ कि सृष्टि की पूरी प्रक्रिया ही समाप्त होनेवाली है। और तभी आदिदेव शिव प्रकट हुए, जो देवताओं और असुरों के लोभ-लालच एवं भौतिकवाद से विरक्त थे। उन्होंने एक प्याले में वह गरल एकत्र किया और उसे पीते ही उनका कंठ नीला हो गया—इसी से शिव का एक नाम नीलकंठ है। और जब उन्होंने गरल पान कर लिया, तभी विश्व में अराजकता समाप्त हुई, देव और असुर वापिस लौटे, समुद्र का मंथन फिर से शुरू हुआ और अंततः अमृत-कलश प्रकट हुआ।

यह एक अत्यंत अर्थगर्भित मिथक है। इस समय मानवीय अवस्था मुझे बहुत कुछ वैसी ही प्रतीत होती है। सुदीर्घ मंथन से हमें अकल्पनीय उपहार मिले हैं। विज्ञान और प्रौद्योगिकी, औषधशास्त्र, संचारतंत्र, अंतरिक्ष बाह्य अंतरिक्ष में अनोखी साहसिक यात्रा। विज्ञान के अतिशय विकास से करोड़ों लोगों को भौतिक लाभ और आराम सुलभ हुए हैं। इस शताब्दी के अंत तक गरीबी और बेरोजगारी समाप्त करने की क्षमता हमें प्राप्त हो चुकी है। हम इस भूलोक पर जन्मे प्रत्येक मानव को एक संपूर्ण जीवन के योग्य आवश्यक भौतिक, बौद्धिक और शारीरिक सामग्री सुलभ करा सकते हैं।

और फिर भी हमारे ऊपर जहर भी आयद है। प्रतिवर्ष अभूतपूर्व विनाशक शक्तिवाले राक्षसी शस्त्रास्त्र पर करोड़ों अरब और खरब डालर तथा रूबल, पाउंड और फ्रैंक तथा ऐसी अन्य मुद्राएँ खर्च की जा रही हैं। आज इस पृथ्वी ग्रह पर पचास हजार आणविक अस्त्र अँटे हुए हैं—इनमें से प्रत्येक अस्त्र हिरोशिमा और नागासाकी को ध्वस्त करने वाले बमों से हजारगुना अधिक ताकतवर है, इनमें से प्रत्येक अस्त्र उस समूचे विस्फोटक बल से अधिक ताकतवर है जो कि दूसरे विश्वयुद्ध में दोनों पक्षों ने इस्तेमाल किया था। अपने तमाम ज्ञान, तमाम वरदानों के साथ हम एक ही मंत्र तक पहुँचे हैं और वह है एम ए डी—परस्पर सुनिश्चित विनाश।

पाँच हजार वर्ष पहले तीन अक्षरोंवाला एक दूसरा शब्द था, जो कि वेद विद्या का चरमोत्कर्ष था —अ उ म अर्थात् ओम्। इन पाँच हजार वर्षों में मनुष्यजाति ओम् से मैड पर आ पहुँची है।

आणविक तथाकथित 'परिसीमित' युद्ध के ब्यौरों में जाना आवश्यक नहीं है क्योंकि यह संकल्पना स्वयं एक मिथ्या प्रत्यय है। द डे आफ्टर नामक फिल्म का

जबर्दस्त प्रभाव पड़ा है, हालाँकि वस्तुस्थिति का यह एक नितांत अपर्याप्त चित्रण है। जोनाथन शेल की अद्भुत पुस्तक 'द फेट ऑफ दी अर्थ'—और उसके बाद की पुस्तक 'दी एबोलिशन' से कुछ-कुछ अंदाजा होता है कि आणविक युद्ध होने पर क्या होगा। कार्ल सॉंगा तथा अन्य लोगों द्वारा लिखित नई रिपोर्ट 'द कोल्ड एंड द डार्क' भी प्रबल रूप से दिखाती है कि किसी भी तरह का परमाणु युद्ध हमारी जानी-पहचानी मानव-सभ्यता का अंत कर देगा, वायुमंडल और समुद्रों को विषाक्त कर देगा और पृथ्वी नामक यह ग्रह निवास करने लायक नहीं रह जाएगा।

आज तक ऐसा कोई बम नहीं बना, जिससे केवल रूसी या अमरीकी ही नष्ट हो। चाहे हम एशिया में हों या अफ्रीका में, आर्किटिक क्षेत्र में हों या पृथ्वी के ध्रुवांतों पर, हम सभी मारे जाएँगे। वस्तुतः जिन लोगों पर बम गिरेंगे वे शायद अधिक सौभाग्यशाली होंगे क्योंकि वे तत्काल विलीन हो जाएँगे, जबकि करोड़ों दूसरे लोग यंत्रणा से मुक्ति के लिए तरसते हुए तिल-तिल कर मरेंगे। और यह जरूरी नहीं कि यह सब किसी राजनीतिक फैसले के कारण ही हो। हिसाब में जरा-सी चूक कोई भी दुर्घटना, कोई भी एक हंसबलाका, भूकंप, बिगड़ा हुआ कंप्यूटर—इनमें से कुछ भी सर्वनाश ढा सकता है।

क्या हमें यह अहसास है कि हम एक विशिष्ट सुविधाप्राप्त पीढ़ी के लोग हैं। कि शायद हम इस धराधाम पर बसने वाले मानवों की अंतिम पीढ़ी के प्रतिनिधि हों। विचारशील प्राणियों के रूप में हम क्या इसके समाधान की कोशिश किए बिना ही इस स्थिति को स्वीकार करते हुए जा सकते हैं ? क्या हम एक ऐसी स्थिति के आगे घुटने टेक सकते हैं, जिसमें एक चौथाई दुनिया तो अघाई-अफरी है और तीन चौथाई भूखी-अधपेट? क्या हम एक ऐसे भूमंडलीय ग्राम में रह सकते हैं, जहाँ करोड़ों लोग कुपोषण के कारण शरीर और मस्तिष्क में बौनेपन के और मौत के शिकार हो रहे हैं और दूसरे करोड़ों लोग मुटापे और पेटूपन से ग्रस्त हैं ? क्या हम एक ऐसे युग में जी सकते हैं, जिसमें करोड़ों लोगों को नाममात्र की चिकित्सा भी नसीब नहीं होती जबकि दूसरे करोड़ों को जरूरत से अधिक चिकित्सा मिल रही है? क्या हम दलितों और शोषितों की कराह अनसुनी करते हुए भी यह दावा कर सकते हैं कि हम अपने आंतरिक मार्ग पर चल रहे हैं ?

यदि इन प्रश्नों का उत्तर नहीं में मिलता है, जो कि नहीं में मिलना ही चाहिए, तो हमें एक नए संक्रमण की तरफ बढ़ना चाहिए। अन्य सभी संक्रमणों की तरह यह भी पीड़ादायी होगा, किंतु संक्रमण मानव के बचे रहने के लिए अनिवार्य होते हैं। हमें प्रतिस्पर्धा की बजाय पारस्परिकता की ओर तथा संघर्ष की बजाय समन्वय की ओर बढ़ना ही होगा। हमें मानवीय चित्त के विग्रह का उपचार करना ही होगा। हमें मानव-चेतना के विखंडित टुकड़ों को बटोरकर पुनः एक देदीप्यमान संपूर्णता निर्मित करनी ही होगी। हमें मानवजाति की वर्तमान खंडित और विच्छिन्न अवस्था के स्थान

पर एक नई भूमंडलीय चेतना स्थापित करने के लिए संक्रमण करना ही होगा।

किंतु क्या यह किया जा सकता है ? अनेक चिंतकों ने बताया है कि जब कभी कोई बड़ा संक्रमण होता है तब प्रतिक्रिया और संपुंजन का दौर भी आता है। आणविक हथियारों से अँटे हुए संसार में क्या हम उस तरह के संपुंजन को बर्दाश्त कर सकते हैं ? क्या इस भूलोक पर इसका विनाश रोकने के लिए समय रहते मानव-चेतना का पर्याप्त रूपांतरण हो सकेगा ? या कि जैसा कि ऑर्थर कोएसलर ने कहा है, "चेतना का यह साहसिक अभियान विफल होने को अभिशप्त है ? क्या मनुष्य एक ऐसा प्राणी है जो आत्मनाश के लिए संरचित है—और मानो डायनासोर की तरह उसे शालीनता से नहीं बल्कि दुष्टतापूर्वक विलीन होना है, जीवनमात्र को अपने साथ ले जाते हुए न केवल सामूहिक आत्मघात बल्कि पृथ्वीघात करते हुए ? उत्तर किसी को मालूम नहीं। किंतु भगवद्गीता सिखाती है कि हम जो सही समझें, उसी के अनुसार कर्म करें और नतीजों की परवाह न करें। ब्रह्मांड में व्याप्त उस महत् शक्ति की आराधना अपने कर्मों के माध्यम से करते हुए मनुष्य पूर्णता की ओर बढ़ता है।" हमें अपने अतिस्फीति अथवा पिचके हुए अहम् से नहीं बल्कि अपनी अंतरात्मा की गहराइयों से प्रेरित होकर काम करना चाहिए। वस्तुतः पृथ्वीलोक के इतिहास के इस मोड़ पर रचनात्मक कर्म एक आध्यात्मिक अनिवार्यता है; नकारात्मक विकल्प हम कतई स्वीकार नहीं कर सकते।

इसके बावजूद जब पूरा संसार अपने विनाश की ओर दौड़ता दीखता है, तब हम इस भयावह द्वंद्व के अनुकूल निवारण के लिए, एक नई चेतना की ओर संक्रमण प्रोत्साहित करने के लिए क्या है, जो कर सकते हैं ? मेरे पास एक पंचसूत्रीय कार्यक्रम है जो इस प्रक्रिया में सहायक हो सकता है।

पहला सूत्र है नई भूमंडलीय चेतना में अंतर्निहित अवधारणात्मक एवं सैद्धांतिक दार्शनिक रूपरेखा सुस्पष्ट करना। हम अनेक परंपराओं से विज्ञान से और धर्म से प्रेरणा ले सकते हैं। ऋषियों से, उन महान् द्रष्टाओं से, जो हजारों साल पहले हिमालय में रहते थे, हमें अनेक विलक्षण अंतर्दृष्टियाँ दाय में मिली हैं। उनमें से एक है जीवमात्र या अस्तित्व मात्र की एकता, यह तथ्य कि कोई आत्यंतिक द्वैध या द्वैत नहीं है, न इस ग्रह पर और न ही अरबों-खरबों नीहारिकाओं में। जो कुछ है वह सब एक एकमेव शक्ति की, एकमेव ऊर्जा की, एकमेव दिव्य पराक्रम की अभिव्यक्ति है।

फिर प्रत्येक मनुष्य के भीतर दिव्यता का वास है। यदि परमात्मा का अस्तित्व है तो वह स्वभावतः ही दिव्य है, किंतु यह अवधारणा कि मनुष्य के भीतर दिव्य होने की क्षमता निहित है, कि नस्ल या धर्म, जाति या आस्था, भाषा या विचारधारा के भेदभाव से परे प्रत्येक मनुष्य के भीतर दिव्यता का वास है—यह अत्यंत महत्त्वपूर्ण है। पुनः पूरी मनुष्यजाति को एक परिवार के रूप में देखनेवाली अवधारणा या विश्वदृष्टि हमें प्राप्त है।

अपने मानवत्व के कारण हम सब एक-दूसरे से संबंधित हैं, हम मानव-परिवार के

सदस्य हैं। एक और हिंदू अवधारणा धर्मों के सामंजस्य की है। धर्म महान् कला और प्रेरणा का और अकल्पनीय विनाश का भी स्रोत रहा है। आज भी हजारों लोग धर्म के नाम पर युद्ध में मारे जा रहे हैं। हमें समझना होगा कि यह समस्त धर्म-परंपराएँ एक ही केंद्र से संपुष्ट होती हैं। हमें समस्त धर्मों की एकता की अवधारणा की ओर बढ़ना होगा। अतं में संपूर्ण मावजाति के कल्याण की अवधारणा भी हमें प्राप्त है—वे पूरब के हों या पश्चिम के, उत्तर के हों या दक्षिण के, सभी मानवों का कल्याण हो। हिंदू-परंपरा में मिलने वाली ये हैं कुछेक अंतर्दृष्टियाँ। हम दूसरी धार्मिक परंपराओं और गैर धार्मिक परंपराओं को निकट से देख-परख कर एक युक्तियुक्त दर्शन विकसित कर सकते हैं।

इस तरह के नए दर्शन का विकास करके संचार माध्यमों से उसका व्यापक प्रसार किया जाना चाहिए। आज संचार-साधन हिंसा से, नकारात्मक स्पंदनों से भरे पड़े हैं। इसकी बजाय हम संचार साधनों का उपयोग किसी सकारात्मक कार्य के लिए क्यों नहीं कर सकते? संप्रेषण की अकूत शक्ति का, टेलीवीजन का प्रयोग क्यों न करें ? जरूरी नहीं कि टेलीवीजन एक 'बुद्धू बक्सा' ही बना रहे। यह प्रबोधन का बक्सा भी बन सकता है, बशर्ते कि इसका संचालन करने वाले प्रबुद्ध हों। यदि इसके पीछे करुणा और समझदारी हो तो यह व्यापक प्रबोधन इतिहास का एक सबसे सशक्त उपकरण बन सकता है। अक्तूबर 1983 में न्यूयार्क में एक अध्यात्म शिखर सम्मेलन हुआ था, जिसमें दलाईलामा और ब्राजील के आर्यविशप हेल्डाकामारा ने संभाषण किया था। मुझे भी वहाँ बोलने का सुअवसर मिला। हमने अध्यात्मशिखर घोषणा पारित की थी, किंतु इसके बारे में कोई नहीं जानता क्योंकि हमारे संचार-साधन दार्शनिक किस्म की किसी चीज में दिलचस्पी नहीं रखते। अनर्थ, हत्या, मानवीय चित्र को खंडित और चूर-चूर करनेवाली कोई भी वस्तु हो—हाँ लेकिन उपचार कहाँ है ? वह शक्ति कहाँ है जो मानव-मन में एक नया विकास अंकुरित कर सके ? संचार-साधन हमारे साथ नहीं है और इसीलिए हमें अपने ही संसाधनों का उपयोग करके अपना संदेश पहुँचाना होगा। विभिन्न धर्मों के बीच संवाद, विज्ञान-आत्मिक संवाद होना चाहिए। मनुष्य का अस्तित्व इतना महत्त्वपूर्ण है कि उसे सैनिक शक्ति या राजनीतिक नेताओं के सहारे नहीं छोड़ा जा सकता। हममें से जो इस क्षेत्र में हैं, जो नई चेतना की खोज में लगे हुए हैं, उन्हें अधिकारपूर्वक अपनी बात कहनी होगी और विश्व में अपनी बात के साथ प्रवेश पाना होगा।

तीसरे, विश्वव्यापी तंत्र स्थापित करने के लिए हमें तुरंत और अत्यावश्यक ढंग से कार्य करना होगा। पूरे विश्व में आज सौ से भी अधिक समूह हैं, सारे महाद्वीपों में लाखों लोग भविष्य का भारी दबाव अनुभव कर रहे हैं। किंतु वे सब छिन्न-भिन्न हैं, समुचित रूप से संवद्ध या समन्वित नहीं हैं। उनके बीच सहजीविता का संबंध हो सकता है, बशर्ते कि इस समस्त ऊर्जा को एकत्र किया जा सके। समय बहुत ही तेजी से जा

रहा है और हम मानव इतिहास की किसी संपातिक घटना की ओर बढ़ रहे लगते हैं। मैं एक महान् संगीतमय वाद्यवृंद की कल्पना करता हूँ, जिसमें पूरे विश्व के समस्त सर्जनात्मक एवं धनात्मक आरोह-अवरोह एक-दूसरे से जुड़कर मानव-जाति पर प्रचंड प्रभाव डालनेवाली शक्ति और ऊर्जा में परिणत हो जाते हैं। संयुक्त राष्ट्रसंघ में एक ऐसा अपरिहार्य द्विभाजन संग्रथित है, जो उसे एक प्रभावशील यंत्र बनने से रोक देता है। क्यों न हम नई चेतना का एक नया संयुक्तराष्ट्र स्थापित करें, जो इस नए आंदोलन के प्रचार-प्रसार का जिम्मा ले। इस प्रस्ताव में अहंकार की ध्वनि आ सकती है किंतु दु:स्साहस के किंचित् अंश के बगैर कोई भी बड़ा काम कभी पूरा नहीं होता। हमें विनयी होना चाहिए। किंतु हमारी विनम्रता हमें निष्क्रियता में न धकेल दे; दूसरी ओर हमें कर्म करने में असमर्थ आत्ममुग्धता से भी बचना चाहिए।

चौथा बिंदु शांति एवं निरस्त्रीकरण के आंदोलनों में तत्काल हिस्सेदारी का है। इसके राजनीतिक निहितार्थ भी हैं, इसका मुझे अहसास है, फिर भी मैं महसूस करता हूँ कि हमें व्यापक अण्वस्त्र विरोधी आंदोलनों में सम्मिलित होना ही चाहिए। आवश्यक नहीं कि हम सड़कों पर प्रदर्शन करें ही, लेकिन अपने ढंग से हमें यह करना ही है—सर्वप्रथम खुले समाजों में और फिर बंद समाजों में—क्योंकि कोई भी समाज आज कितना ही चाहे, तब भी बंद रह नहीं सकता। परिवर्तन की हवाएँ जागरूकता की हवाएँ दुनियाभर में सीमाओं के आर-पार बह रही हैं। संयुक्त राज्य अमेरिका चाहे जितना महसूस करे कि सोवियत संघ बंद है, और सोवियत लोग भले ही यह सोचें कि संयुक्त राज्य अमेरिका की राय बदली नहीं जा सकती, फिर भी वास्तविकता यह है कि इन दोनों बड़े भूखंडों में अब एक नई जागरूकता, एक नई पारगम्यता उभर रही है।

यह बात हम अपने एक तीसरे दृष्टिबिंदु से स्पष्ट देख सकते हैं। और अंत में, बाह्य शांति के आंदोलन में संलग्नता पर्याप्त नहीं, हममें से प्रत्येक के भीतर आंतरिक शांति के लिए भी एक समानांतर आंदोलन उभरना चाहिए। स्वयं हमारे जीवन में हमें अपने अस्तित्व के मर्म में निहित सत्य के साक्षात्कार की ओर इस भूलोक पर जन्मे प्रत्येक व्यक्ति के जन्मसिद्ध अधिकार के रूप में प्राप्य उच्चतर चेतना की ओर बढ़ना चाहिए, "वह प्रकाश, जो हर उस इंसान को प्रकाशित करता है जो इस दुनिया में आता है।" हमारी निजी चेतना की कुदाली में ही गरल को धारण किया जा सकता है, अमृत के रूप में ढाला जा सकता है और फिर समाज तथा संसार में प्रवाहित किया जा सकता है। इस युग में महादेव शिव के पुन: एक बार आने तथा हमारे लिए विषपान करने की प्रत्याशा यथार्थपरक नहीं होगी। विकास के उस चरण को हम पार कर चुके हैं। अब जबकि हम निजता—व्यष्टिमत्ता के चरण में आ पहुँचे हैं, तब हमें स्वयं ही विषपान करना होगा। हममें से प्रत्येक को अपने चित्त में गरल को आत्मसात् करके अपने आध्यात्मिक यत्न की शक्ति से अमृत में परिणत करना होगा।

एक अंतिम बात मैं यह कहना चाहता हूँ कि हमें इस पृथ्वी को अध्यात्म-शक्ति से

सहयोग करना चाहिए। प्रत्येक पुरातन परंपरा जानती रही है कि यह भूलोक मिट्टी पत्थर और लावा का एक गोला मात्र नहीं बल्कि एक जीवंत आध्यात्मिक उपस्थिति है। पृथ्वी ग्रह का जो नाटकीय छायाचित्र चंद्रमा से लिया गया, वह दिखाता है कि हमारी पृथ्वी कैसी है : बाह्य अंतरिक्ष के अनंत विस्तार में एक नन्हा-सा दिपदिपाता रत्न, इतना नाजुक और भंगुर फिर भी इतना सुंदर। ऋषियों ने आज से पाँच हजार साल पहले अथर्ववेद की रचना की थी। जिसमें भूमिसूक्त नाम से पृथ्वी की एक स्तुति मिलती है। इसमें 63 श्लोक हैं, जो आज एक नई गुहार और एक नई अनुगूँज के साथ हमें संबोधित करते हैं। मैं उनमें से बारह श्लोकों का अनुवाद देकर यह दिखाना चाहता हूँ कि योगियों की यह अंतर्दृष्टि आज फिर जीवंत और महत्त्वपूर्ण उठी है :

सत्य, बृहद् तथा उग्र ऋत्,
दीक्षा तप ब्रह्म तथा यज्ञ
यही धारण करते हैं पृथ्वी को।
वही जो भूत की
और भविष्य की महिषी है,
वह पृथ्वी हमारे लिए
एक विशाल संसार रचे।
पृथ्वी जिसमें अनेक शिखर और घाटियाँ हैं
और निर्बंध मैदान हैं
मनुष्यों को बाँधनेवाले।
पृथ्वी जो नाना औषधियों
को जन्म देती है,
वह हमारे लिए विस्तीर्ण हो
और फूले-फले।
पृथ्वी, जिसमें समुद्र हैं,
नदियाँ हैं और अन्य जल हैं,
जिसमें अन्न एवं धान्य क्षेत्र
संभव हुए हैं,....
जिसमें प्राणवान एवं गतिवान
जो भी है रहता है,
वह भूमि हमें
अपना सर्वोत्तम रूप प्रदान करे।
पृथ्वी, जो पहले समुद्र के
सलिल में मग्न थी,

और जिसे मनीषियों ने—
अद्भुत शक्तियों से आमंत्रित किया,—
पृथ्वी जिसका हृदय था परम व्योम में,
सत्य से आवृत एवं अमर्त्य,
वह भूमि हमें चमक और बल,
अत्यंत समुन्नत राष्ट्र के रूप में
प्रदान करे।
भूमि जिसमें सबके लिए
समान जलराशियाँ
वहती हैं—
चारों दिशाओं में अरोरात्र अप्रभावित,
वह हम पर भूरि-भूरि
धाराओं में दुग्ध बरसाए
और हमें आलोकित करे।
ओ पृथ्वी,
प्रसन्न हों तुम्हारे गिरिपर्वत,
तुम्हारे हिमवंत और तुम्हारे अरण्य
और भूमि—
भूरी काली लाल और बहुरंगी
इंद्र द्वारा संरक्षित सुदृढ़ पृथ्वी।
ऐसी उस पृथ्वी पर मैं खड़ा हो सकूँ —
अजित, अक्षत, अनाहत।
पृथ्वी का आह्वान करता हूँ—
पवित्रकारिणी, धैर्यवती पृथ्वी का
जो आध्यात्मिक शक्ति से
सशक्त होती है।
ओ पृथ्वी,
हम कर सकें विश्राम तुम पर
जो शक्ति और भूमा की जननी है,
और अपने हिस्से का—
अन्न एवं घी हम भोग सकें।
ओ पृथ्वी,
जो तुम्हारे पूर्वी क्षेत्र हैं,
और उत्तरी और दक्षिणी और पश्चिमी हैं,

वे मेरे चलने में आनंदप्रद हों।
संसार में रहते हुए
मैं कभी लड़खड़ाऊँ नहीं,
तुम्हारे भीतर से जो कुछ भी खोदूँ—
ओ पृथ्वी, वह पुनः
शीघ्र ही पनप आए।
ओ बुद्धिप्रदा,
क्षत न हों तुम्हारे अंग
या तुम्हारा हृदय हम से।
विविध भाषा बोलनेवालों से—
भरी
और उनसे जिनके कर्मकांड
धर्म के अनेक हैं
अपने निवास के
स्थानों के अनुसार
वह पृथ्वी हजारों धाराओं से
मेरे लिए—
संपदा वर्षा करे कामधेनु की तरह,
तुम्हारे जाए हुए
ओ पृथ्वी,
हमारे कल्याण हेतु
रोग और व्यथा से मुक्त हों ।
सुदीर्घ जीवन में
जागृत हम
अर्चना करेंगे,
तुम्हारी ।
पृथ्वी मेरी माँ,
स्थापित करो मुझे
स्वर्ग के अनुरूप
पूर्ण आनंद से
ओ विदुषी,
धारण करो मुझे
अनुकंपा एवं
दिव्यता से ।

इस पृथ्वी, हमारी माता ने करोड़ों वर्ष पहले से आदिम सागर के दलदल से हमारी चेतना का पोषण किया है और असंख्य सदियों से मानवजाति को जिलाए रखा है। क्या हम अनंत में सूर्य के चारों ओर बुझे हुए कोयले में पृथ्वी को परिणत कर अपना मातृऋण अदा करेंगे ? या कि हम अपने अंतरंग एवं बहिरंग संसाधनों को जुटाकर इस विलंबित घड़ी में भी नई चेतना की ओर बढ़ेंगे ? उत्तर अनेक कारकों पर निर्भर होगा—इनमें यह कारक भी कम महत्त्वपूर्ण नहीं है कि हममें से प्रत्येक अपने आदर्शों और अपनी मानवीयता के अनुरूप जीवन बिताता है या नहीं; अंतर-व्यक्तिगत दृष्टि निजी और सामूहिक रूप से रचनात्मक कर्म में परिणत होती है कि नहीं।

हम पुरानी चेतना में धँसे रहेंगे या कि नई चेतना की ओर बढ़ सकेंगे। यह सचमुच ही एक सम्मोहक रोमांचक चुनौती है। तो आइए, हम इस निर्णायक घड़ी में साहस और विवेक के लिए प्रार्थना करें, उस महाशक्ति से प्रार्थना करें जो इस ब्रह्मांड के कण-कण में व्याप्त है—पृथ्वी और आकाश में, पर्वतों और नदियों में, वनों और समुद्रों में, मानवों एवं पशुओं में व्याप्त है। वह महाशक्ति जो स्वयं चमकती हुई अन्य प्रत्येक वस्तु को चमका देती है, वह महाशक्ति जो अंधकार के परे दूसरे घाट पर हजारों सूर्यों की तरह प्रदीप्त है। वह महाशक्ति, जो नटराज शिव की मूर्ति में परम सम्मोहकता से प्रतीकबद्ध है—नर्तन करते शिव जिनके एक हाथ में डमरू है, सर्जनशील ध्वनि जिससे करोड़ों नीहारिकाएँ जन्म ले लेती हैं और जिनके दूसरे हाथ में वह सनातन अग्नि है, जिसमें पुनर्जन्म का चक्र परिपूर्ण होता है। आइए, हम उस दिव्य शक्ति से प्रार्थना करें कि मानवजाति को इस कठिन चरण में साहस प्रदान करे, ताकि हम नई चेतना में संक्रमित हो सकें।

वह महादिव्य शक्ति हमें वह बल और साहस प्रदान करे, जो इस संक्रमण के लिए हमें चाहिए।

# हिंदू धर्म और मानव-समाज

इक्यानवे वर्ष पहले जब स्वामी विवेकानंद शिकागो में धर्म संसद को संबोधित करने खड़े हुए थे, तब वहाँ वे अकेले हिंदू थे। आज स्वामी विवेकानंद के महान् कार्य के फलस्वरूप उनके अनेक अनुयायी और रामकृष्ण मिशन के स्वामी तथा अन्य अनेक महान् हिंदू गुरु संयुक्त राज्य अमरीका में अर्थात् उत्तरी अमरीका महाद्वीप में रहते हुए, अपने प्रवास और निवास के देश में जीवंत तथा बहुमूल्य योगदान कर रहे हैं। अन्य महान् गुरुओं में इन्हें याद करते हैं: परमहंस योगानंद, जो यहाँ आए और जिन्होंने अपना एक समाज या संप्रदाय स्थापित किया; प्रभुपाद, जिन्होंने हाल के युग में एक अत्यंत उल्लेखनीय आंदोलन स्थापित किया है; स्वामी मुक्तानंद जिनका अभी हाल में तिरोधान हो गया लेकिन जो हजारों लोगों के लिए एक महान् प्रेरणा-स्रोत थे; और अन्य अनेक गुरुजन, जिनमें आज के इस सम्मेलन के उद्घाटनकर्त्ता स्वामी चिन्मयानंद जी भी हैं और जिन्होंने यहाँ अपना एक मिशन स्थापित किया है।

जैसा कि आज सुबह ठीक ही कहा गया, हमारा योगदान गौरवशाली रहा है। हमने नोबेल पुरस्कार विजेता पैदा किए हैं, हमने सर्वोच्च श्रेणी के तकनीशियन, उद्यमी, और व्यवसायी पैदा किए हैं; और हम इस पर गर्व कर सकते हैं कि हिंदू जहाँ कहीं हैं परजीवी नहीं हैं; जिन देशों में वे रहते हैं, वहाँ वे एक महत् योगदान कर रहे हैं। और ऐसा विशेष रूप से अमेरिका में है। स्वतंत्र और लोकतंत्र वाले इस महान् देश में देखा जा सकता है—और आपको याद होगा कि कोलंबस जब वास्तव में हमारी तलाश में था, तब उसने अमेरिका की खोज संयोगवश की थी। अमेरिका और इसके महान् नेताओं के साथ विशेष रूप से अब्राहम लिंकन जैसे चिंतकों के साथ हमारा एक अत्यंत विशिष्ट, एक तरह से आत्मिक नाता है; इन चिंतकों ने हमारे अपने स्वातंत्र्य आंदोलन के नेताओं को अभिप्रेरित किया है।

हम हिंदू हैं; इस पर हम गर्व कर सकते हैं, क्योंकि विश्व-इतिहास में हिंदूधर्म अद्वितीय है; यह सबसे पुराना अविच्छिन्न धर्म है, जो मानव-सभ्यता के प्रभातकाल से निरंतर चला आ रहा है। उस युग में अन्य कई धर्म थे; मिस्र में, बेबिलोन में,

मेसोपोटामिया में एक महान् धर्म प्रचलित था और ऐसे अनेक मत या संप्रदाय थे, जिनके बारे में हम आज नहीं जानते, क्योंकि वे सब विलुप्त हो चुके हैं, और अगर बचे भी हैं तो केवल शोधकर्ताओं के मस्तिष्क में या फिर अजायबघरों की चारदीवारी में। केवल हिंदू धर्म ही है, जिसने महाकाल के गलियारों से होते हुए आज तक अपनी गतिशील एवं जीवंत उपस्थिति बनाने रखी है। ऐसा नहीं है कि हिंदूधर्म को सताया नहीं गया हो। वस्तुतः यदि आप पिछले एक हजार वर्ष के हिंदू धर्म के इतिहास को देखें तो आप पाएँगे कि दुनिया में किसी भी धर्म को इतनी कठोर यातना से नहीं गुजरना पड़ा जितना कि हमें। फिर भी इसके बावजूद हमने न केवल अपनी पहचान बनाए रखी बल्कि अपनी जीवंतता और अपनी शक्ति भी सँजोकर रखी है।

आज लाखों-करोड़ों हिंदू न केवल भारत में बल्कि दुनिया के दूसरे अनेक देशों में भी रह रहे हैं। हम यह याद रखें कि समस्त भारतीय हिंदू नहीं हैं और समस्त हिंदू भारतीय नहीं हैं। हिंदू धर्म पर केवल भारत का एकाधिकार नहीं है। अगर मैं कहूँ कि हिंदू धर्म पर भारत का एकछत्र अधिकार है तो स्वयं मेरे परिवार में संकट पैदा हो जाएँगे, क्योंकि मेरी पत्नी नेपाल की हैं, जो आज दुनिया में एकमात्र हिंदू राज्य है। इसी तरह अन्य कई देशों में हिंदुओं की बड़ी आबादी है; बाँग्लादेश और पाकिस्तान, श्रीलंका और मॉरीशस और भारत से बहुत दूर स्थित देश जैसे फीजी, सूरीनाम, गुयाना और ट्रिनीडाड। सारी दुनिया में सभी महाद्वीपों में हिंदू रहते हैं और उन्हें हिंदू होने पर गर्व है। हिंदू धर्म की इस जीवंतता के, अपनी आंतरिक शक्ति और गतिशीलता बचाए रखने की अनोखी क्षमता के क्या कारण हैं? मेरी समझ में इसके दो मुख्य कारण हैं—पहला यह कि हिंदू धर्म किसी एक व्यक्ति के उपदेश अथवा किसी एकमात्र ग्रंथ पर आधारित नहीं है, वस्तुतः यह महान् पुरुषों और स्त्रियों की एक विशाल परंपरा के सम्मिलित ज्ञान पर आधारित है, जिन्होंने अपनी आत्मिक शक्ति और अनुभूति के माध्यम से कुछेक ऐसे सनातन और शाश्वत सत्य निरूपित किए हैं, जो कभी बदल नहीं सकते। परिस्थितियाँ बदलती हैं, रीतिरिवाज बदलते हैं, वेशभूषा बदलती है। और इन सबको बदलना ही चाहिए, किंतु वे सनातन सिद्धांत, जिन पर हिंदू धर्म आधारित है, सदा सर्वदा वैध रहेंगे। दूसरे, हिंदू धर्म ने विगत अनेक युगों में ऐसे अनेक पुरुष और स्त्रियों को जन्म दिया है, जिन्होंने अपनी त्याग-तपस्या तथा ज्ञान की शक्ति से उस ज्योति को हमेशा पुनः प्रज्वलित किया है, जो कभी-कभी बुझने की कगार पर जा पहुँचती थी। हम यह न भूलें कि इस युग में इन दोनों पक्षों के होने पर भी कोई धर्म वैध या लोकमान्य हो सकता है। ऐसे किसी भी धर्म के पास सनातन सत्य होने चाहिए और साथ ही साथ रचनात्मक पुनर्व्याख्या एवं पुनर्जागरण या पुनर्नवीकरण की क्षमता भी होनी चाहिए।

कोई मिथकीय अतीत चाहे जितना महान् रहा हो, हम उसमें लौट नहीं सकते। किंतु हम अपने हृदय में एक नैतिक एवं आध्यात्मिक शून्यता लेकर आगे इक्कीसवीं सदी

में जा सकें, यह भी संभव नहीं। ब्रह्मांड में जो 'ब्लैक होल' है, उनमें सबसे खतरनाक वह शून्य है, जो बीसवीं सदी के मनुष्य के हृदय में है। यदि यह शून्यता जारी रही तो खुद मनुष्य ही इक्कीसवीं सदी में जीवित नहीं पहुँच पाएगा।

मानवजाति आज नियति के एक निर्णायक चौराहे पर है। करोड़ों वर्ष के विकास के बाद मनुष्य आज ऐसे बिंदु पर आ पहुँचा है, जहाँ विज्ञान और प्रौद्योगिकी ने उसे अकूत शक्ति प्रदान कर दी है। यदि वह इसका प्रयोग बुद्धिमत्ता और करुणा के साथ करे तो इस शताब्दी के अंत तक इस भूलोक से वह गरीबी, निरक्षरता, रोग और अज्ञान उन्मूलित कर सकता है। किंतु इस शक्ति का दुरुपयोग भी संभव है। हम देख चुके हैं कि हिटलर के गैस चैंबरों में क्या हुआ, वह भी प्रौद्योगिकी का ही एक व्यावहारिक प्रयोग था।

याद रखिए कि दानवी शक्तियाँ मनुष्य के चित्त में गहरे पैठी हुई हैं, और आज जब आणविक विध्वंस की आशंका हमारे सामने मुँह बाए खड़ी है, तो हम पाते हैं कि हम एक धसक रहे अतीत और जन्म लेने से इंकार करते एक भविष्य के बीच अधर में लटके हुए हैं। हम अपने आपको घनघोर खतरे में देख रहे हैं।

आपने निश्चय ही 'द डे आफ्टर' नामक फिल्म देखी होगी। मुझे शिकायत है कि वस्तुस्थिति दर्शाने में यह बहुत कोताही करती है। वास्तव में जो घटित होगा, वह इससे कहीं बहुत भयानक होगा। जोनाथन शेल ने अपनी पुस्तक 'द फेट ऑफ दी अर्थ' में इस फिल्म की अपेक्षा अधिक सटीकता से दिखाया है कि क्या घटित हो सकता है। इससे मुझे दो पुरातन मिथक ध्यान में आते हैं—एक पाश्चात्य जगत् का और एक स्वयं हमारी परंपरा का। अटलांटिस का मिथक, जिसका पहले-पहल जिक्र प्लेटो की रचनाओं में आता है, उस महान् और भव्य सभ्यता से जुड़ा है, जिसमें विज्ञान तथा प्रौद्योगिकी की तमाम उपलब्धियों की दमक थी और जो किसी समय वहीं फल-फूल रही थी, जहाँ आज अटलांटिक महासागर लहरा रहा है। यह एक अपूर्व समृद्ध और संपन्न सभ्यता थी, लेकिन कहते हैं कि एक दिन अटलांटिस लहरों में डूब गई, वह स्वयं अपनी प्रौद्योगिकी चतुराई झेल नहीं सकी। मुझे लगता है कि आज हम एक और विकराल विनाश के कगार पर खड़ी हुई नव अटलांटिस सभ्यता के लोग हैं।

और फिर हिंदू परंपरा में समुद्र-मंथन का मिथक मिलता है। मुझे लगता है कि विज्ञान और प्रौद्योगिकी ने मानव-चेतना का फिर से इसी तरह मंथन किया है। हमें उल्लेखनीय वरदान मिले हैं, हम चंद्रमा से परे ग्रहों तक और ग्रहों से परे नक्षत्रों तक उड़कर पहुँच सकते हैं। प्रौद्योगिकी के अद्भुत चमत्कार हैं; अभी जब मैं यहाँ बोल रहा हूँ, मुझे पृथ्वी के दूसरे छोर पर देखा जा सकता है। औषधि या चिकित्सा और विज्ञान के अन्य क्षेत्रों में अकल्पनीय उपलब्धियाँ हैं। लेकिन साथ ही साथ गरल भी मौजूद है और उसका असर दिखने लगा है; आज प्रत्येक व्यक्ति को इस सवाल का सामना करना है कि इसके प्रति हमारा दृष्टिकोण क्या हो ! अंततः एटम की ताकत और आत्मा की

ताकत एक-दूसरे के खिलाफ आ डटी हैं। यदि एटम या परमाणु के हृदय में ऐसी विकराल विनाशक शक्ति दिखाई देती है, तो क्या हम आत्मा के हृदय में उतनी ही विशाल और कल्याणकारी शक्ति नहीं पा सकते, जो कि हमें इस विकट चुनौती का सामना करने में सहायक हो सके ? आणविक युग में मानवीय संकट को हिंदू उत्तर क्या है ? संकट का सामना हमें करना ही है। इससे पलायन नहीं हो सकता। व्यक्तिगत मोक्ष की शरण नहीं ली जा सकती। यदि हम स्वयं को हिंदू कहते हैं तो हमें सामने खड़ी चुनौतियों का मुकाबला हिम्मत के साथ करना चाहिए। जैसा कि गीता में श्रीकृष्ण कहते हैं, ''इसलिए हे अर्जुन उठो, धर्म के लिए लड़ने को कृतसंकल्प होओ !'' मैं तो कहूँगा कि हमारा उत्तर उन पाँच मूलभूत अवधारणाओं की पुनः प्रस्तुति में निहित है जो कि हिंदू परंपरा में रचे-बसे हैं—वेदांत के वे सनातन सिद्धांत, और ये सिद्धांत तार्किक रीति से एकदूसरे के भीतर से निकलते हैं।

पहली महान् अवधारणा यह तथ्य है कि इस पूरे ब्रह्मांड में—चाहे इस नन्हे से भूलोक को लें या पूरे जगत् में मौजूद करोड़ों आकाशगंगाओं को—एक ही दिव्य तत्त्व व्याप्त है। मानव-अस्तित्व में अथवा चेतना में कोई चरम द्वैत नहीं है। इस तथ्य को पश्चिम में केवल अभी-अभी आइंस्टाइन और हाजेनवर्ग और क्वांटम मेकेनिक्स के बाद, समझा जाने लगा है। न्यूटन, डकार्ट और मार्क्स इत्यादि के द्वारा संस्थापित भौतिकवादी विश्व का नमूना अब अंततः तिरस्कृत हो चुका है; नई भौतिकी के सामने यह परिकल्पना भहरा गई है। हम याद रखें कि हमारे पुरातन ऋषियों में यथार्थ की प्रकृति के संबंध में अत्यंत गहन अंतर्दृष्टि थी; अभी हाल तक अन्य लोक उस तक नहीं पहुँच पाए थे। आज भी नई भौतिकी और नया विज्ञान पूरी तरह वह समझ नहीं पाए हैं जो हमारे पुरखों को ज्ञात था। वेदांत में अंतर्निहित वही पहला सिद्धांत है।

दूसरा सिद्धांत यह है कि यह दिव्यता, जो समस्त विश्व में व्याप्त है, वह नस्ल या संस्कृति, धर्म या राष्ट्रीयता इत्यादि के विभेदों से परे, प्रत्येक मनुष्य के हृदय में संस्थित है। एक-एक मनुष्य, एक-एक व्यक्ति जो कि मानव-चेतना के साथ जन्मा है, इस दिव्य शक्ति-स्रोत का अंश ग्रहण करता है। यही है वेदांत का दूसरा महान् सिद्धांत। इसी से यह सिद्धांत निकलता है कि यदि हममें से प्रत्येक के भीतर परमात्मा का वास है, तो हम सभी ही एक परिवार के सदस्य हैं, जो महत्तर चेतना के स्वामी हैं, उनके लिए पूरा विश्व एक ही कुटुम्ब है। क्या यह विलक्षण नहीं कि हजारों साल पहले जबकि आदमी एक दिन में दस-पंद्रह मील से अधिक यात्रा नहीं कर पाता था, उस समय हमारे द्रष्टाओं ने समूची मानवजाति की एकात्मता अनुभव कर ली थी। और फिर इनसे तार्किक ढंग से निस्सृत सभी धार्मिक आस्थाओं की एकता की अवधारणा है, सत्य एक है। जिसे बुद्धिमान अनेक नामों से पुकार सकते हैं। हमारे शास्त्र हमें सभी धर्मों का सम्मान करना सिखाते हैं; बदले में हम केवल अन्य धर्मों के अनुयायियों से वैसा ही समादर चाहते हैं। एक बात स्पष्ट करना जरूरी है, वह यह कि अब हिंदू धर्म आक्रामक धर्म परिवर्तन को

चुपचाप सहने को तैयार नहीं है। अब एकतरफा व्यापार नहीं चल सकता। किसी भी धर्म के प्रति हमारे मन में दुर्भाव नहीं है। मैं स्वयं भारत के एक मुस्लिमबहुल राज्य का निवासी हूँ। मैंने विश्व के समस्त धर्मों के महान् स्थलों पर आराधना की है—दरबार साहब, सेंट पीटर्स गिरजाघर या मुहम्मद अली मस्जिद, वह कोई भी धर्मस्थल हो। किंतु एक बात स्पष्ट है—हम दूसरे धर्मों की पूजा करते हैं और आशा करते हैं कि वे भी समान पूजा-भाव और सम्मान हमारे धर्म को देंगे। अब वे दिन गए जब हिंदू धर्म एक असहाय ह्वेल मछली की तरह था, जिसे शार्क मछलियाँ लगातार नोचती रहती थीं।

पाँचवीं अवधारणा बहुजनों के कल्याण की, बहुजनों के हित की है। हिंदू धर्म अन्य कुछेक भौतिकतावादी दर्शनों की तरह एक वर्ग को दूसरे वर्ग के विरुद्ध लड़ाता नहीं है, हिंदू धर्म समूची मानवता का कल्याण चाहता है। खासकर दुर्बल, उपेक्षित और शोषित जनों का। और हिंदू धर्म का पहला दायित्व है स्वयं हिंदू समाज के भीतर कमजोर वर्गों के, विशेष रूप से हरिजनों और आदिवासियों के कल्याण की व्यवस्था करना। यदि हम पूरे संसार के कल्याण की बात करें किंतु स्वयं अपने समुदाय एवं धर्म के सदस्यों के कल्याण की रक्षा करने में नाकाम हों तो हमारे शब्द की कोई साख नहीं रहेगी।

ये पाँच सिद्धांत एक मूलभूत दार्शनिक ढाँचा प्रदान करते हैं जो आज भी संसार भर के लोगों को एक सूत्र में बाँध सकता है और मानवजाति को भयानक विनाश से बचा सकता है। हमेशा याद रखें कि हिंदू धर्म केवल हिंदुओं की सेवा करके आत्मतुष्ट नहीं हुआ, इसने हमेशा पूरी मानवजाति की सेवा करनी चाही है। स्वामी विवेकानंद, श्रीअरविंद, महात्मागाँधी—इन सभी के पास केवल हिंदुओं के लिए नहीं बल्कि संपूर्ण मानवजाति के लिए संदेश था। और आज हमें आवश्यकता है विवेकानंद जैसे जीवन की, श्रीअरविंद जैसे गंभीर्य की, और गाँधी जैसी मानवीयता की, जो सब मिलकर हिंदू धर्म के लिए एक उच्चतर चेतना रचें।

हम पूरे संसार को बताएँ उससे पहले स्वयं अपने घर को हमें व्यवस्थित करना है। भारत में तथा विदेशों में इन दिनों अनेक संगठन इसी कोशिश में लगे हैं। 1981 में मैंने भी इसी हेतु विराट हिंदू समाज नामक संस्था स्थापित की थी ताकि हम हिंदू धर्म के अंतर्गत विभिन्न मतवादों के लोग इकट्ठे कर सकें। जब हम नए हिंदू धर्म की बात करते हैं तो यह कोई नया मतवाद या संप्रदाय नहीं। यहाँ मंच पर हमारे साथ जैन मुनि और अन्य संप्रदायों एवं समुदायों के लोग बैठे हुए हैं—और ये सभी हिंदू धर्म के महान् उत्स से निकले हैं। हमारा दर्शन इतना उदार और इतना साहसी है कि दृष्टियों और मतों के विराट् वैविध्य को सहज ही अंगीकार कर सकता है। हमारे सामने दो तात्कालिक कर्तव्य हैं। एक तो उन अवांछनीय सामाजिक रीतिरिवाजों के अवशेषों का उन्मूलन, जो कि गुलामी की शताब्दियों में पनपे थे और जिनके नीचे हमारी भव्य दार्शनिक विरासत दब गई है। विशेष रूप से छुआछूत वेदांत की परम विरोधी अवधारणा है;

जब तक हिंदू धर्म में इस गरल की एक बूँद बाकी है तब तक मानवता को बचाने की हमारी तमाम बातें या चेतना का स्तर उठाने के हमारे सभी दावे नितांत निरर्थक हैं।

इसी प्रकार हमें अन्य अवांछनीय रिवाजों के खिलाफ भी काम करना है। दहेज अब अपना सिर और भी ऊपर उठाने लगा है। मुझे पता नहीं कि अमेरिका के हिंदुओं पर इसका हमला हुआ या नहीं लेकिन श्रोता समूह में लोग जिस तरह हँस रहे हैं, उससे मैं अनुमान लगा सकता हूँ कि इसके क्रूर पंजे यहाँ भी आ पहुँचे हैं। कितना लज्जाजनक है यह । हम स्त्रियों को माँ की साकार प्रतिमा के रूप में, शक्ति के रूप में देखते हैं फिर भी जब विवाह का अवसर आता है, तब हम इस तरह के व्यापारिक लेन-देन में लग जाते हैं। ये लज्जा और अपमान की बात है और यहाँ मैं आप सबसे कहना चाहूँगा कि आप भले ही अत्यंत धनवान हो जाएँ तथा अमेरिका में रहने के कारण भले ही आपके बेटों को और भी अधिक दहेज मिलना संभव हो, तब भी सच्चे हिंदू के रूप में आप किसी भी दशा में दहेज की माँग न करें। अपनी बेटियों से सभी प्रेम करते हैं और जो कुछ दे सकते हैं, देते हैं लेकिन कोई भी व्यक्ति जो विवाह अनुबंध के अंतर्गत दहेज माँगता है या जो पर्याप्त दहेज न लाने के कारण बहू के साथ दुर्व्यवहार करता है, वह हिंदू धर्म के मुँह पर एक धब्बा है, एक लांछन है।

एक ओर इन अवांछनीय सामाजिक रीतियों से मुक्ति पाने का दायित्व है और दूसरी ओर हिंदू संगठनों एवं संप्रदायों को एक ही सामान्य मंच पर एकजुट करना है। मैं यह सिद्धांत नहीं मानता कि हिंदू धर्म में संप्रदायों का बाहुल्य दुर्बलता का कारण है। इसके विपरीत मैं समझता हूँ कि इसी कारण हम जीवित रहे आए हैं। हमारी विविधता ही स्वयं यह तथ्य कि हम परमात्मा की ओर विभिन्न मार्गों की, विभिन्न गुरुओं की, विभिन्न मंत्रों की, महत्ता पहचनते हैं—यही हमारी शक्ति का स्रोत है। इसके बावजूद एक सर्व सामान्य मंच होना ही चाहिए। एक तरह से यह विभिन्न उपकरणों को एक साथ एक विशाल वाद्यवृंद के रूप में एकत्र कर सम्यक् सुर लय में उन्हें एक साथ बजाने जैसा है।

आइए हम सभी, हिंदू धर्म के समस्त संप्रदाय सामरस्य में बजने वाले एक महान् वाद्यवृंद समूह के रूप में सामने आएँ, केवल तभी हम अपना संपूर्ण बल प्रयोग में ला सकेंगे। जैसा कि स्वामी चिन्मयानंद ने कहा है : "अमेरिका हो या भारत, हिंदू जब एकजुट होंगे, केवल तभी उन्हें न्याय मिल सकेगा तथा उनके हितों की समुचित रक्षा हो सकेगी। अप्रवासी हिंदू, चाहे वे उत्तरी अमेरिका में रहते हों या कैरेबियन में या संसार के किसी भी दूसरे भाग में, इसी क्षेत्र में एक नई शुरूआत कर सकते हैं।

मुझे प्रसन्नता है कि यह महान् सम्मेलन सुचारु रूप से आयोजित हुआ है और मैं भारत के साठ करोड़ हिंदुओं की ओर से बंधुत्व पूर्ण मंगल कामनाएँ देता हूँ। आपके विचारार्थ मैं कुछ सुझाव रखना चाहूँगा। पहला तो यह कि उत्तरी अमेरिका में कार्यरत विभिन्न हिंदू संप्रदायों के बीच सांगठनिक संबंध सुदृढ़ हों। मैं जानता हूँ कि यहाँ अनेक

उपस्थित हैं किंतु मैं यह भी जानता हूँ कि अनेक समूहों का प्रतिनिधित्व नहीं हुआ है, और मैं चाहूँगा कि प्रतिनिधित्व अधिक सर्वांगपूर्ण हो। एक ऐसा सूचना कार्यालय बनाना उपयोगी होगा, जहाँ अमरीकी महाद्वीप के समस्त हिंदू संप्रदाय एवं संगठन सूचीबद्ध हों—चाहे वे कनाडा में हों या संयुक्त राज्य अमेरिका में, कैरेबियन में हों या दक्षिण अमेरिका में। एक डायरेक्ट्री और एक पत्रिका और समय-समय पर बैठकें होनी चाहिए। ताकि आप सब अपने विचारों और कार्यों को एकजुट कर सकें।

दूसरे यहाँ अनेक नए मंदिर बन रहे हैं। यह एक बड़े गर्व की बात है। मैं मंदिर-निर्माताओं के परिवार का हूँ और खुद मैंने कुछ मंदिर बनवाए हैं। परंपरागत रूप से हमारे मंदिर के चार द्वार होते हैं और मेरी परिकल्पना यह है कि ये द्वार हिंदू धर्म के चार युगों के प्रतीक होने चाहिए।

**भक्ति :** समुचित भक्ति, प्रार्थना, उत्सव, भजन कीर्तन और सत्संग समुचित मात्रा में हो; मानवचित्त के एक पक्ष—भाव पक्ष का प्रतिनिधित्व इनसे होता है।

**ज्ञान :** उपनिषदों और भगवद्‌गीता पर न केवल बच्चों बल्कि बड़ों के लिए भी कक्षाएँ लगनी चाहिए, संस्कृत की, देववाणी की; उस महान् भाषा की जो कि हिंदू ग्रंथों एवं हिंदू विवेक की धात्री है, शिक्षा दी जानी चाहिए, यह भी प्रत्येक मंदिर का हिस्सा होना चाहिए, यही दूसरा द्वार है।

**कर्म :** सामाजिक कार्य स्वयं अपने समाज के और समुदाय के कमजोर लोगों की देखभाल, सामाजिक तीज-त्योहारों, विवाहों आदि का आयोजन, समुदाय की सेवा, यह तीसरा पक्ष है । और अंत में—

**राजयोग :** प्राणायाम, आध्यात्मिक शिक्षा दी जानी चाहिए। मेरा विचार है कि हमारे मंदिर केवल श्रद्धा-भक्ति के केंद्र न होकर, भक्ति, बुद्धिमत्ता, सेवा और प्राणायाम का समन्वय करने वाले होने चाहिए, तभी वे समाज में अपनी समुचित भूमिका निभा सकेंगे। आप में से जो लोग इन मंदिरों से संलग्न हैं, उनसे मेरा आग्रह है कि अपनी गतिविधियाँ नियोजित करते समय इस धारणा को ध्यान में रखें।

तीसरे, शैक्षिक क्षेत्र में एक बड़ी समस्या है। भारत में भी जहाँ बयासी प्रतिशत लोग हिंदू हैं, नैतिक तथा आध्यात्मिक मूल्यों का शोचनीय क्षरण हुआ है। और यहाँ, जबकि छोटे-छोटे बच्चे एक विजातीय वातावरण में बड़े हो रहे हैं, तब ऐसा कोई उपाय नहीं कि अपनी संस्कृति विरासत से उनका संपर्क रह सके।

मैंने सुना है कि भारतीय विद्याभवन संयुक्त राज्य अमेरिका में एक स्कूल खोलने वाला है। मैं चाहूँगा कि अधिकाधिक हिंदू मिशन स्कूल खोलें और केवल हिंदुओं के लिए नहीं। आखिरकार भारत में भी कान्वेंट स्कूल ज्यादातर गैर ईसाइयों द्वारा संरक्षित हैं, मैं स्वयं एक कान्वेंट स्कूल में पढ़ा हूँ। आपके स्कूलों में एक स्तर ऐसा होना चाहिए कि आप अमरीकी बच्चों को भी आकृष्ट कर सकें। लेकिन आपको शिक्षा में लगना चाहिए और साथ ही दृश्य-श्रव्य उपकरणों का उपयोग करना चाहिए। जरूरत है ऐसी

वीडियो फिल्मों की, जो कारगर ढंग से बनी हों और हिंदुओं के तीर्थ और तीज-त्यौहार, *रीति-रिवाज, संत-महात्मा* और हिंदू दर्शन इत्यादि दिखाएँ। ये फिल्में तकनीकी दृष्टि से श्रेष्ठ बनी हों तथा व्यावसायिक ढंग से इनका विक्रय हो, ताकि विदेशों में रहनेवाले हिंदू तथा उनके बच्चे उन कुछेक मूल्यों को आत्मसात कर सकें। यदि भारतीय लोग जीन्स का सफल व्यापार कर सकते हैं तो मेरी समझ से, कोई कारण नहीं कि आप वीडियो फिल्में न बेच सकें। विराट् हिंदू-समाज की ओर से भारत में ऐसी फिल्में बनवाने के लिए मैं तैयार हूँ।

उत्तरी अमेरिका में या अन्यत्र कहीं भी हिंदुओं की सेवा करने के अलावा हमें सामान्य जनता तक हिंदू धर्म के सार्वभौम संदेश प्रस्तुत करने में भी समर्थ होना चाहिए। पूर्वी देश-प्रदेशों में गहरी रुचि पैदा हो रही है। पश्चिम के भौतिकवादी दर्शनों के ध्वंस के बाद अब लोग जीवन के प्रश्नों के उत्तर के लिए हिंदू धर्म की ओर अधिकाधिक मुड़ रहे हैं। श्रीअरविंद ने पंद्रह अगस्त उन्नीस सौ सैंतालीस के दिन जो कहा था, मैं उसे यहाँ उद्धृत करना चाहता हूँ "विश्व को भारतीय आध्यात्मिक उपहार का आरंभ हो चुका है। भारत की आध्यात्मिकता उत्तरोत्तर अधिक मात्रा में यूरोप तथा अमरीका में प्रविष्ट हो रही है। युगीन विनाशों के बीच यह आंदोलन बढ़ता ही जाएगा; अधिकाधिक आँखें आशा के साथ उसकी ओर मुड़ रही हैं और न केवल उसके उपदेशों को बल्कि उसकी मानसिक एवं आध्यात्मिक क्रियाओं को भी अधिकाधिक अपनाया जा रहा है।"

यह पंद्रह अगस्त उन्नीस सौ सैंतालीस का दिन था। हमारा स्वाधीनता दिवस और श्री अरविंद का अपना जन्मदिन। और जिस हद तक हम यह आशा पूरी कर सकें, हम स्वयं अपनी और सामूहिक नियति पूरी कर सकेंगे।

आणविक युग के उदय के साथ हम गुणात्मक रूप से भिन्न एक नई स्थिति में आ गए हैं और हिंदू धर्म को इस महान् नई चेतना का संवहन करना है क्योंकि केवल हिंदू धर्म ही संसार के तमाम धर्मों में ऐसा है, जो विज्ञान एवं अध्यात्म का सामंजस्य कर सकता है।

इस बिंदु पर मैं युवतर पीढ़ी से अपील करना चाहूँगा। आज युवजनों के सामने एक चुनौती है और एक अवसर है। आपके भीतर आदर्शवाद है, आपमें वह ताकत, वह नम्यता है। सर्वोपरि आपको अपने जीवन में हिंदू धर्म में प्रतिष्ठित देदीप्यमान आदर्शों को दोहराना चाहिए। भारत के बाहर रहते हुए आपको अपनी हिंदू अस्मिता बनाए रखकर भी विश्व नागरिक बनना चाहिए। अपने भीतर आपको अध्यात्म शक्ति का वह मर्म खोजना चाहिए जिससे आप पूरी मानवता को एक नया प्रकाश दिखा सकें।

मित्रो, यह पृथ्वी ग्रह जो युद्धरत, संकटग्रस्त, प्रदूषित हो चुका है, ऐसा होते हुए भी यह हमारी माँ है जिसने आदिम महासागर की दलदल से लेकर ऋषि-मुनियों के युग

तक लाखों-करोड़ों वर्ष हमारी नस्ल को पाला और पोसा है। पृथ्वी का सबसे अधिक उल्लेखनीय छायाचित्र वही है, जो चंद्रमा के धरातल से लिया गया था। वह हमें दिखाता है कि वास्तव में हम कैसे हैं; बाह्य अंतरिक्ष के अंतहीन विस्तारों में जीवन और प्रकाश का एक नन्हा-सा बिंदु।

क्या हम इस सुंदर रत्न को एक बुझा हुआ कोयला बना देंगे या कि हम इसे उच्चतर चेतना के हिंडोले के रूप में सँजोएँगे ? हम एक मामूली-सी आकाशगंगा के एक औसत नक्षत्र के एक तुच्छ ग्रहमात्र हैं, लेकिन यहीं मानव-चेतना का विकास हुआ है। और हिंदू-चिंतन मानता है कि आत्मा की ज्योति, दिव्यता की ज्योति प्रत्येक मनुष्य के भीतर सक्रिय है तथा मनुष्यलोक से भी परे उसका ऐश्वर्य जगमगा रहा है। जैसा कि हमारे ऋषि कहते हैं, "अंधकार के पार दूसरे किनारे पर सूर्य की तरह जगमग उस महत् को मैं जानता हूँ। उसे जानने पर ही हम मृत्यु के पार जा सकते हैं। अमरत्व का कोई और मार्ग नहीं।"

हमें उस ज्योति या प्रकाश की ओर बढ़ना चाहिए। उसका प्रतीक सूर्य है और इसीलिए हमारी महान् प्रार्थना—गायत्री मंत्र—सूर्य को समर्पित है। हमें सूर्य की ओर गरुड़ की तरह बढ़ना होगा ताकि हम अपनी निजी और अपनी सामूहिक नियति पा सकें, यह महान् सम्मेलन न केवल हिंदुओं के लिए बल्कि समूची मानवजाति के लिए उसी प्रकाश की ओर एक नया अभियान साबित हो। और इस महान् सम्मेलन का मूलमंत्र वही प्रार्थना हो जो अनादि काल से प्रत्येक हिंदू के ओठों पर सनातन प्रार्थना की तरह प्रस्फुटित होती रही है :

असतो मा सद्‌गमय !  
तमसो मा ज्योतिर्गमय !  
मृत्योर्मा अमृतं गमय !

# योग : एक समग्र जीवन-दर्शन

योग भारतीय संस्कृति की एक केंद्रीय और आधारभूत अवधारणा है, और जो लोग हिंदू धर्म के गहनतर महत्त्व को समझना चाहते हैं उनके लिए इसकी कुछ जानकारी अपरिहार्य है। वेदांत दर्शन की मूल अवधारणा ब्रह्म अर्थात् सर्वव्यापी परमात्मा और आत्मा अर्थात् व्यक्तिगत चेतना में उसकी प्रतिच्छाया के बीच विद्यमान संबंध ही है। आध्यात्मिक साक्षात्कार किसी-न-किसी प्रकार अपने व्यापकतम अर्थ में आत्मा और ब्रह्म के जुड़ने या योग से संबंधित है। योग इस जुड़ने की प्रक्रिया भी है और लक्ष्य भी। धार्मिक संधान में अनुभूतिपरक एवं समग्रतापरक आयाम इसी से आते हैं, इसके बिना यह पूरा व्यापार वास्तविक आध्यात्मिक प्रगति से रहित केवल बौद्धिक वितंडा बनकर रह जाता है।

सैद्धांतिक रूप से परमात्मा तक पहुँचने के विभिन्न असंख्य मार्ग हो सकते हैं, वस्तुतः संसार में जितने व्यक्ति हैं, उतने ही मार्ग हैं फिर भी हिंदू-परंपरा में इन उपायों को चार प्रमुख श्रेणियों में देखा जा सकता है—ज्ञानयोग, भक्तियोग, कर्मयोग और राजयोग। यद्यपि मार्ग एक अखंड मार्ग ही है, किंतु इनमें से प्रत्येक योग मनुष्य की अलग-अलग क्षमताओं पर बल देता है।

पहले हम ज्ञानयोग को लें जो कि ज्ञान या कि बौद्धिक विवेक का योग है। यह मार्ग उनके लिए विशेष रूप से उपयुक्त है, जिनकी बुद्धि अत्यंत विकसित है। इस अभ्यास में सत्य और असत्य, क्षणभंगुर और सनातन के बीच विभेद करने की क्षमता विकसित करनी होती है, इस प्रकार अंत में आध्यात्मिक साक्षात्कार संभव होता है। ज्ञान योग के प्रख्यात ग्रंथ उपनिषदें हैं, जो कि कम-से-कम एक हजार वर्ष की अवधि में महान् ऋषि-मुनियों की समग्र अनुभूति पर आधारित हैं। इनमें अविस्मरणीय भाषा में वे वेदांती सत्य प्रस्तुत किए गए हैं जो कि ज्ञान योग की परंपरा की आधारशिला हैं।

यद्यपि उपनिषदें भारतीय दर्शन के सभी संप्रदायों का आध्यात्मिक स्रोत रही हैं। फिर भी आठवीं सदी के महान् सुधारक और अद्वैतवाद के संस्थापक आदिशंकराचार्य का नाम ज्ञानमार्ग से विशेष रूप से जुड़ा है। उन्होंने ब्रह्मज्ञान अथवा परमतत्त्व की प्राप्ति

की विद्या के रूप में वेदांत की व्याख्या की। उपनिषदों, ब्रह्मसूत्र और भगवद्गीता पर उनके प्रख्यात भाष्यों से हमें इस मार्ग का बहुत कुछ ज्ञान मिला है। संभवतः ज्ञान योग की तुलना सुलेमान की बुद्धिमत्ता से या प्लेटो द्वारा दर्ज सुकरात के महान् संवादों से की जा सकती है। इस मार्ग में बुद्धि को दिव्य सत्य से उत्तरोत्तर आलोकित करना होता है ताकि अंततः आत्मबोध होने पर उससे परे जाया जा सके।

जहाँ ज्ञानयोग मूलतः बुद्धि से संबंधित है, वहीं भक्तियोग एक अन्य महत्त्वपूर्ण मानवीय क्षमता अर्थात् भावनात्मकता के अध्यात्मीकरण पर आधारित है।

बुद्धि और हृदय मानवीय व्यक्तित्व के दो प्रमुख पक्ष हैं; और ज्ञानयोग जहाँ बुद्धि के उत्तरोत्तर अध्यात्मीकरण के इर्द-गिर्द घूमता है, वहीं भक्तियोग भावनाओं के साथ यही कार्य करता है। भावनाएँ आध्यात्मिक मार्ग में बाधक होती हैं, यह धारणा सही नहीं है। दिग्भ्रमित या मर्यादाहीन होने पर भावनाएँ निस्संदेह बाधक हो सकती हैं किंतु जब उन्हें परमात्मा की दिशा में मोड़ा जाता है तब वे आत्मिक साक्षात्कार की प्रबल स्रोत हो सकती हैं।

भक्तियोग में मानवीय स्वरूप में परिकल्पित परमात्मा की ओर—फिर वे शिव हों या विष्णु या कृष्ण, देवी या सुब्रमण्य या कोई और—भावनाएँ प्रवाहित की जाती हैं। भावनाओं का उत्तप्त उफान अंततः अपने इष्ट देव से एकाकार होने की आत्मिक उल्लास की दशा तक जा पहुँचता है, इसीलिए यह साकार देवता, समर्पण एवं अनुकंपा पर बल देनेवाला देववादी विधान है। समस्त धर्मों के इतिहास में ऐसी भक्ति के उदाहरण भरे पड़े हैं। श्री चैतन्य ने, जिनका जन्म 500 वर्ष पहले हुआ था, पूरे देश में कृष्ण-पूजा का महान् संप्रदाय फिर से स्थापित कर दिया; जबकि श्री रामकृष्ण परमहंस दिव्य माँ के रूप में काली की पूजा करते थे। दक्षिण भारत में शिव तथा विष्णु के उपासक अनेक संत हुए हैं। ईसाई परंपरा में हमें एवीला की सेंट थेरेसा, सेंट जॉन ऑफ क्रॉस, असीसी के संत फ्रांसिस तथा अन्य कई संत मिलते हैं। हिंदू धर्म में भक्तियोग के अनेक ग्रंथ हैं, जिनमें विष्णु के अवतार शिव पर केंद्रित श्रीमद्भागवत और दक्षिण भारत के शैव ग्रंथों के अतिरिक्त शिवपुराण आदि प्रमुख हैं। मध्ययुगीन भारत का महान् संत काव्य परम लयात्मक एवं उदात्त रीति से भक्त की विह्वलता एवं आह्लाद प्रस्तुत करता है।

कर्मयोग सम्यक् सही कर्म का मार्ग है। विश्व के एक महानतम धर्मग्रंथ भगवद्गीता में कर्म का सिद्धांत प्रतिपादित है, जिसके अंतर्गत परमात्मा को समर्पित समस्त कर्म आ जाते हैं। जीवन के कुरुक्षेत्र में श्रीकृष्ण अर्जुन से कहते हैं—योगः कर्मसु कौशलम् (कर्म में कुशलता ही योग है) आगे वे कहते हैं—'तुम्हारा अधिकार सिर्फ कर्म पर है, उसके फल पर नहीं।'

कर्मयोग का सिद्धांत जटिल और अतिसूक्ष्म है। हम सबको कर्म करना पड़ता है—न केवल अपने भौतिक अस्तित्व के लिए बल्कि अपने बौद्धिक और भावनात्मक

कल्याण के लिए। लेकिन यदि सारे कर्म बंधन मान लिए जाएँ, जैसा कि कुछ दार्शनिक कहते प्रतीत होते हैं, तो ऐसा प्रतीत होगा कि हम निरंतर घूम रहे संसार-चक्र में अंतहीन यातना के लिए अभिशप्त हैं। किंतु श्रीकृष्ण बताते हैं कि कर्म नहीं वल्कि कर्म के पीछे मौजूद मनोवैज्ञानिक दृष्टिकोण ही बंधन का कारण है।

इसलिए यदि परमात्मा को चढ़ाए नैवेद्य के रूप में कर्म किया जाए, यदि परिणामों के मोह से मुक्त होकर श्रद्धा और भक्ति से साथ कर्म किया जाए तो कर्म स्वयं ही आत्मिक विकास का सक्षम उपकरण हो सकता है। वस्तुतः श्रीकृष्ण गीता में स्पष्ट बताते हैं कि महान् राजा जनक समेत अनेक लोगों को कर्मयोग से ही आत्मानुभूति हुई है। संभवतः पाश्चात्य दार्शनिक कांट का नैतिक दृष्टिकोण कर्म की इस व्याख्या से कुछ अंशों में तुलनीय है।

भगवद्गीता को कर्मयोग का आधार ग्रंथ माना जाता है, यद्यपि इसमें चारों योगों का विवेचन है और जैसा कि श्रीअरविंद ने अपने भव्य ग्रंथ 'ऐसेज ऑन द गीता' में वताया है—गीता हमें एक समग्र जीवन दर्शन प्रदान करती है। पश्चिमी परंपरा में सारे विश्व में शिक्षा एवं चिकित्सा सेवाओं का प्रसार करने में कटिबद्ध विभिन्न ईसाई संप्रदायों को कर्मयोग की परंपरा में माना जा सकता है। आज ऐसे अनेक ईसाई तथा अन्य समुदाय मौजूद हैं जो शारीरिक एवं मानसिक पीड़ा के शमन में और जनसेवा में अपना जीवन समर्पित किए हुए हैं। हमारी अपनी पीढ़ी में परमात्मा को समर्पित सेवाकर्म में लगी महान् ईसाई संत मदर टेरेसा इस ईसाई-परंपरा का एक अद्वितीय दृष्टांत है।

अब हम राजयोग नामक चौथे मार्ग को देखें यह प्रश्न विवादास्पद है कि इसे राजयोग नाम क्यों मिला—यह एक विशेष प्रभावशील प्रमुख मार्ग था इसलिए, या कि प्राचीन भारत में सत्ताधारी वर्ग इसे अपनाते थे इसलिए। फिर भी यह सच है कि मानवीय एवं दिव्य तत्त्वों के तादात्म्य के लिए एक प्रकार से सर्वाधिक सक्षमता और रोमांचक उपाय है। इसमें हमारी सामान्य जागृत मनोदशा को परिशोधित करके परमात्मा के निस्सीम शक्ति के साथ नाटकीय साक्षात्कार की विधि अपनाई जाती है। पतंजलि के योगसूत्र की महत्त्वपूर्ण भूमिका यहीं पर है।

चूँकि योगासन में शरीर को विभिन्न मुद्राओं में ढाला जाता है इसलिए आम तौर पर यह भ्रांति दिखाई देती है कि योग केवल एक जटिल शारीरिक व्यायाम मात्र है। योग की यह एक वहुत ही सीमित दृष्टि है। यह सही है कि कुछेक योगासन हमारी शारीरिक दशा पर गहरा असर डाल सकते हैं और हमारे स्वास्थ्य में उल्लेखनीय सुधार ला सकते हैं, फिर भी उनके असर को शरीर तक सीमित मानना गलत है। ध्यान रहे कि पतंजलि का आष्टांग योग यम और नियम से प्रारंभ होता है, जिनके लिए कुछ मानसिक संयम और अनुशासन जरूरी है। उन्हीं के वाद आसन-प्राणायाम और प्रत्याहार नामक तीसरे, चौथे और पाँचवें चरण आते हैं। अंतिम तीन चरण पुनः मूलतः मानसिक या मनोवैज्ञानिक हैं इसीलिए हमेशा याद रखना चाहिए कि योग मात्र कुछेक कठिन

शारीरिक मुद्राएँ बनाने की क्षमता मात्र नहीं है। वास्तव में योग के बाहरी पक्षों से अधिक महत्त्वपूर्ण भीतरी पक्ष अथवा अंतरंग योग ही हैं।

एक और बात है, जो कुंडलिनी तथा उसे जागृत करने से संबंधित है। योग परंपरा मानती है कि रीढ़ के मूल में कुंडलिनी नामक दिव्यशक्ति का वास है तथा इसे प्रायः सर्पशक्ति भी कहा जाता है क्योंकि विश्राम की मुद्रा में यह साँप की तरह साढ़े तीन कुंडलियाँ बनाकर रहती हैं। आसन और प्राणायाम सहित विभिन्न अभ्यासों के द्वारा कुछ विशेष स्थितियों में इस कुंडलिनी को उत्तेजित कर सक्रिय किया जा सकता है। जब यह खुलकर ऊपर उठती है तो यह रीढ़ या मेरुदंड में स्थित सात चक्रों या केंद्रों का भेदन करते हुए अंत में मस्तिष्क के ऊर्ध्व भाग में स्थित हजार पंखुड़ियों वाले कमल में आनंद से फूट पड़ती है, और योगी ब्रह्म के संस्पर्श से आह्लादित हो उठता है।

तंत्र के नाम से ज्ञात एक पूरा विज्ञान इस कुंडलिनी योग के चतुर्दिक् विकसित हुआ है। पतंजलि के बीजग्रंथ के बाद हिंदू तथा बौद्ध परंपराओं में अनेक अन्य ग्रंथ एवं उन पर भाष्य तथा टीकाएँ लिखी गई हैं। एक शताब्दी पहले सर जॉन वुडरफ नामक एक विख्यात अंग्रेज ने आर्थर एवेलॉन के छद्म नाम से विभिन्न तांत्रिक ग्रंथों पर आधारित अनेक पुस्तकें लिखी हैं। स्वयं हमारे समय में पंडित गोपीकृष्ण ने, जिनसे मेरी अंतिम भेंट स्विट्जरलैंड में 1979 में हुई थी, इस विस्मयकारी परिघटना पर अविस्मरणीय पुस्तक माला लिखी है। इस पक्ष का ध्यान सभी गंभीर योगकर्मियों को रखना चाहिए ताकि यदि कुंडलिनी जागृत हो तो वे इस अनुभूति को एक विधेयात्मक एवं रचनात्मक ढंग से आत्मसात् कर सकें। यह ऐसा विषय है जिसका निवारण गुरु ही कर सकता है क्योंकि इसमें उन्नति के लिए और चूक होने पर विनाश के लिए भयंकर संभावनाएँ मौजूद हैं।

राजयोग तथा चेतना की परिवर्तित अवस्था के प्रश्न की चर्चा में यह बताना आवश्यक है कि एल एस डी जैसी औषधि ने पश्चिमी जगत् में अपनी तमाम विचलनों के बावजूद अनेक लोगों के मस्तिष्क में कुंडलिनी का प्रभाव स्थापित किया है, जबकि इन दवाओं के प्रयोग से पहले उन्होंने कुंडलिनी तत्त्व को कोरा ढकोसला या जान-बूझकर आरोपित दुःस्वप्न मात्र कहकर रद्द कर दिया था। एल एस डी चिकित्सा के संबंध में स्तानिरालावग्रोफ का कार्य और कार्लोस कास्टानेडा की अद्भुत पुस्तकें इस वैचारिक क्रांति के असंख्य लक्षणों में से दो उदाहरण हैं। जिसकी शुरुआत एल्डस हक्सले ने अपनी छोटी-सी लेकिन क्रांतिकारी पुस्तक डोर्स आफ परशेप्शन (1958) में की थी। वस्तुतः इस क्रांति की गति बढ़ती गई है और अभी भी शिथिलता के चिह्न वही नहीं हैं। नशीली दवाओं के भयानक दुरुपयोग एवं दुष्प्रचार के कारण जो कि एक अंतर्राष्ट्रीय खतरा बन गया है, चेतना की उच्चतर अवस्थाओं में पहुँचाने में समर्थ उपकरण के रूप में इनका रचनात्मक उपयोग करना अब गंभीर आध्यात्मिक शिक्षकों के लिए संभव नहीं रहा है। बेशक यह प्रश्न अभी भी अत्यंत विवादग्रस्त है; बिना

किसी बाहरी उत्तेजना के मानसिक समग्रता प्राप्त कराने वाला संयम या विज्ञान निश्चय ही अधिक वांछनीय है।

इस क्षेत्र में अद्भुत अंतर्दृष्टि रखनेवाले मनोवैज्ञानिक सी. जी. युंग ने आधुनिक संदर्भ में आत्मपरक ज्ञान का अपार विस्तार किया है।

परमात्मा तक ले जानेवाले चार प्रमुख पथों का मैंने विहंगम वर्णन किया है—ये हैं—ज्ञान का मार्ग, भक्ति का मार्ग, श्रद्धापूर्वक कर्म का मार्ग और मानसिक संयम का मार्ग। अब मुझे यह बताना है कि इन चारों को वस्तुतः एक समग्र जीवन-दर्शन में समन्वित किया जा सकता है। आज मानवजाति एक अनोखी स्थिति में जी रही है। विज्ञान और प्रौद्योगिकी ऐन हमारी आँखों के सामने मानव-सभ्यता का कायाकल्प कर रहे हैं और स्वयं अपने जीवनकाल में हमने अनेक क्षेत्रों में अकल्पनीय परिवर्तन देखे हैं। मनुष्य पृथ्वी के बंधनों से बाहर निकल सका है और चाँद पर पहुँचने के बाद उसने ग्रहों तथा अनंत दूरी वाले नक्षत्रों तक अनुसंधान शुरू कर दिया है। कृषि और उद्योग, चिकित्सा और संचार—सभी क्षेत्रों को विज्ञान तथा प्रौद्योगिकी में प्रस्फुटित मानवीय सर्जना का अद्भुत लाभ हुआ है। इसके बावजूद मानव जाति की संहार-शक्ति भी उसी गति से बढ़ी है—दसियों हजार ऐसे आणविक हथियार बन चुके हैं जिनके एक अंश मात्र से इस धरती पर न केवल मानवजाति का बल्कि संभवतः जीवन मात्र का नाश हो सकता है।

आणविक युद्ध में आदमी के सामने यही सबसे बड़ी दुविधा है। ऐसे अवसर पर हम किसी इकहरे रास्ते से संतुष्ट नहीं हो सकते, हमें आवश्यकता है एक समग्र और बहुमुखी प्रयत्न की। हमें ज्ञान से विभासित बुद्धि, भक्ति से आप्लावित हृदय, कर्म से अनुशासित संकल्प और आचार से अध्यात्मीकृत चिह्न की आवश्यकता है। अपने व्यक्तित्व के इन चारों पक्षों को हम विकसित कर सकें, तभी हम एकीकृत एवं समरस मानव के रूप में कार्यक्षम हो सकेंगे और एक नई भूमंडलीय सभ्यता अपने इस भूलोक पर बना सकेंगे। आज हम भूमंडलीय चेतना के अग्रदूत बनने से कम किसी छोटे लक्ष्य को स्वीकार नहीं कर सकते। वह चेतना, जो हमारे इस सुंदर ग्रह पृथ्वी पर जन्म लेने के लिए कसमसा रही है, हमारी उस धरती माता पर, जिसने हमारी मानव जाति को आदिम सागर के दलदल और कीचड़ से लेकर आज की स्थिति में पहुँचाने तक हमारा भरण-पोषण किया है; आज मानवजाति अपनी इस चेतना के साथ एक नई छलाँग लगाने की दहलीज पर खड़ी है।

आगे का रास्ता कठिन और खतरनाक है किंतु किसी भी बड़े अभियान में यह तो अपरिहार्य ही है, और जब तक हमारे भीतर साहस एवं आस्था है, तब तक हमें किसी दानवी शक्ति से डरना नहीं है। निजी मोक्ष और सामूहिक काया-कल्प का लक्ष्य शायद बहुत दूर है और उसे पाने में शायद कई पीढ़ियाँ खप जाएँगी।

इसके बावजूद हमें इस अत्यंत महत्त्व के अभियान के लिए अपनी समस्त भौतिक,

नैतिक, बौद्धिक और आत्मिक संपदाओं को समेट कर बेधड़क आगे बढ़ना है। आइए, हम याद करें कठोपनिषद् के अमर मंत्र को, जो हमारा आह्वान करता है उठने, जागने और चाकू की धार से भी अधिक तेज तथा कठिन रास्ते पर आगे बढ़ने के लिए, जिसका निर्माण विगत युगों के महान् अध्यात्म पुरुषों ने किया है :

> उत्तिष्ठत जाग्रत प्राप्य वरान्निबोधत
> क्षुरस्य धारा निशिता दुरत्या
> दुर्गम पथस् तत् कवयो वदंति।

# नए भारत के नैतिक और आध्यात्मिक मूल्य

मूल्यों का क्षरण हमारे देश में अब एक ऐसी वस्तु है, जिसे स्वीकार-सा कर लिया गया है, और यह मैं गहरे अवसाद के साथ कह रहा हूँ। क्योंकि जहाँ कहीं जाएँ, भ्रष्टाचार को न केवल एक जीवन पद्धति मान लिया गया है बल्कि एक तरह से यह जीवन-दर्शन भी बन गया है। जीवन के सभी क्षेत्रों में यह व्याप्त है। केवल राजनीति तक सीमित नहीं है। संभव है राजनीति में यह अन्य अधिकांश क्षेत्रों से कुछ बदतर हो और उसके कारण भी स्पष्ट हैं। लेकिन सभी कार्य-क्षेत्रों में नैतिक और आध्यात्मिक मूल्यों का यह व्यापक क्षरण हुआ है। एक सीमा तक पूरी दुनिया के लिए भी यह सच है किंतु भारत जैसे देश के लिए यह विशेष त्रासद है, जिसने अपनी सभ्यता के आरंभ काल से ही कुछ आध्यात्मिक और नैतिक मूल्यों को अपना आधार बनाने की चेष्टा की है।

मैं यह दावा नहीं करता कि भारत सदैव इन मूल्यों पर खरा उतरा है। मैं यह दावा नहीं करता कि भारतीय लोग किसी भी अन्य राष्ट्र से अधिक अनिवार्यतः अधिक नैतिक है, परंतु मैं यह दावा करता हूँ कि भारतीय संस्कृति की वैचारिक एवं अवधारणात्मक नींव कुछ नैतिक और आध्यात्मिक सिद्धांतों की आधारभूमि पर रखी गई है। मैं समझता हूँ कि यह बात अकाट्य है और वस्तुतः यही कारण है कि भयानक उथल-पुथल तथा विदेशी आक्रमण एवं दासता की लंबी शताब्दियों के बाद भी भारत ने अपनी कुछ प्राणवत्ता एवं गतिशीलता बचाए रखी है। यदि इसे कुछ मूलभूत सिद्धांतों पर खड़ा न किया गया होता तो मैं नहीं समझता कि भारतीय सभ्यता उस तरह के दमन चक्र को झेल भी पाती, जिससे इसे गुजरना पड़ा है।

हमारे स्वाधीनता आंदोलन ने भी कुछ आदर्शों का आधार अपने नीचे रखना चाहा था। ब्रह्म समाज के साथ राजा राममोहन राय और आदि ब्रह्म समाज वाले देवेंद्रनाथ टैगोर हों, जिनके साथ हिंदू पुनर्जागरण की नींव पड़ी; महाराष्ट्र में प्रार्थना समाज वाले आर. के. भंडारकर और महादेव गोविंद रानाडे हों या आर्य समाज वाले स्वामी दयानंद; या इन सुधारकों के अलावा हिंदू-परंपरा की सनातन धारा के महापुरुष श्री रामकृष्ण और स्वामी विवेकानंद, श्री अरविंद और लोकमान्य तिलक जैसे लोग हों, जिन्होंने

राष्ट्रीय आंदोलन को अनुप्राणित किया था। इन सभी दृष्टांतों में आप देखें कि भारत की आध्यात्मिक नींव पुनः स्थापित करने और रचने की स्पष्ट चेष्टा की गई है। और फिर इस परिदृश्य पर गाँधीजी प्रकट हुए, उनका संपूर्ण जीवन भारत में धर्म की पुनः स्थापना के उनके प्रयत्न का स्पष्ट साक्ष्य है—अपने व्यापकतम अर्थ में धर्म, जिसमें कोई भी बहिष्कृत नहीं, वस्तुतः प्रत्येक व्यक्ति उसमें सम्मिलित है।

इस संबंध में गाँधीजी अपने मस्तिष्क में बिल्कुल स्पष्ट थे और उन्होंने कहा था कि जो लोग कहते हैं—राजनीति तथा धर्म के बीच कोई संबंध नहीं है, वे न तो राजनीति को समझते हैं और न ही धर्म को। और उनका संपूर्ण जीवन—उनकी बातचीत और प्रवचन, उनकी प्रार्थना सभाएँ, उनका संपूर्ण जीवन व्यापार—कुछ विशिष्ट मूल्यों पर टिका था। गाँधीजी का महत्त्वपूर्ण तथा अतुलनीय योगदान स्वाधीनता आंदोलन के अलावा हरिजनों के संबंध में भी था—अनेक शताब्दियों से हिंदू समाज कर्म के इस भयानक बोझ को ढोता आ रहा था, जब हम स्वतंत्र हुए तब हमने अपना राष्ट्रीय ध्येय मुंडक उपनिषद् के इन शब्दों के रूप में चुना था : सत्यमेव जयते।

ऐसी आधारभूमि वाला कोई देश आज भ्रष्टाचार के दलदल में धँस रहा हो तो इस त्रासदी पर भारत तो क्या, पूरी मानवजाति भी आँसू बहाकर अपना संताप पूरी तरह व्यक्त नहीं कर पाएगी, क्योंकि भारत ने हमेशा मानवता के लिए संदेश देने का दावा किया है। अभी हाल में मैं दक्षिण-पूर्व एशिया में था। यदि आप जावा या बाली, बैंकाक या कंबोडिया जाएँ तो आपको वहाँ भारतीय संस्कृति का प्रभाव दिखाई देगा। इंडोनेशिया में—जिसकी पचासी प्रतिशत आबादी मुसलमान है—श्रीराम की कथा संभवतः भारत के अनेक क्षेत्रों से कहीं ज्यादा जानी-पहचानी है। और हमने अपना संदेश अन्य देशों को पराजित करके नहीं, आणविक हथियारों से नहीं, बल-प्रदर्शन से नहीं, बल्कि नैतिक और आध्यात्मिक शक्ति के माध्यम से पहुँचाया था। इसलिए यह दावा कि भारत के पास विश्व को देने के लिए कोई संदेश है, यह कोरा अंध राष्ट्रवादी दावा नहीं है। यह दावा विगत तीन हजार से भी अधिक वर्षों की हमारी उपलब्धियों पर आधारित दावा है। आज मानव जाति को इस संदेश की पहले के किसी भी युग से अधिक जरूरत है। श्रीअरविंद ने लिखा था कि भारत ऊपर उठ रहा है तो सिर्फ इसलिए नहीं कि वह स्वयं अकेला स्वतंत्र हो जाए, बल्कि इसलिए कि वह पूरी मानव-जाति को आत्मबोध और अध्यात्मशक्ति का संदेश पहुँचा सके। आज ज्ञान और विवेक के बीच दरार पैदा करने वाली प्रौद्योगिकी और विज्ञान की यह विकट आपदा उपस्थित है, विज्ञान मानव जाति की एक महान् उपलब्धि है, मानव इतिहास में संभवतः अद्वितीय। और फिर भी उसी विज्ञान ने हमें विध्वंस के साधन दिए हैं—न सिर्फ मानव-जाति बल्कि संभवतः पूरे भूलोक पर जीवनमात्र के ध्वंस के साधन।

विज्ञान और दर्शन के बीच इस खाई को हम कैसे पाटेंगे ? मैं समझता हूँ कि अब यह किया जा सकता है क्योंकि आइंस्टाइन के बाद विज्ञान में, क्वांटम मैकेनिक्स और

एक्सट्रागैलेटिक फिजिक्स का विकास होने पर, न्यूटन युगीन विज्ञान की पुरानी रूढ़ियाँ समाप्त हो गई हैं और रहस्यवादी या यौगिक परंपरा में अंतर्निहित अनेक दृष्टिकोण पुनः प्रासंगिक होने लगे हैं। विज्ञान और धर्म का उदय एक साथ हुआ था, वह चाहे भारत का आयुर्वेद हो या पश्चिमी जगत् की कीमियागरी या जादुई रसायनशास्त्र। उसके बाद दोनों के बीच जबर्दस्त विभेद आया है। अब मैं समझता हूँ कि वृत्त पूरा हो गया है और मानव-जाति की मुक्ति विज्ञान और दर्शन के सायुज्य की इसी संभावना पर निर्भर है और भारत एक मात्र ऐसा देश है जो यह कर सकता है क्योंकि सारी दुनिया में हमारा राष्ट्र ही ऐसा है, जिसकी पृष्ठभूमि दार्शनिक और स्वभाव वैज्ञानिक रहा है तथा विश्व में वैज्ञानिकों का तीसरा विशालतम समुदाय हमारे यहाँ है। अब समूचे विश्व में नई चेतना का उदीयमान आंदोलन है, जिसके साथ मेरा संपर्क है। महान् वैज्ञानिक और दार्शनिक इसमें एक जगह आने की कोशिश में हैं। इसलिए मैं यह बताना चाहता हूँ कि हमारे मूल्यों के क्षरण की त्रासदी केवल भारत की त्रासदी से कहीं बड़ी है। यह पूरी मानवजाति की त्रासदी है। क्योंकि यदि भारत नहीं करेगा तो कोई और इसे कर नहीं सकेगा। लेकिन भारत यदि स्वयं भ्रष्टाचार के दलदल में धँस रहा है तो वह जगत् में कोई प्रकाश कैसे ला सकता है ? इसीलिए नैतिक एवं आध्यात्मिक मूल्यों की पुनःस्थापना केवल भारत में नहीं बल्कि पूरी मानव-जाति के लिए परमावश्यक है। हाल में कुछ ऐसे अच्छे संकेत मिले हैं कि भारत का मूक बहुमत फिर अपनी बात को बलपूर्वक रख रहा है कि भ्रष्टाचार के विरुद्ध व्यापक घृणा प्रकट हो रही है, कि राजनीति के नाम पर जो बकवास चल रही है उसे अब लोग बर्दाश्त नहीं करेंगे। किंतु यह एक राजनीतिक प्रक्रिया है जिसे परिपक्व होने में कुछ समय लगेगा। तब तक सवाल है : विराट् हिंदू समाज के हमलोग क्या कर सकते हैं ?

विराट् हिंदू समाज का संपूर्ण दर्शन नव्य वेदांत के चतुर्दिक् स्थित है, जिसमें बीसवीं और इक्कीसवीं सदी के लिए वेदांती सिद्धांतों की पुनर्व्याख्या का प्रयत्न है। ईरान में जिस तरह का कट्टरपंथी आंदोलन है और जैसा आंदोलन हम अपने यहाँ चलाना चाहते हैं, उन दोनों के बीच गहरा विभेद है। हमारा आंदोलन पुनरुत्थान का नहीं पुनर्जागरण का है। इन दोनों शब्दों के बीच महत्त्वपूर्ण अंतर है।

उदाहरण के लिए पुनरुत्थानवादी आंदोलन वह होगा, जिसमें भारतीय संविधान को निरस्त करने तथा उस मनुस्मृति की तरफ लौटने की माँग होगी, जिसमें भिन्न-भिन्न जातियों के लिए भिन्न-भिन्न प्रकार के दंड निर्धारित थे। किंतु यदि हम इक्कीसवीं सदी के लिए वेदांत के महान् सिद्धांतों की व्याख्या करें तो उसे पुनरुत्थानवादी आंदोलन कैसे कहा जा सकता है ? उन्नीसवीं सदी के अंत में उस समय की आवश्यकता को देखते हुए धर्म की पुनर्व्याख्या करके स्वामी विवेकानंद ने भी यही किया था। तब से अब तक सौ वर्ष बीत चुके हैं और मैं समझता हूँ कि समय आ गया है जब हमें भगवद्गीता और उपनिषदों में निहित आध्यात्मिक और बौद्धिक संरचना के आधार पर एक ताजी

पुनर्व्याख्या करनी चाहिए।

विराट् हिंदू समाज दो स्तरों पर काम कर रहा है। एक स्तर पर हम हिंदू धर्म के भीतर समाज सुधार के महत्त्व के पक्ष में जनमत तैयार करने का, और हमारे आध्यात्मिक सिद्धांतों के पुनःकथन और एकजुटता का प्रयत्न कर रहे हैं, उस हेतु हमने अनेक सम्मेलन किए हैं, जिनमें पहला ऐतिहासिक विराट् हिंदू सम्मेलन दिल्ली में अक्तूबर 1981 में हुआ था और जिसमें दस लाख लोग आए थे। किंतु बड़े सम्मेलनों के अलावा हमें जरूरत है शिक्षा-प्रणाली में कुछ सारभूत सुधारों की। दुर्भाग्य से पंथ-निरपेक्षता की गलत व्याख्या के कारण हमारी शिक्षा आज सर्वथा मूल्यों से रहित हो गई है। क्या यह एक त्रासदी नहीं कि वेदांत की भूमि में हमारे स्कूलों में उपनिषदों और भगवद्गीता का अध्ययन लगभग निषिद्ध-सा है ? मैं नहीं समझ पाता कि यह कैसा सेक्यूलरवाद है जिसमें हम भारत के करोड़ों बच्चों को उनकी अपनी ही सांस्कृतिक विरासत से परिचित होने का उनका अधिकार छीन रहे हैं। व्यवहार में हमने नहाने के पानी के साथ-साथ बच्चे को भी बाहर फेंक दिया है। शायद यह भारत विभाजन की उग्र प्रतिक्रिया में हुआ। देश का विभाजन धर्म के नाम पर हुआ था और उस समय के नेताओं को ऐसा धक्का लगा था कि उनकी प्रतिक्रिया अत्यंत तीव्र हो उठी। लेकिन कारण जो भी हो, आजादी के चार दशक बाद आज हमें मिल-बैठकर इस समस्या पर विचार करना चाहिए। अपनी युवा पीढ़ी को हम किस तरह के सांस्कृतिक और आध्यात्मिक आदर्श दे रहे हैं ? सामाजिक-आर्थिक कारणों से संयुक्त परिवार भंग हो रहा है इसलिए मूल्यों का पोषण करनेवाला सबसे बड़ा उपकरण अब निष्क्रिय है। दूसरा बड़ा उपकरण स्कूल है जहाँ पंथ-निरपेक्षता की हमारी गलत समझ के कारण हमें किसी प्रकार के मूल्य सिखाने की अनुमति नहीं है। तीसरा उपकरण आदर्श आचरण का है। हमारे नेता जिस तरह का आदर्श रख रहे हैं, उस पर कुछ न कहना ही बेहतर है। इस तरह वे तीनों उपाय, जिनसे नई पीढ़ियों पर प्रभाव डाला जा सकता था, भहरा चुके हैं। तब कहाँ से आएगी मूल्य उन्मुक्तता ? क्या यह समस्त भारतीय बुद्धिजीवियों के लिए गहनतम चिंता का विषय नहीं—फिर वे बौद्धिक हिंदू हों या मुसलमान ? सिक्ख हों या बौद्ध ? कुछ मुद्दों पर मैं जोर देना चाहूँगा जिनपर सावधानी से विचार करना आवश्यक है। सर्वप्रथम शिक्षा के पाठ्यक्रम की समस्या है। क्या पाठ्यपुस्तकों में ऐसा कुछ शामिल करना संभव है, जिसका कोई आध्यात्मिक आधार हो—प्राथमिक, माध्यमिक और उच्चतर कक्षाओं में—जो कि हमारी आध्यात्मिक और सांस्कृतिक विरासत किसी हद तक प्रतिबिंबित कर सकें ? ऐसी पाठ्यपुस्तकें कैसे तैयार हों और उन्हें हम पाठ्यक्रमों में कैसे लगवाएँ ? दूसरा मुद्दा है पूरक या सहायक साहित्य का। पाठ्यपुस्तकों के अतिरिक्त सुरुचिपूर्वक प्रकाशित ऐसे पूरक साहित्य की पर्याप्त उपलब्धि होनी चाहिए, जिसे कि छात्र पढ़ना पसंद करें। इस समय तो हमारे बच्चों को एकमात्र धार्मिक शिक्षा केवल चित्रकथाओं से मिल रही है और इसके लिए चित्रकथाएँ धन्यवाद की पात्र हैं।

तीसरा और अंतिम मुद्दा है हमारी आध्यात्मिक परंपरा पर आधारित स्कूलों की भारत में स्थापना की संभावना। इस समय भी कुछेक स्कूल चल रहे हैं, जैसे गुरु शिखा विद्या-भारती, कृष्णमूर्ति स्कूल, रामकृष्ण मिशन और चिन्मय मिशन स्कूल इत्यादि। भारतीय विद्या भवन अंतर्राष्ट्रीय स्कूल स्थापित करने वाला है—एक कोडाई कानाल में, एक लंदन में और एक अमेरिका में। ये ऐसी संस्थाएँ हैं, जिन्हें नमूना मानकर हम उस नई शिक्षा का विकास कर सकते हैं, जिसकी हमने चर्चा की। विराट हिंदू समाज एक मंच है जिस पर हम हिंदू समाज के विभिन्न तत्त्वों को एकत्र करना चाहते हैं। अपने विराट हिंदू सम्मेलनों में हमने यही किया है, और यही है जो हम अब शिक्षा के क्षेत्र में करना चाहते हैं। हम एक कार्यकारी दल बना सकते हैं, जिसमें इस क्षेत्र के अनुभवी लोग इकट्ठे बैठकर आदान-प्रदान कर सकते हैं। हम ईसाई मिशनरियों के अनुभव का लाभ भी उठा सकते हैं, जिन्होंने शिक्षा का प्रभूत कार्य किया है और बड़ा योगदान किया है।

जवाहरलाल नेहरू अक्सर आश्चर्य लोक में एलिस नामक पुस्तक से एक उद्धरण देते थे; ''हम जहाँ खड़े हैं, वहाँ खड़े रह सकें, इसके लिए हमें ज्यादा से ज्यादा तेज दौड़ना पड़ेगा।'' दुर्भाग्य से हम वहाँ नहीं टिक रहे, जहाँ कि हम हैं; अनेक क्षेत्रों में हम पीछे लौट रहे हैं । और इसलिए एक तरह की तात्कालिकता का बोध होना चाहिए, प्रतिबद्धता का बोध होना चाहिए। मुझे विश्वास है कि यदि इस दिशा में लोग सोचें तो कुछ ऐसा ठोस कार्य हो सकता है, जो न केवल हिंदू समाज का बल्कि पूरे भारत का और मानवजाति का भी कल्याण करने में सहायक होगा।

# धर्म आज

आज संसार के प्रत्येक बड़े धर्म के सामने भारी संकट है। और यह संकट किसी और धर्म के द्वारा उत्पीड़न से पैदा नहीं हुआ है, न ही यह साम्यवाद के खतरे के कारण पैदा हुआ है क्योंकि साम्यवाद में स्वयं भी धर्म के अनेक लक्षण विकसित कर लिए गए हैं—उसके अपने पूज्य ग्रंथ और अपना ही पुरोहित वर्ग है जो स्वयं को अजेय मानता है। यह संकट वस्तुतः आधुनिक जीवन पर विज्ञान और प्रौद्योगिकी के प्रभाव से उत्पन्न हुआ है, जिसने हमारे संसार को हमारे देखते-देखते बदल दिया है। पुरातन का पतन हो रहा है, नवीन जन्म लेने के लिए छटपटा रहा है और हम देखते हैं कि हम अतीत और वर्तमान के बीच अधर में फँसे हुए हैं।

पश्चिम में युवा पीढ़ी के मन-मस्तिष्क पर धार्मिक मूल्यों का कोई निर्णायक प्रभाव शेष नहीं रहा, इसके बावजूद भौतिक समृद्धि की अभिवृद्धि मात्र युवावर्ग को उन गहनतर आकांक्षाओं को पूरा करने में बुरी तरह अपर्याप्त साबित हुई है। प्रौद्योगिकी परिवर्तन की बढ़ती हुई रफ्तार के साथ-साथ पीढ़ियों के बीच जो अंतराल निरंतर बढ़ रहा है, उसके कारण किसी भी प्रकार के स्वीकृत मानव-मूल्य एक पीढ़ी से दूसरी पीढ़ी को सौंपना कठिनतर होता जा रह है। समृद्ध देशों में दरिद्रता की बाधा टूट चुकी है फिर भी मानवीय सुख में कोई उल्लेखनीय अभिवृद्धि दिखाई नहीं देती। हजारों साल पहले उपनिषदों के संतों ने कहा था—''न वित्तेन तर्पणीयो मनुष्यो'' (संपत्ति से मनुष्य को संतोष नहीं मिलता) और आज जब मानवजाति का उत्तरोत्तर बड़ा भाग अपनी सदियों पुरानी गरीबी की जकड़न से बाहर आता जा रहा है, तब इस दृष्टि की वैधता और भी स्पष्ट हो रही है।

हमारे जैसे देश में आज भी करोड़ों लोग ऐसे हैं, जो गरीबी की रेखा से नीचे जी रहे हैं, जिन्हें सभ्य जीवन की मूलभूत आवश्यकताएँ सुलभ नहीं हैं। और जहाँ हमें हर तरह से प्रयत्न करना है कि इस शताब्दी के अंत तक प्रत्येक भारतीय को एक न्यूनतम जीवन-स्तर अवश्य प्राप्त हो जाए। फिर भी विकासशील समाज में धार्मिक मूल्यों की समस्या है ही और इसे हमारी आर्थिक क्रांति होने तक रोक कर किसी प्रकार रखा नहीं

जा सकता।

वास्तव में यह समस्या हमारे जैसे मुख्यतः पारंपरिक समाज में और भी अधिक तीखी हो सकती है क्योंकि यहाँ अगले दशक में विज्ञान और प्रौद्योगिकी को हिला देनेवाला प्रभाव और भी अधिक अनुभव किया जाएगा। इसलिए जरूरी है कि हम इस कठिन समस्या के प्रति अपना दृष्टिकोण स्पष्ट करें, खासकर तब, जब या तो धर्म को पूरी तरह त्याग देने की या फिर नितांत पुरातनपंथी सुधार विरोधी कट्टरता की आवाजें सबसे अधिक उठ रही हों।

वैदिक काल से ही वह धर्म, जिसे अब सामान्यतया हिंदू धर्म कहा जाता है, उसने इस राष्ट्र की नियति में एक निर्णायक भूमिका निभाई है। कहने का यह आशय कदापि नहीं है कि इस देश में फल-फूल रहे अन्य महान् विश्व धर्मों की भूमिका कमतर है; यह केवल इस तथ्य को रेखांकित करने के लिए है कि हिंदू धर्म ने ही युग-युगों से हमारी राष्ट्रीय चेतना के उतार-चढ़ावों को मुख्य रूप से ढाला है और वही सदियों के आततायी शासन एवं अकल्पनीय विखंडन के बावजूद भारत को एक इकाई के रूप में बचाने में मुख्यतः जिम्मेदार रहा है। आज धूप-छाँह, जय-पराजय और आशा-निराशा के असंख्य उतार-चढ़ाव के बाद भारत अंततः एक संप्रभु स्वाधीन गणराज्य के रूप में उभरा है, जिसकी सीमाओं के भीतर मानवजाति का सातवाँ भाग रहता है। हमारे संविधान में विहित है कि भारत एक पंथ-निरपेक्ष राष्ट्र हो, जिसका अर्थ है कि वह किसी भी धर्म के साथ पक्षपात नहीं करे और प्रत्येक नागरिक को कानून के सामने पूरी समानता उपलब्ध हो—और यह भारत-विभाजन के धक्के एवं निरंतर उठनेवाले तनाव के बावजूद तय किया गया।

फिर भी पंथ-निरपेक्षता का अर्थ यह नहीं हो सकता और न ही होता है कि भारत के लोग अपनी धार्मिक विरासत को भूल जाएँ और चूँकि अधिकतम संख्या में भारतीय हिंदू हैं, इसलिए आणविक युग के संदर्भ में हिंदू धर्म की पुनर्व्याख्या अत्यंत महत्त्वपूर्ण हो जाती है। हिंदू धर्म की बड़ी शक्ति यह रही है कि चूँकि अंततः यह धर्मग्रंथ और शास्त्र की बजाय प्रत्यक्ष आध्यात्मिक अनुभूति पर आधारित है और चूँकि इसमें कोई कट्टर पुरोहितकीय ढाँचा नहीं है इसलिए इसकी रचनात्मक पुनर्व्याख्या करना हमेशा संभव रहा है। वेदों के युग से आज की शताब्दी तक हजारों वर्षों में हिंदू धर्म की वारंबार नई व्याख्या होती गई है, जिसने उपनिषदों के मूलभूत सत्यों को आधार बनाकर परिवर्तित समय की आवश्यकता को ध्यान में रखते हुए सिद्धांतों की नई-नई व्याख्या की जाती रही है।

हमारी अपनी शताब्दी में स्वामी विवेकानंद और रमण महर्षि, श्रीअरविंद और महात्मा गाँधी जैसे महापुरुषों ने हिंदूधर्म में अंतर्निहित शाश्वत सत्यों की गतिशील पुनर्व्याख्या करके समाज को नई प्रेरणा दी है। विज्ञान और प्रौद्योगिकी की अकल्पनीय प्रगति के सामने आज दकियानूसी अंधविश्वासों और मतवादों का टिकना असंभव है।

इसके बावजूद स्वयं विज्ञान भी आज अपना वह पुराना अहंकार त्यागने को बाध्य हुआ है, जब वैज्ञानिक दावा करने लगे थे कि उन्होंने जीवन के सारे रहस्यों की कुंजी प्राप्त कर ली है।

वस्तुतःविज्ञान ज्यों-ज्यों पदार्थ के हृदय के भीतर छानबीन करता है और बाह्य अंतरिक्ष के अनंत विस्तार में ज्यो-ज्यों अधिक दूर उड़ान भरता है, त्यों-त्यों उस पर स्पष्ट होता जा रहा है कि हम जिस ब्रह्मांड में रहते हैं, उसे समझने की दहलीज तक ही विज्ञान पहुँच पाया है और अपने महानतम क्षणों में अस्तित्व के अनंत और निस्सीम रहस्यों के सामने विज्ञान में भी लगभग धार्मिक दृष्टिकोण की ओर झुकाव दिखाई देता है। इसलिए सतह पर यह भले ही दिखे कि विज्ञान और धर्म के बीच दो ध्रुवों जैसी दूरी है फिर भी गहराई से देखने पर पता लगता है कि जीवनमात्र के प्रति इन दो महान् दृष्टिकोणों के बीच एक-दूसरे से निकटता आती जा रही है। विज्ञान में बाह्य अंतरिक्ष तथा पदार्थ के ढाँचे के भीतर पहुँचने से और धर्म में आंतरिक अंतरिक्ष एवं मानवीय आत्मा की प्रकृति में प्रवेश से।

इस व्यापक संदर्भ में यदि हम चाहते हैं कि धर्म बहुसंख्यक मनुष्यों के बीच उत्तरोत्तर हाशिए पर सरकते जाने की बजाय एक नई एकान्विति के लिए गतिशील शक्ति बने तो हमें कुछ मूलभूत धारणाओं को स्वीकार करना होगा; इस नई एकान्विति के बिना ताप आणविक हथियारों के इस युग में मानवजाति का अस्तित्व बने रहना भी अनिश्चित हो गया है। पहली धारणा है मानवजाति की एकता की। 'वसुधैव कुटुम्बकम्' की ऋग्वैदिक धारणा अब एक यथार्थ बन चुकी है। ध्वनि की गति से तीव्रतर यात्रा एवं भूमंडलीय दूर संचारों की असाधरणा उन्नति के साथ यह संसार वस्तुतः हमारी आँखों के सामने ही सिकुड़ता चला जा रहा है और वह धारणा, जो कि ऋषियों को अंतःप्रेरणा की चौंध के समान प्राप्त हुई थी, उसकी प्रासंगिकता आज जबर्दस्त हो उठी है।

मनुष्य की संहारक शक्ति और रचनात्मक सहयोग की क्षमता के बीच बढ़ता हुआ अंतर आज हमारे अस्तित्व की निरंतरता के लिए गंभीर खतरा बन चुका है। और यदि हम नस्ल और राष्ट्र, धर्म और आस्था जैसी विभाजक रेखाओं को भूलकर पूरी मानवजाति को एक परिवार के रूप में नहीं देखेंगे तो मनुष्य बहुत दिनों तक जीवित नहीं रह सकेगा।

दूसरी अवधारणा है मनुष्य के दिव्यत्व की। उपनिषदों में मानवजाति के लिए एक अद्भुत सूक्ति है —अमृतस्य पुत्राः। इसका अर्थ है कि कोई कहीं भी रहे और चाहे जो आस्थाएँ अपनाए फिर भी इस दुनिया में जन्मे प्रत्येक मनुष्य के भीतर उस परमात्मा की चिनगारी मूर्तिमान है जो कि पूरे ब्रह्मांड में व्याप्त है। इस दृष्टि से मनुष्य परमाणुओं का एक आकस्मिक संपुंज मात्र नहीं बल्कि एक दिव्य तत्त्व का मूर्तिमान रूप है, जिसके कारण मानवीय गरिमा का प्रयोग उसका जन्मसिद्ध अधिकार हो जाता है। ईश्वर की

दिव्यता का नारा अब पर्याप्त नहीं है। ईश्वर यदि है तो वह स्वभावतः ही दिव्य होगा और इस दिव्यता का बारंबार बखान अनावश्यक है। हमें आज मनुष्य की दिव्यता की धारणा और उससे निकलनेवाली व्यक्ति के रूप में मनुष्य की अविच्छेद्य गरिमा की धारणा की ओर बढ़ना चाहिए।

तीसरे हमें समस्त धर्मों की तात्त्विक एकता, सहनशीलता की बजाय एकता की चर्चा करनी है क्योंकि सहिष्णुता कहीं-न-कहीं यह नकारात्मक संकेत लिए रहती है कि अपने धर्म के अलावा दूसरे धर्मों को रहने देने की सहमति मन मारकर दी गई है। यह काफी नहीं है; जरूरी यह है कि ऋग्वेद की इस सूक्ति में व्यक्ति सिद्धांत को सक्रिय रूप से स्वीकार किया जाए; एकं सद् विप्राः बहुधा वदंति।

समस्त धर्म एक ही लक्ष्य-प्राप्ति के विभिन्न मार्ग मात्र हैं। इस तथ्य की निर्विवाद स्वीकृति से ही एक प्रबुद्ध पंथ-निरपेक्षता की सच्ची नींव रखी जा सकेगी। सभी धर्म वह व्यापक रूपरेखा एवं मानसिक अनुप्रेरणा प्रदान करते हैं, जिनके अंतर्गत मनुष्य और दिव्यत्व के बीच या दूसरे शब्दों में हमारे बहिरंग एवं हमारे अंतरंग यथार्थ के बीच विकसित सायुज्य के सनातन रहस्य को हमारे अंतरंग यथार्थ के बीच विकसित किया जा सकता है। इस तरह देखने पर धर्म संदेह और घृणा से छिन्न-भिन्न संसार में एक महान् एकताकारी शक्ति बन सकता है, बजाय इसके कि वह ऐसे संघर्ष का स्रोत रहे जैसा कि आज वह होता जा रहा है।

अंत में समाज की पुनर्रचना का प्रश्न है। जैसा कि उपनिषदों में कहा गया है, समाज की बेहतरी के लिए काम करना हमारा कर्तव्य है 'बहुजन सुखाय बहुजन हिताय' जब तक हमारे इस देश में करोड़ों लोग भोजन और वस्त्र, आश्रय और शिक्षा से वंचित हैं तब तक जहाँ तक उनका संबंध है, मनुष्य की दिव्यता के बारे में हमारी सैद्धांतिक प्रस्थापनाएँ निरर्थक हैं। स्वामी विवेकानंद कहा करते थे—जो व्यक्ति भूखा और नंगा है उसे धर्म का उपदेश देना पाप है, और आज आजाद भारत में हमारा प्रयत्न होना चाहिए कि अपने देशवासियों का दुःख कम करें और एक नई सामाजिक आर्थिक व्यवस्थ। बनाएँ, जिसमें कि प्रत्येक भारतीय को एक सुसभ्य मानवीय अस्तित्व के लायक अपनी बुनियादी जरूरतें पूरी करने की गुंजायश हो। इस सिलसिले में यह आवश्यक है कि छुआछूत जैसी वाहियात कुप्रथाएँ हमेशा के लिए दूर कर दी जाएँ। जो प्रथा सैकड़ों वर्षों से हमारे राष्ट्र के माथे पर कलंक की तरह विद्यमान है और जो हिंदू-चिंतन के गहनतम सिद्धांतों के ठीक विपरीत है, उसके औचित्य प्रतिपादन में हम नकली बौद्धिक व्यायाम करते रहना बर्दाश्त नहीं कर सकते।

ऋषि-मुनियों के गहरे आध्यात्मिक अनुभव पर आधारित ये सिद्धांत न केवल हिंदू धर्म में बल्कि अन्य महान् विश्वधर्मों में भी है, और ये मनुष्य के वर्तमान संकट में अत्यंत महत्त्व के हैं। मेरा यह विश्वास है कि इन सिद्धांतों को उदार एवं उन्मुक्त स्वीकृति से ही धर्म इस आणविक युग में सचमुच अर्थपूर्ण हो सकता है और यह आंतरिक मूल्यों

की वह दृढ़ भूमि प्रदान कर सकता है, जिसके ऊपर ही भौतिक कल्याण एवं बौद्धिक जागृति का समन्वित एवं युक्तियुक्त ढाँचा खड़ा किया जा सकता है। यदि धर्म संकीर्ण कट्टरता की शृंखलाओं में बँधा रहा तो वह आनेवाली पीढ़ियों के लिए अधिकाधिक अप्रासंगिक होता चला जाएगा, और मनुष्य जाति के भीतर एक ऐसा अंदरूनी शून्य छूट जाएगा, जिसे भौतिक प्रगति किसी भी परिमाण में भर नहीं सकेगी।

# अमरीकी गुरु

लगभग एक शताब्दी पहले शिकागो में स्वामी विवेकानंद ने जब पहली बार ऐतिहासिक कदम रखा था, तब से अनेक हिंदू गुरु एवं उपदेशक संयुक्त राज्य अमरीका जा चुके हैं और आज उनके अनुयायियों की संख्या लाखों में होगी। पिछले बीस वर्षों में हिंदू और बौद्ध शिक्षा ग्रहण करने की पश्चिमी प्रवृत्ति में नाटकीय वृद्धि हुई है, और कैलिफोर्निया राज्य में यह विशेष रूप से द्रष्टव्य है, जहाँ मुझे हाल ही में कुछ समय बिताने का अवसर मिला था। अमरीका में हिंदू और बौद्ध प्रभाव इतना बढ़ चुका है कि उसका विशेष अध्ययन किया जा सकता है। चूँकि ये धर्म धर्मांतरकारी नहीं हैं इसलिए इनके प्रभाव को लोगों की संख्या से नहीं देखना चाहिए, जिन्होंने इसे विधिवत् अपनाया है। इसकी बजाए योग और ध्यान का प्रभाव इतना विस्तृत हुआ है कि उसका प्रभाव जाँचना चाहिए, अपनी अद्वितीय आर्थिक और भौतिक सफलता के बावजूद पश्चिमी सभ्यता आज एक नई आंतरिक सुनिश्चितता की तलाश में भटकती दिखती है और यह प्रभाव उसके लिए त्राण करता प्रतीत होता है।

यद्यपि यह बात सुप्रसिद्ध है किंतु यह तथ्य कम लोग जानते हैं कि हिंदू एवं बौद्ध मिशनरी कार्य में अमरीका में लगे हुए लोग अमरीकी या यूरोपीय मूल के हैं। अभी तक हमारे मन में यह अजीब धारणा है कि हिंदू धर्म पर भारत का एकाधिकार है और इसलिए हम पाश्चात्य हिंदुओं के प्रति कदाचित् संरक्षक जैसा भाव रखते हैं। लेकिन यात्रा करने पर स्पष्ट होता जाता है कि हिंदू धर्म अब एक विश्वधर्म बनता जा रहा है; और हिंदू धर्म के जन्मस्थल एवं अधिकतम हिंदुओं की गृहभूमि होने के कारण भारत का विशेष स्थान हमेशा रहेगा फिर भी हमें याद रखना पड़ेगा कि हिंदू धर्म की शिक्षाएँ अब पूरे संसार की संपत्ति बन चुकी हैं।

हाल ही में अमरीका की यात्रा में दो सभाओं में यह तथ्य मेरे सामने सशक्त रूप से स्पष्ट हुआ। प्रशांत महासागर में हमारे लक्ष द्वीप की तरह का एक द्वीप-समूह है हवाई। इस समूह में चार मुख्य द्वीप हैं—हवाई (बड़ा द्वीप), ओहाई जिस पर होनूलुलू है, मावीं और कूआई। कूआई द्वीप पर अमरीका में जन्मे स्वामी शिवाया सुब्रमण्य ने

कषा नामक स्थान पर पचास एकड़ की जागीर में नटराज का एक सुंदर मंदिर बनाया है।

पिछले कुछ वर्षों में हिंदू धर्म के विभिन्न पक्षों पर उन्होंने जो उत्कृष्ट पुस्तिकाएँ लिखी हैं, उनमें से कुछ को तथा उनके आश्रम की पत्रिका 'द न्यू शैवाइट वर्ल्ड' के कुछ अंकों को मैंने देखा था। लेकिन मुझे विशेष रूप से आकृष्ट किया नटराज ने। मानवजाति की उत्कृष्टतम कला उपलब्धियों में गणनीय यह महान् विग्रह मुझे तभी से सम्मोहित करता रहा है, जब से मैंने आनंद कुमार स्वामी की पुस्तक 'द डांस आफ शिवा' पढ़ी है। कई दशक पहले दक्षिण भारत के विख्यात मंदिरों के दर्शन किए हैं। जहाँ तक मुझे पता है, उत्तर भारत में (जम्मू में) नटराज का मंदिर स्थापित करनेवाला मैं पहला ही व्यक्ति हूँ, और इस नाते मैं उस व्यक्ति से मिलना चाहता था, जिसने भारत के बाहर पहला नटराज मंदिर बनवाया है।

होनूलूलू से कुआई की यात्रा में सिर्फ बीसेक मिनट लगते हैं और स्वामीजी के तीन साधु हवाई अड्डे पर मुझसे मिलने आए, उन्होंने चाकलेट के रंग के भूरे-छोटी बाँहों वाले कोट पहने हुए थे, जिन्हें वे अपने कामकाजी कपड़े कहते थे तथा आश्रम से बाहर जाने पर पहना करते हैं। वे सभी तीस-पैंतीस वर्ष के गठीले और चौकन्ने हिंदू शैव नामों वाले वयस्क थे। उनमें सर्वाधिक प्रभावशाली पलनी स्वामी थे, जो कि उस अविस्मरणीय दिन मेरे मार्गदर्शक भी रहे। वहाँ एक युवा तमिल पुजारी भी थे, जो कुआई के उस आश्रम में कुछेक महीनों से ठहरे हुए थे। हवाई द्वीपों का सौंदर्य केवल ऊपर आकाश से ही सचमुच देखा जा सकता है और शिवाया स्वामी जी ने यही सोचकर हवाई अड्डे से अपने आश्रम तक जाने के लिए हेलीकाप्टर का प्रबंध किया था।

महासागर, गहरे दर्रों और निचाट घाटियों के विस्मयकारी दृश्य को देखते हुए हम द्वीप का चक्कर लगाकर और उसके सबसे बड़े ज्वालामुखी के ऊपर उड़ते हुए, आश्रम के मैदान में उतरे। हेलीकाप्टर से उतरते ही मुझे लगा मानो मैं 'लौस्ट होरइजन' का कोई दृश्य देख रहा हूँ। लगभग एक दर्जन भगवाधारी साधु दक्षिण भारतीय वाद्य बजाते हुए कंपाउंड में खड़े थे और उनके बीच एक दाढ़ीधारी व्यक्ति अपने हिमधवल केशों के साथ शक्ति एवं ऊर्जा बिखेर रहा था।

स्वामी शिवाया सुब्रमण्य ने मेरा उत्साह से स्वागत किया और हम कुछेक गज दूर स्थित मंदिर तक चलते हुए गए। प्रवेश-द्वार पर पत्थर का एक विशाल नंदी स्थित था—महाबलिपुर के अनोखे कारीगरों द्वारा बनाया हुआ भारत के समुद्रतट से बाहर आनेवाला यह शायद सबसे बड़ा विग्रह होगा। मंदिर एक सीधा-सादा ढाँचा है, जिसकी साज-सज्जा अत्यंत सुंदर है और जिसे सातवें दशक के आरंभ में बनाया गया था। दक्षिण भारतीय परंपरा के अनुसार हाल ही में पहला कुंभ अभिषेक अभी-अभी हुआ था और जिसमें दुनिया के अनेक भागों से भक्त आए थे।

नटराज की प्रतिमा अत्यंत भव्य, लगभग एक मीटर ऊँची और सुरुचिपूर्वक

अलंकृत है। उसके सामने काले पत्थर का एक शिवलिंग है जबकि दाहिने और बाएँ गणेश और सुब्रमण्य की विशाल मूर्तियों वाले तीर्थ मंदिर हैं। मेरे लिए एक विशेष पूजा आयोजित थी और घंटे भर तक स्वामीजी विधि-विधान से ऐसी अर्चना में लगे रहे कि यदि मैं आँख बंद कर लेता तो मुझे लगता कि मैं किसी दक्षिण भारतीय मंदिर में ही हूँ। अमरीकी साधु संस्कृत ग्रंथों से जैसा विशुद्ध पाठ कर रहे थे, उसके सामने हमारे ही अनेक पंडित लज्जित हो जाते। पूजा के बाद स्वामीजी के साथ हाल में बैठकर मुझे मालूम हुआ कि वे दक्षिण भारत की शैव सिद्धांत परंपरा के अनुयायी हैं, जिसमें नयनार नाम से प्रसिद्ध तिरसठ् शैव संत हो चुके हैं। यह परंपरा आदि शंकराचार्य के नाम से जुड़ी अद्वैत वेदांत की परंपरा के समानांतर चली है और इसका संबंध उत्तर भारत के सिद्धनाथ संप्रदाय से रहा है। कश्मीरी शैवमत की वर्तमान स्थिति के बारे में स्वामीजी ने गहरी रुचि दिखाई और जब मैंने उन्हें बताया कि यह परंपरा आज लगभग विलुप्त हो चली है तथा इसके अंतिम गुरु स्वामी लक्ष्मण जू श्री नगर के पास गुप्तगंगा में रहते हैं; एवं अस्सी वर्ष से ऊपर हैं, तो उन्हें बहुत आश्चर्य हुआ।

यदि कोई मुझे बताता कि इसी हवाई द्वीप में मुझे पत्तों पर परोसा हुआ सांगोपांग पारंपरिक दक्षिण भारतीय भोजन मिल सकता है, तो मैं कभी विश्वास न करता। परंतु उस द्वीप में उस दिन युवा शिष्यों ने भक्तिभाव से ठीक यही कर दिखाया। मंदिर एक छोटी-सी टेकरी पर बना है और लगभग सौ मीटर नीचे एक झरने से बना हुआ सरोवर ऊर्जा से आलोड़ित था तथा उस दोपहर को गुंजायमान कर रहा था। यह एक पावन सरोवर था, जहाँ प्राचीनकाल में हवाई निवासी अपने पुरातन देवताओं की पूजा करते थे, वस्तुतः उस आश्रम में उन्हीं में से कुछेक देवताओं को शैव दैवमाला में खोज निकाला है।

यह उचित ही है कि इस आश्रम की आय का प्रमुख स्रोत शहद है। वेदों में शहद अर्थात् मधु के गुणगान करनेवाली अनेक ऋचाएँ हैं और मधुमक्खी-पालन साधु-संतों का एक खास शौक रहा है। कूआई द्वीप में प्रयुक्त लगभग सारा मधु इसी आश्रम से आता है और कुछ निर्यात भी किया जाता है। एक दूसरी प्रभावी वस्तु छापाखाना है जिसका पूरा प्रबंध साधु करते हैं, जो एक उत्कृष्ट तिमाही पत्रिका तथा हिंदू धर्म पर पुस्तकें तथा पुस्तिकाएँ निकालते हैं। स्वामी शिवाया सुब्रमण्य के गुरु श्री लंका के एक शैव आचार्य थे और उस आश्रम में शैव आगम के उन ग्रंथों के सुसंपादित संस्करण प्रकाशित किए जा रहे हैं, जो वेदांती ग्रंथों की अपेक्षा कम विख्यात हैं। अमरीका में जन्मे ये स्वामी अपने समस्त अभारतीय शिष्यों और साधुओं के साथ अमरीका में रहनेवाले तथा दक्षिण एशिया के मूल भारतीय परिवारों के साथ रचनात्मक ढंग से कार्य कर रहे हैं। यह इस तथ्य का एक आदर्श उदाहरण है कि हिंदू धर्म केवल भारत केंद्रित परिघटना नहीं बल्कि अब एक विश्वव्यापी तथ्य बनता जा रहा है।

इसी का एक दूसरा उदाहरण श्री दया माता है। उन्होंने 1940 के दशक में

समकालीन धार्मिक पुस्तकों में सर्वाधिक विख्यात अपनी पुस्तक 'आटोवायग्रॉफ ऑफ ए योगी' के लेखक परमहंस योगानंद ने जो आत्मबोध समुदाय स्थापित किया था, उसका तीस वर्ष तक उक्त शालीन महिला ने संचालन किया था। 1960 के दशक में जब वे श्री नगर आई थीं तथा मेरी माता से मिली थीं, तभी दया माता से मेरी पहली भेंट हुई थी। आज वह सत्तर वर्ष से ऊपर की हैं किंतु उनके व्यक्तित्व से प्रेम और करुणा की आभा ऐसे प्रस्फुटित होती है, जिसे प्रत्यक्ष अनुभव किया जा सकता है। वास्तव में उन्हें आनंदमयी माँ का एक अमरीकी संस्करण कहा जा सकता है और लॉस एंजेल्स में सेल्फ रियलाइजेशन फेलोशिप के मुख्यालय माउट वाशिंगटन में इनके दर्शन करना अत्यंत आनंददायी था। बाढ़ में मेरी पत्नी के साथ मैंने एनसीनटास में स्थित उनके विश्राम-गृह में एक सप्ताहांत बिताया, जहाँ से प्रशांत महासागर का भव्य दृश्य दिखाई देता है।

एस. आर. एफ. की शाखाएँ तथा केंद्र संसार के अनेक देशों में हैं। इसके स्वामी और ब्रह्मचारी मुख्यतया अमरीकी हैं, हालाँकि अनुयायियों में भारतीय लोगों की भी बड़ी संख्या है। भूमिकाओं के अदल-बदल होने का यह एक बड़ा अच्छा उदाहरण है। एक और विख्यात भारतीय गुरु हैं, जिनकी विशाल पाश्चात्य शिष्य-मंडलियाँ हैं। दूसरी ओर अमरीकी गुरु हैं जिनके भारतीय शिष्यों की संख्या बढ़ती जा रही है। यह एक स्वस्थ घटना है क्योंकि इससे यह महत्त्वपूर्ण तथ्य रेखांकित होता है कि आध्यात्मिक साधना के क्षेत्र में जाति एवं राष्ट्रीयता की सीमाएँ निष्प्रयोजन होती हैं। संयोगवश मेरे अपने गुरु भी जन्म से एक अंग्रेज थे और उनके गुरु भी।

अब जब मानवजाति इस सदी के अंत की ओर हड़बड़ाती हुई भाग रही है, तब उसके सामने अभूतपूर्व चुनौतियाँ आ रही हैं। विज्ञान और प्रौद्योगिकी में विस्मयकारी प्रगतियाँ होने से पिछले कुछ दशकों में यह संसार सचमुच ही एक भूमंडलीय गाँव बन गया है। प्राणवत्ता और ऊर्जा का जबर्दस्त विस्फोट हुआ है, किंतु इस चित्र का एक अँधेरा पक्ष भी है। अफ्रीका में करोड़ों लोग भूख से मर रहे हैं, जबकि अमरीका में किसानों को अकूत धन दिया जा रहा है ताकि वे अनाज नहीं बोएँ। अरबों-खरबों रुपये प्रतिवर्ष आणविक हथियारों को बनाने में खर्च हो रहे हैं जबकि पहले से ही इस धरती पर इतने सारे विस्फोटक उपकरण जमा हैं, जिनसे समूची मावन जाति तो क्या, पृथ्वी पर जीवन मात्र को कई बार समूल नष्ट किया जा सकता है। ऐसी स्थिति में राष्ट्रों और संस्कृतियों के बीच, नस्ल और भाषा, विचारधारा और राष्ट्रीयता क्री सीमाएँ पार करते हुए यदि सेतु बनाएँ जा सकें, तो इसका स्वागत होना चाहिए। इस संवाद को विभिन्न स्तरों पर सुदृढ़ किया जाना चाहिए—धर्मों के भीतर, धर्मों के बीच में, धार्मिक एवं गैर धार्मिक समुदायों के बीच में और दार्शनिकों एवं वैज्ञानिकों के बीच। अमरीकी गुरुओं का आविर्भाव एक आशाजनक संकेत है तथा एक भूमंडलीय संस्कृति की संरचना की दिशा में आवश्यक एक रूपाकार है— यदि मनुष्य अगली सहस्राब्दी में जाना चाहता है तो इस रूपाकार का उदित होना परम आवश्यक है।

# पंथ-निरपेक्षता : एक नया दृष्टिकोण

स्वतंत्रता के तुरंत बाद पंथ-निरपेक्षता की जो क्लासिकल (शास्त्रीय) अवधारणा हमने अपनाई थी, उस पर अब जबर्दस्त दवाव पड़ रहा है तथा वह तेजी से विघटित होती जान पड़ती है। इसके तीन मुख्य कारण हैं। सर्वप्रथम पंथ-निरपेक्षता की पश्चिमी धारणा का जन्म यूरोप में अनेक शताब्दियों पहले तब हुआ था जब चर्च और राज्य के विलगाव का प्रश्न प्रमुख चिंता का विषय तथा उग्र राजनीतिक विवाद का केंद्र बन गया था। भारत में कभी कोई सुसंगठित चर्च (धर्म-संस्थान) नहीं रहा इसीलिए सेक्यूलरिज्म (पंथ-निरपेक्षता) की यूरोपीय धारणा वास्तव में हमारी अपनी आवश्यकताओं के अनुरूप नहीं थी। पंथ-निरपेक्षता की जगह सर्व-धर्म-समभाव शब्द कभी-कभी प्रयुक्त होता है और वास्तव में वह एक अधिक अर्थपूर्ण सूत्र है; निश्चय ही यह महात्मा गाँधी के विचारों के अधिक निकट है जो कि समस्त धर्मों की तात्त्विक एकता की वेदांती अवधारणा से अनुप्राणित थे।

दूसरे हमारी पंथ-निरपेक्षता इस अनुमान पर टिकी थी और जो भ्रामक साबित हुआ, कि धर्म विशुद्ध रूप से एक निजी मामला है, जिसके साथ राज्य को कुछ लेना-देना नहीं है। जहाँ तक व्यक्तिगत प्रार्थना और आध्यात्मिक साधना का प्रश्न है, यह बात सही हो सकती है किंतु समाज तथा राज्य पर धर्म का जो सामूहिक प्रभाव पड़ता है, स्पष्टतः वह मात्र व्यक्तिगत नहीं है। करोड़ों भारतीय नागरिक नियमपूर्वक कुंभ मेलों तथा अन्य, असंख्य तीर्थस्थानों पर जाते हैं, फिर वह चाहे हिंदूतीर्थ हो या मुस्लिम या कोई अन्य तो यह स्वयं इस बात का संकेत है कि एक सामाजिक शक्ति के रूप में धर्म के महत्त्व को पहचानना राज्य सत्ता के लिए परम आवश्यक है। इस तथ्य में जब हम गंभीर कानून और व्यवस्था की समस्याएँ पैदा करने वाले उन संघर्षों को जोड़ते हैं, जो धर्मों के भीतर तथा धार्मिक समूहों के बीच में होते हैं तो बिल्कुल स्पष्ट हो जाता है कि धर्म को विशुद्ध रूप से व्यक्तिगत मामला मानने की कपोल कल्पना टिक नहीं सकती। वास्तव में यह विचार अक्सर हमारे बुद्धिजीवियों के एक ऐसे तबके द्वारा रखा जाता है, जो कुल मिलाकर स्वयं धार्मिक आस्था वाले लोग नहीं हैं, और जो

इसीलिए सभी धर्मों को अतीत से बची व्यर्थ की तलछट के रूप में ही देखते हैं। स्पष्ट है कि भारत की विशाल आबादी में एक नगण्य प्रतिशत लोग ही इस दृष्टि के हिमायती है। जिस तीसरी धारणा पर क्लासिकल सेक्यूलरवाद आधारित है, वह इस विश्वास के इर्द-गिर्द चलती है कि ज्यो-ज्यों शिक्षा बढ़ेगी और जीवन-स्तर सुधरेंगे, त्यों-त्यों लोगों के दिमाग से धर्म का प्रभाव उत्तरोत्तर कम होगा और मानवीय चित्त पर उसका असर क्षीण से क्षीणतर होता जाएगा। स्वयं हमारे जीवनकाल में यह अनुमान भी बारंबार गलत साबित हो चुका है। भारत में ही नहीं बल्कि अन्य विकासशील देशों में भी यह स्पष्ट हो चुका है कि आर्थिक प्रगति और धर्म के पतन के बीच कोई संबंध नहीं है। इसके विपरीत इस बात के पर्याप्त प्रमाण हैं कि अब तक गरीब रहे राष्ट्रों में समृद्धि बढ़ने के साथ-साथ धर्म में भी रुचि उल्लेखनीय मात्रा में बढ़ी है। भारत के अधिक समद्ध भागों में जाते ही स्पष्ट दिखाई देता है कि वहाँ नए-नए गुरुद्वारों और मंदिरों और मस्जिदों और गिरजाघरों की बाढ़-सी आ रही है, ग्रामीण क्षेत्रों के सर्वेक्षण से पता चलता है कि किसी भी नए उन्नत इलाके में पूजा-स्थल का निर्माण पहली माँगों में से एक है। तेल (पेट्रोल) पैदा करने वाले पश्चिम एशियाई समृद्ध देशों में इस्लाम के उभार से इस पक्ष की विश्वसनीय पुष्टि होती है।

यदि ये तीन बिंदु स्वीकार्य हैं तो बिल्कुल स्पष्ट हो जाता है कि आगामी वर्षों एवं दशकों में यदि पंथ-निरपेक्षता की अवधारणा को प्रासंगिक बने रहना है तो हमें इसकी एक बिल्कुल नई व्याख्या करनी होगी। भारतीय संदर्भ में सेक्यूलरवाद का अर्थ राज्य की ओर से धर्म विरोधी दृष्टिकोण था कि धर्म के प्रति उदासीनता का दृष्टिकोण नहीं हो सकता। होना यह चाहिए कि कोई राजकीय धर्म नहीं हो; सभी धर्मों को सम्मान तथा कार्यकलाप की स्वतंत्रता रहे, बशर्ते कि वे एक-दूसरे पर दबाव नहीं डालें और बशर्ते कि राजनीतिक प्रयोजनों से धर्म के बहाने विदेशी धन बाँटने की अनुमति नहीं रहे।

यह भी आवश्यक है कि हम अपनी शिक्षा-प्रणाली में धर्म से बिदकना छोड़ें। इस समय हमें न माया मिल रही है और न राम। एक ओर हम अपने विद्यार्थियों को अपनी समृद्ध और अनेक धर्मों वाली विरासत प्रस्तुत करने से हिचकते हैं और इस तरह छात्रों को अपनी सभ्यता के उदात्त और महान् पक्षों के संपर्क में आने से वंचित कर देते हैं। दूसरी ओर हम धार्मिक शिक्षा पूरी तरह उन संस्थाओं को सौंप देते हैं, जो इस कार्य के लिए शायद ही कभी पूरी तरह प्रशिक्षित हैं, वे प्रायः धार्मिक परंपराओं में अनुस्यूत जीवंत सत्यों की संकीर्ण एवं सुधार विरोधी व्याख्याएँ करती हैं। नई शिक्षानीति मूल्य शिक्षा की चर्चा करती है किंतु स्पष्ट है कि हमारी धार्मिक विरासत को समझे बगैर कोई युक्तिसंगत एवं व्यापक रूप से स्वीकार्य मूल्य-व्यवस्था नहीं बनाई जा सकती।

भारत की यह बहुधर्मी स्थिति एक यथार्थ है, जो समाप्त नहीं होगा। नकारात्मक दृष्टि से इस समस्या को देखने के बजाय बेहतर यह होगा कि इसका सीधे-सीधे मुकाबला किया जाए, और जिस प्रश्न को एक बड़ी समस्या के रूप में देखा जाता है, उसे उस

नए भारत के लिए एक सकारात्मक संपदा में परिणत कर दिया जाए, उदीयमान नए आदत के लिए। यह तभी संभव है, जब हमारी शिक्षा-प्रणाली हमारी धार्मिक परंपरा की बहुमुखता को प्रसन्नतापूर्वक स्वीकार करे। मेरे सामने पिछले साल लंदन में छपी एक सराहनीय पाठ्यपुस्तक है, जिसका शीर्षक है 'वर्ल्डस ऑफ डिफेंस'। इसमें एक सरल विधेयात्मक एवं प्रसंगात्मक रीति से अनेक सांस्कृतिक परंपराएँ प्रस्तुत की गई हैं। वर्ल्ड वाइल्ड लाइफ फंड के संरक्षण में और पूज्यपाद दलाई लामा की प्रस्तावना के साथ ब्लैकी द्वारी प्रकाशित इस पुस्तक में चीनी संसार, मानववादी संसार, यहूदी संसार और मुस्लिम संसार पर अलग-अलग अध्याय हैं। विभिन्न धार्मिक परंपराओं के छायाचित्रों से सुसज्जित इस पुस्तक के साथ एक मार्ग-दर्शिका भी है, जिसमें कक्षा के लिए शिक्षकोपयोगी एक व्याख्यापरक रूपरेखा भी दी हुई है। यह पुस्तक नौ-तेरह वर्ष की आयु के बच्चों के लिए है किंतु इससे बड़े बच्चों के लिए भी उपयोगी है।

मुझे संदेह है कि प्राथमिक, माध्यमिक या उच्चतर स्तरों पर कहीं भी हमारी शिक्षा-प्रणाली में एक भी ऐसी पुस्तक न होगी, जिसमें इस तरह भारतीय सांस्कृतिक परंपरा की भव्य विविधता को दर्शाया गया हो।

स्नातकोत्तर स्तर पर भी धार्मिक अध्ययन एवं तुलनात्मक धर्म के क्षेत्र में शायद ही कोई महत्त्वपूर्ण कार्य हो रहा है, जबकि पश्चिम में यह अत्यंत लोकप्रिय अध्ययन का विषय है, हमारे देश में धर्मों के बीच परस्पर संवाद शून्यप्राय है। इन सब बातों से यही तथ्य प्रकट होता है कि हमारे अभिजात वर्ग में धर्म का फैशन नहीं रहा।

हमारी बौद्धिक क्षमताओं की यह एक शोचनीय अवस्था है। संसार में भारत बहुधर्मी अध्ययनों के लिए सर्वाधिक संपन्न क्षेत्र है और इसमें हमारे उत्कृष्टतम विद्वानों का ध्यान केंद्रित होना चाहिए था। भारत के लगभग अस्सी प्रतिशत लोगों का धर्म हिंदू धर्म स्वयं दर्शन एवं मिथक शास्त्र, समाजशास्त्र एवं सांसारिक व्यावहारिकता का विराट भंडार है। इसके बावजूद पिछले चार दशकों में हमारी अपेक्षा विदेशी विद्वानों ने ही हिंदू धर्म पर अधिक काम किया है। प्रकट है कि मनुष्यजाति की सबसे पुरानी धार्मिक परंपराओं में से एक इस हिंदूधर्म पर काम करते हुए उनके सेक्यूलरवाद की कोई क्षति नहीं हुई।

यदि हम एक सशक्त और एकीकृत भारत बनाने की दिशा में सचमुच गंभीर हैं तो हमारे लिए यह अपरिहार्य है कि नई पीढ़ी को हम न केवल अपनी बल्कि देश के अन्य धर्मों की भी परंपराओं को समझने तथा सराहने लायक बनाएँ। आज भारत में कितने मुसलमान हैं, जो भगवान राम की जन्मभूमि की पावनता के संबंध में हिंदुओं के अनुराग की गहराई को जरा-सा भी समझते हों ? दूसरी ओर कितने ऐसे हिंदू हैं जो मुसलमानों की उस भावनात्मक उथल-पुथल को समझ पाएँ, जो कि मस्जिद के रूप में उनके द्वारा मान्य किसी स्थान पर मूर्तियों की पूजा होते देख उनके मन में होती है। मैं इस गहन रूप से विभाजक प्रश्न पर, जो अभी न्यायालय के अधीन भी है, सिवाय इसके कोई

टिप्पणी नहीं करना चाहता कि काश्मीर में ऐसे धर्मस्थल हैं, जो हिंदू और मुसलमान दोनों के लिए समान रूप से पूज्य हैं, जहाँ आरती और नमाज साथ-साथ होती है। लेकिन मेरा आशय यह है कि इस प्रश्न पर हिंदुओं और मुसलमानों के बीच नासमझी हमारे राष्ट्र के लिए भयानक खतरे की सूचक है, और यह धार्मिक प्रश्नों की, पिछले चालीस वर्षों में सम्यक् रूप से सुलझाने में हमारी विफलता की परिचायक है।

कोई भी राष्ट्र पनप नहीं सकता यदि उसके केंद्रीय विचार पाषाणशिला बन गए हों और वह अपनी दार्शनिक जड़ों की रचनात्मक पुनर्व्याख्या करने की क्षमता खो चुका हो। भारतीय सभ्यता का, जो इतने लंबे समय तक जीवित रही है, रहस्य इसी प्रकार के युगानुरूप सूत्रीकरण के सामर्थ्य में ही निहित है। हमारे लिए अब यह कतई हितकारी नहीं कि हम पंथ-निरपेक्षता की एक जीर्ण-शीर्ण अवधारणा की आड़ लेते रहें। आवश्यकता है हमारी जनता के जीवन में धर्म की महत्ता को अधिक गहराई से समझने की और पंथ-निरपेक्षता की एक नई एवं गतिशील व्याख्या करनेवाली परिभाषा रचने की, ताकि हमारे धर्मों का सर्जनात्मक सह-अस्तित्व सुनिश्चित हो एवं सभी इस समृद्ध एवं बहुरंगी भारत के निर्माण में अपना सकारात्मक योगदान कर सकें।

# शिक्षा का पुनर्गठन

भारत आज एक बड़े संक्रमण की दहलीज पर है, जिसकी नींव हमारी आबादी के ढाँचे में आए बुनियादी परिवर्तनों और स्वाधीनता के बाद से अपनाई गई आर्थिक एवं विकासपरक नीतियों के संपूर्ण प्रभाव ने रखी थी। युवतर पीढ़ी में एक नई जागरूकता और आत्म-विश्वास के रूप में यह परिवर्तन दिखाई देने लगे हैं। जो लोग स्वतंत्रता पूर्व युग में निर्मित चिंतन-प्रणालियों से मुक्त नहीं हो सके हैं, वे नहीं देख पाते कि शहरी और ग्रामीण क्षेत्रों में हमें जो युवा स्त्री और पुरुष मिलते हैं, उनमें आया उल्लेखनीय परिवर्तन स्पष्ट होने लगा है। उनकी आँखों में एक चमक दिखाई देती है, जिसमें अक्सर क्रोध का पुट भी रहता है, किंतु वे हमेशा कुछ अच्छा कर गुजरने की, स्वयं अपने लिए तथा अपने देश के लिए बेहतर भविष्य बनाने की अदम्य आकांक्षा झलकती रहती है, जो कि आनंददायक है।

आज जब संसार इक्कीसवीं सदी की ओर सरपट दौड़ रहा है, तब हमारा दायित्व है कि हम भ्रष्टाचार, अंधविश्वास और सुधार-विरोध की उन बेड़ियों को तोड़ने का गुरुतर प्रयत्न करें जिनमें हम दीर्घ काल तक जकड़े रहे हैं; आवश्यक है कि भविष्य में निर्णायक छलाँग लगाने के लिए हम अपने अंदरूनी तथा बाहरी संसाधनों को एकत्र करें। इस प्रक्रिया का मुख्य उपकरण अनिवार्यतः शिक्षा-प्रणाली ही होगा और यह उचित ही है कि एक युवा प्रधानमंत्री ने शिक्षा के पुनर्गठन पर विशेष बल दिया है। किंतु इस महत्-कार्य में लगने के लिए हमारे मन में यह स्पष्ट होना चाहिए कि हम वास्तव में क्या उपलब्ध करना चाहते हैं। बिना किसी साफ उद्देश्यों के पूरी व्यवस्था में ठोका-पीटी करना महज एक नकारात्मक एवं आत्म-पराजयमूलक कार्रवाई मात्र होगी।

कर्तव्य यह है कि प्राथमिक शिक्षा सर्वसुलभ की जाए, माध्यमिक शिक्षा में हुनर और व्यवसाय सिखाए जाएँ और विश्वविद्यालय शिक्षा को तर्क-संगत बनाया जाए और इन तीनों क्षेत्रों को एकसूत्र में पिरोकर एक युक्तियुक्त एवं वांछनीय मूल्य-व्यवस्था कायम की जाए। चूँकि इस कार्य में अपार लोग होंगे तथा संसाधन सीमित हैं, इसलिए यह उद्यम कोई आसान नहीं होगा किंतु यदि हम उत्साह एवं कल्पना के साथ इस अनोखे

अवसर का लाभ उठाकर अपने राष्ट्र की भावी नियति को रूपाकार नहीं देंगे तो हम एक जबर्दस्त अवसर खो देंगे।

पहले संसाधन की समस्या लें, सातवीं योजना के दस्तावेज से प्रकट है कि आज भी हम स्वाथ्य और शिक्षा को 'नरमक्षेत्र' मानते हैं और इन्हें वित्तीय प्राथमिकता नहीं देते। यह अत्यंत दुर्भाग्यपूर्ण है क्योंकि वास्तव में इन्हीं दो क्षेत्रों में व्यक्ति के विकास के लिए कोई सीधा विनियोग होता है। हम लोग भवन, पुल, होटल और अन्य ढाँचे खड़े करने में करोड़ों-अरबों रुपये खर्च करते हैं और इन सभी चीजों का उपयोग हमारे नागरिकों को ही करना है। इसके बावजूद हम उस धनराशि का एक चौथाई भी इन नागरिकों के स्वास्थ्य और चेतना के विकास पर सीधे-सीधे खर्च नहीं करना चाहते। इसके फलस्वरूप हम ऐसी स्थिति में धँस रहे हैं जहाँ आंतरिक एवं बाह्य विकास के बीच खाई तेजी से चौड़ी हो रही है।

पश्चिमी दुनिया के जीवन-स्तर तक हम कभी नहीं पहुँच सकेंगे। दूसरी ओर यदि हम अपनी शिक्षा-प्रणाली को एक नया मूल्यबोध नहीं दे पाए तो हमारी आंतरिक क्षमता और निष्ठा नष्ट हो जाएगी। इसके लिए योजना की प्राथमिकताओं में आमूल बदलाव जरूरी है, ताकि मनुष्य में किया जानेवाला विनियोग फौलाद वाले विनियोग से अगर ज्यादा नहीं, तो कम से कम उसके समतुल्य जरूर हो। प्राथमिक शिक्षा का सार्वभौमीकरण एक संवैधानिक आदेश है, जिसका हमने पालन नहीं किया तथा जिसे हर कीमत पर पूरा किया ही जाना चाहिए। हम ऐसी स्थिति नहीं सह सकते, जिसमें इक्कीसवीं सदी में प्रविष्ट भारत के करोड़ों लोग पढ़ने और लिखने में भी असमर्थ हों। संविधान में कल्पना की गई थी कि उसके पारित होने के दस वर्ष के भीतर ही चौदह वर्ष की आयु तक के बच्चों के लिए निःशुल्क एवं अनिवार्य शिक्षा लागू हो जाएगी। आज चालीस साल बाद भी हम यह नहीं कर पाए। शिक्षा के पुनर्गठन में सबसे पहले इसी नैतिक और संवैधानिक दायित्व को पूरा करना होगा और इसके लिए आवश्यक संसाधन सातवीं योजना में जुटाने ही होंगे। भले ही इसके लिए अन्य क्षेत्रों में कटौती करनी पड़े।

माध्यमिक शिक्षा के क्षेत्र में 10+2 के स्तर पर व्यावसायिक शिक्षा की धारणा अमल में आ चुकी है, किंतु अब यह व्यापक रूप से माना जा रहा है कि यह संतोषजनक नहीं रही है। उद्देश्य यह था कि युवजनों का एक बड़ा हिस्सा विभिन्न काम-धंधों में लगा दिया जाएगा और इस तरह महाविद्यालय में निरुद्देश्य भटकन कम होगी। क्योंकि उससे मानवीय संसाधनों की भयानक बर्बादी होती रहती है। अनेक कारणों से यह उद्देश्य सफल नहीं हुआ। एक कारण यह है कि केवल दो वर्षों में किसी भी पेशे का समुचित शिक्षण नहीं दिया जा सकता। संभवतः इस पर गंभीर विचार करना चाहिए कि महाविद्यालय के कार्यकाल से एक साल घटाकर उच्चतर माध्यमिक स्तर में जोड़ दिया जाए, और इस तरह पिछले जमाने वाले जूनियर कॉलेज की कक्षा

फिर से शुरू की जाए। इससे दसवीं कक्षा के बाद तीन वर्ष लगेंगे। इसमें मुख्यतया व्यवसाय की शिक्षा होगी और अर्थतंत्र के आधुनिकीकरण से तेजी से जो तकनीकी आवश्यकताएँ बढ़ेंगी, उनकी पूर्ति हो सकेगी। आज यह एक बड़ी विडंबना है कि एक तरफ तो लाखों स्नातक और स्नातकोत्तर नौजवान बेरोजगार हैं और दूसरी ओर महानगरों तक में कोई अच्छा प्रशिक्षित प्लंबर, इलेक्ट्रीशियन या टीवी मेकैनिक मिलना असंभव हो रहा है। इसी प्रकार वर्द्धमान ग्रामीण एवं स्वरोजगार क्षेत्र ऐसे व्यवसायों में प्रशिक्षित युवकों और युवतियों की तलाश में है, जो गंदी बस्तियों से भरे और आबादी से आक्रांत महानगरों की ओर दौड़ने के बजाय ग्रामीण एवं अर्धग्रामीण इलाकों में काम करने को तैयार हों। गौण एवं सहायक गतिविधियों की कोई कमी नहीं लेकिन उसके लिए हमारी मौजूदा महाविद्यालयीन शिक्षा बिल्कुल अनुपयुक्त है, उच्चतर माध्यमिक स्तर पर पेशेवराना पाठ्यक्रमों के सुनियोजित तीन वर्ष के कार्यक्रम में ऐसे लोग तैयार किए जा सकते हैं।

यदि यह हो जाए तो महाविद्यालयों में अधिक चयनपरक आधारों पर भर्ती की जा सकती है, जो कि अभी नहीं होती। स्कूल से कॉलेज तक निरुद्देश्य भटकन में हम मानवीय एवं भौतिक संसाधनों की जो दर्दनाक बर्बादी देखते हैं, वह एक ऐसी विलासिता है जिसे हमारे जैसा देश वहन नहीं कर सकता। महाविद्यालय में प्रवेश प्रतियोगिता के आधार पर निर्धारित करने होंगे ताकि उच्चतर शिक्षा के उपयुक्त प्रतिभावाले नौजवान ही उनमें जाएँ। यदि ऐसा हो जाए तो शिक्षा प्रक्रिया में एक सचमुच की क्रांति-सी आ जाएगी। महाविद्यालयों में भीड़-भाड़ तथा स्तर का अवमूल्यन समाप्त होने लगेगा और दूसरी ओर शिखर पर विश्विद्यालय एक बार फिर निचले स्तरों पर शैक्षिक प्रशासन के मसलों में निरंतर उलझने के बजाय उच्चतर शिक्षा पर ध्यान केंद्रित कर सकेंगे। स्नातक स्तर तक महाविद्यालयों में स्वतः पूर्ण संस्था के गुण आ जाएँगे, जिससे कि विश्वविद्यालय स्नातकोत्तर शिक्षा एवं शोध का कार्य मुक्तभाव से कर सकेंगे और इसी हेतु उनकी स्थापना होती है।

इस प्रकार कुल मिलाकर शिक्षा के ढाँचे के पाँच सोपान होंगे। प्राथमिक शिक्षा पाँचवीं कक्षा तक, अपर माध्यमिकशाला छठी से दसवीं तक, उच्चतर माध्यमिक व्यावसायिक क्षेत्र ग्यारहवीं से तेरहवीं तक, महाविद्यालय अथवा अपर तृतीयक क्षेत्र चौदहवीं से सोलहवीं कक्षा तक, और विश्वविद्यालय अथवा उच्चतर तृतीयक क्षेत्र स्नातकोत्तर एवं शोध तक। चिकित्सा इंजीनियरी एवं अन्य व्यावसायिक धाराएँ ग्यारहवीं कक्षा से शुरू होने लगेंगी।

जाहिर है कि इस प्रस्ताव के निहितार्थ अत्यंत व्यापक हैं, मैट्रिक से उच्चतर माध्यमिक प्रणाली में संतरण स्वयं कई वर्षों के पीड़ाजनक समायोजन का कार्य कर रहा है, खासकर पाठ्य पुस्तकों की रचना एवं शिक्षकों के प्रशिक्षण के क्षेत्र में, फिर भी इस बार यह कार्य सरलतर होना चाहिए क्योंकि प्रस्तावित सुझाव पूर्ववर्ती स्थिति का ही

# प्रकृति का घोषणा-पत्र : हिंदू दृष्टिकोण

प्राचीन आध्यात्मिक परंपराओं में मनुष्य को प्रकृति के एक अंग के रूप में ही देखा जाता था, जो अपने चतुर्दिक् प्राकृतिक तत्त्वों अथवा महाभूतों से आध्यात्मिक और मानसिक अटूट कड़ियों से जुड़ा हुआ है। हिंदू परंपरा में यह अत्यधिक स्पष्ट है जो कि संभवतः विश्व की सबसे पुरानी धर्म-परंपरा है। महान् ऋषि-मुनियों द्वारा रचित ऋचाओं के महान् संग्रह वेद, जो कि हिंदू ज्ञान के भंडार हैं, उस व्यापक विश्वदृष्टि की प्राणवत्ता के प्रतिनिधि हैं, जिसने संसार को समस्त जड़ और चेतन दोनों ही प्रकार की वस्तुओं को उसी एक आत्मशक्ति से अनुप्राणित माना है।

हिंदू धर्म, परमात्म की सर्वव्यापी संप्रभुता को मानता है, जो कि क्रमिक विकास की प्रक्रिया में प्रकट होता है। यद्यपि मानवजाति इस समय विकास के सोपानों या पिरामिड की सर्वोच्च श्रेणी में है किंतु उसे पृथ्वी तथा उसके बहुविध जीवन-रूपों से भिन्न या पृथक् नहीं समझा जाता। अथर्ववेद में हमें वह भव्य भूमिसूक्त मिलता है, जिसमें पर्यावरण और वातावरण से जुड़े मूल्यों की भरपूर चर्चा है। निम्नलिखित इसी दिव्य सूक्त से लिए गए हैं :

पृथ्वी, जिसमें बसे हैं सागर-नदी और अन्य जलराशियाँ,  
वह जिसमें अन्न और धान्य के खेत हैं,  
जिसमें जी रहे हैं चराचर सभी,  
वही भूमि हमको दे अपने अपूर्व फल,  
भूमि जिसमें सभी के लिए है जल,  
जो निरंतर घूमती है अहर्निश, चतुर्दिक्  
वही भूमि दे हमको दुग्ध सहस्रार,  
वही करे हमको तेजस्वी।

ओ पृथ्वी, जो जाए हैं तुम्हारे  
वे हों रोगमुक्त और शोकमुक्त

*जागृत दिव्यजीवी हों, शुभ हों हमारे लिए*
होंगे तुम्हारे आराधक हम।
पृथ्वी माँ मेरी, दो मुझे अभय दान
स्वर्गोपम, ओ विदुषी
कृपा करो वैभवमय।

वेदों में ही नहीं बल्कि उपनिषद्, पुराण तथा परवर्ती अन्य ग्रंथों में भी प्रकृति के संबंध में हिंदू दृष्टिकोण स्पष्टतः निरूपित है। इस दृष्टिकोण में जीवमात्र के प्रति श्रद्धा निहित है; इसमें वह चेतना है कि पृथ्वी, आकाश, वायु, जल और अग्नि, प्रकृति की इन महान् शक्तियों का तथा पेड़, पौधों, जंगलों और पशुओं समेत समस्त विभिन्न जीवन श्रेणियों का प्रकृति की महान् लयों के भीतर एक-दूसरे के साथ अकाट्य बंधन है। परमात्मा इस सृष्टि से पृथक् नहीं है बल्कि प्राकृतिक परिघटनाओं के माध्यम से ही स्वयं को अभिव्यक्त करता है। इसीलिए मुंडक उपनिषद् में परमात्मा का यह वर्णन है :

अग्नि उसका शीश है, चंद्र सूर्य नेत्र;
दसों दिशाएँ हैं कान,
वाणी है वेद;
पवन है श्वास,
हृदय उसका जगत् है;
पृथ्वी है पादत्राण,
सचमुच ही है वह अंतरात्मा,
सब की समस्त की।

प्राणिजगत् को देखें तो हम पाते हैं कि पशुओं के प्रति हमेशा दया और चिंता का विशेष भाव रहा है। अनेक हिंदू ग्रंथ उपदेश देते हैं कि समस्त जातियों के जीवों को बच्चों की तरह मानना चाहिए। हिंदू मिथकशास्त्र और मूर्तिविज्ञान में विभिन्न देवताओं तथा उनके वाहन प्राणियों या पक्षियों के बीच घनिष्ठ संबंध रहा है। इस दृष्टि में स्पष्ट मान्यता है कि मनुष्य एकाएक पूरा वना-बनाया प्रकट होकर निम्नतम जीव रूपों का शासक नहीं बना बल्कि वह इन्हीं जीवरूपों के भीतर से धीरे-धीरे विकसित हुआ है और इसीलिए वह संपूर्ण सृष्टि से जुड़ा हुआ है।

अतएव प्राणिमात्र के प्रति श्रद्धा का भाव स्वभावतः उत्पन्न हुआ। यजुर्वेद (13.47) में स्पष्ट आदेश है कि, ''सर्वहितकारी पशुओं का वध कोई न करे। अपितु उनकी सेवा करके सुख अर्जित करे।''

यह दृष्टिकोण आगे चलकर महान् जैन तीर्थंकर भगवान महावीर ने पल्लवित किया, जिन्होंने उस पुरातन जैन मत का पुनरुद्धार किया जो आज तक चला आ रहा

है। जैनों की दृष्टि में अहिंसा परम धर्म है और किसी भी स्थिति में प्राणहरण की मनाही है। हमारे समय में महात्मा गाँधी ने इस दर्शन को विशेष रूप से रेखांकित करते हुए सदैव अहिंसा के महत्त्व पर बल दिया और गाय को पशु-जीवन के कल्याणकारी तत्त्व के प्रतीक के रूप में देखा। इन सबसे जीव-जंतुओं और कीड़े-मकोड़ों तक जीव मात्र के प्रति श्रद्धा का दृष्टिकोण परिपुष्ट होता है।

इसके अलावा, प्राचीन हिंदूशास्त्रों में प्राकृतिक वातावरण सूक्ष्मता से मनन किया गया है। वनों और कुंजों को पवित्र माना गया है तथा फूल वाले वृक्षों को विशेष रूप से पूज्य समझा गया है। जिस प्रकार विभिन्न प्राणियों का संबंध देवी-देवताओं से बताया गया है, उसी प्रकार पेड़-पौधों को भी हिंदू देवगण से जोड़ा गया है। महाभारत कहती है कि "गाँव में यदि फूलों और फलों से लदा केवल एक ही वृक्ष हो तो भी वह पूजा-अर्चा के योग्य है।" हिंदू व्रतों और अनुष्ठानों में विभिन्न वृक्षों-फलों और पेड़-पौधों का अलग-अलग विशिष्ट महत्त्व है।

प्रकृति और वनस्पति या पशु-पक्षी के रूप में समस्त जीव-रूपों के आदर की हिंदू परंपरा एक सशक्त परंपरा है, जिसे हमारे वर्तमान संदर्भ में पुनः पोषित और क्रियाशील होना चाहिए। अस्सी प्रतिशत से अधिक हिंदू आबादी वाले भारत ने हाल के वर्षों में प्राकृतिक संरक्षण में विशेष रुचि ली है।

आज आवश्यकता है स्वयं को यह याद दिलाने की कि प्रकृति के विनाश का अर्थ ही अंततः स्वयं मानवजाति का विनाश है। आज जब निम्नतम कोटि के जीव-रूपों को बचाने में असमर्थ एक जले हुए कोयले के रूप में हमारे इस सुंदर पृथ्वी ग्रह को परिणत कर देने का खतरा मँडरा रहा है, क्योंकि चरम प्रदूषक आणविक हथियारों का अकूत भंडार जमा है, तब ऐसे क्षण में मानवजाति को अंततः इस निर्णायक प्रश्न का सामना करना ही होगा। शताब्दियों से हम वातावरण का जो नृशंस दोहन करते आ रहे हैं उसका फल अब सामने है; और अब प्रकृति के प्रति दृष्टिकोण में आमूल परिवर्तन किसी आध्यात्मिक पुण्य अथवा दयाभाव का नहीं, बल्कि जीवित मात्र बचे रहने का प्रश्न बन गया है।

हिंदू दृष्टि में विश्व जननी के रूप में इतने मार्मिक ढंग से पूजित यह पृथ्वी करोड़ों वर्षों से आदिम समुद्र की दलदल से लेकर मनुष्यजाति के उदय तक जीव मात्र का पोषण करती आ रही है। आइए, हम संकल्प करें कि विनाश की ओर इस मौजूदा फिसलन को हम रोकेंगे, जीवमात्र के प्रति पूजा की पुरातन परंपरा को पुनरुज्जीवित करेंगे और इतनी देर हो चुकने के बाद भी इस आत्मघाती प्रयाण की दिशा को उलट देंगे। हग उस पुरातन हिंदू मंत्र को याद करें :

"पृथ्वी हमारी माँ है
हम सब उसकी संतान हैं।"

# संरक्षण का नीतिशास्त्र

नैतिक मूल्य वास्तव में वही होते हैं जो समस्त जीवों के लिए हितकर हों किंतु इन मूल्यों की व्याख्या में महत्त्वपूर्ण विभेद हो सकते हैं। कल्याण या जन-कल्याण को किसी एक ही समुदाय, धर्मसमूह, नस्ल, आर्थिक वर्ग, व्यावसायिक हित या राष्ट्र, राज्य के संदर्भ में परिभाषित किया जा सकता है। समूचे इतिहास में मनुष्यों ने इन सभी नैतिक मूल्यों की व्याख्या इन सभी विभिन्न आयामों में की है; वास्तव में मानवजाति के रक्तरंजित इतिहास के लिए अधिकतर जिम्मेदार कल्याण के परस्पर विरोधी विचारों का संघर्ष ही रहा है। नैतिक तथा धार्मिक मूल्यों के नाम पर मनुष्यों ने एक-दूसरे पर यातना, दैन्य यंत्रणा और सामूहिक हत्या के जो कहर ढाए हैं; उनकी गणना के लिए अत्यंत उन्नत नवीनतम कंप्यूटर भी शायद कम पड़े। हमारी अपनी शताब्दी ने अमानवीयता की चरम सीमा देखी है। करोड़ों लोग युद्धों और यातना शिविरों में गैस चैंबर और आणविक विस्फोटों में समाप्त हो गए हैं। आज भीं जब हम यहाँ एकत्र हैं, हमारे सहजीवी मनुष्य कहीं दूसरी जगह एक-दूसरे की जान ले रहे हैं, सो भी नैतिक मूल्य के नाम पर जिसे हर पक्ष अपनी तरह से मान रहा है।

इस लोमहर्षक पृष्ठभूमि में हमें संरक्षण के नीतिशास्त्र के समूचे प्रश्न पर विचार करना है। हम प्रकृति का संरक्षण करने की सोचें, उससे पहले मानवजाति के संरक्षण के लिए थोड़-सा समय लगाना शायद बेहतर होगा। हममें से जो लोग विकासशील दुनिया से आए हैं, वे यह देखकर विचलित हो जाते हैं कि सशक्त आणविक शक्तियाँ एक-दूसरे को अपने भयानक हथियार दिखा-दिखाकर इतरा रही हैं। आज एक-एक अणुबम में उन बमों से हजार गुना अधिक विस्फोटक शक्ति भरी जाती है, जिन्हें चालीस साल पहले हिरोशिमा और नागासाकी पर गिराया गया था और वे शहर नष्ट हो गए थे। न्यूनतम अनुमान के अनुसार इस समय ऐसे पचास हजार आणविक युद्धास्त्र मौजूद हैं। मैं अत्यंत सम्मानपूर्वक यहाँ मौजूद विशिष्ट श्रोता वर्ग से पूछना चाहूँगा कि इस भयानक खतरे को हटाए बिना प्राकृतिक संरक्षण का क्या सचमुच कोई खास मतलब रह जाएगा ?

अब यह स्पष्ट है कि आणविक आग धधकने पर हमारी जानी-पहचानी मानव सभ्यता ही नहीं बल्कि इस धरती पर मौजूद सभी जीव-रूप खतरे में पड़ जाएँगे। तथाकथित सीमित अणु युद्ध के हिमायती चाहे जो तर्क दें, लेकिन हाल में प्रकाशित विज्ञान की रिपोर्टों ने स्पष्ट कर दिया है कि उन खतरों की कल्पना मात्र भयावह है। सबसे चिंताजनक बात यह है कि दोनों महाशक्तियों के एक-दूसरे के खिलाफ युद्ध घोषित किए बगैर भी ऐसे संघर्ष शुरू हो सकते हैं। किसी कंप्यूटर की खराबी, जंगली बत्तखों की आपसी लड़ाई, आतंकवादियों का कोई भी नृशंस समूह इत्यादि में से किसी के भी कारण कोई भी दुर्घटना ऐसी कोई भी महा विपदा शुरू हो सकती है। आणविक हथियारों का यह पूरा प्रश्न इतना महत्त्वपूर्ण है कि इसे केवल सेनापतियों और राजनेताओं के जिम्मे नहीं छोड़ा जा सकता। अगर वह महाविनाश आन पड़ा तो निश्चय जानिए कि मारक आणविक विकिरण के प्रभाव से प्रकृति के निष्ठावान संरक्षक भी बच नहीं पाएँगे। इसलिए हमारे बीच जो लोग इस धरती पर जीवन के परिरक्षण एवं मानवता के कल्याण का काम आगे बढ़ाने के लिए कृत-संकल्प हैं, वे आणविक युग में मनुष्य की इस द्विविधा का सीधा मुकाबला करने के अप्रिय कर्त्तव्य से कन्नी नहीं काट सकते। यह परम संतोष का विषय है कि वर्ल्ड वाइल्ड लाइफ फंड ने पशु-जगत् से आगे बढ़कर प्राकृतिक वातावरण के बृहत्तर आयामों तक अपनी दृष्टि फैलाई है। मैं यह सुझाव देना चाहूँगा कि इसे अब दूसरी दिशा में भी बढ़ना और मनुष्य नामक बुद्धिमान जाति की आत्मरक्षा को सुदृढ़ करना चाहिए, हमारे सामने यही सबसे पहली नैतिक पुकार है। इसी से जुड़ा है प्राकृतिक वातावरण के संरक्षण का संपूर्ण क्षेत्र अभूतपूर्व विनाशक शक्तिवाले आणविक हथियारों का विकास कोई अलग-थलग घटना नहीं है। वास्तव में यह एक पूरी विश्व-दृष्टि की परिणति है, जिसका वर्चस्व पश्चिमी सभ्यता पर रेनेसाँ या पुनर्जागरण काल से रहा है।

इस विश्वदृष्टि को दकार्त न्यूटन—मार्क्सवादी नमूना (पैराडाइम) कहा गया है, क्योंकि इन महान् दार्शनिकों की अंतर्निहित प्रस्थापना द्वैतवादी, भौतिकतावादी विश्वदृष्टि रही है और इसी ने पश्चिमी सभ्यता पर संपूर्ण नियंत्रण रखा है और उसी के माध्यम से हमारे पूरे भूलोक पर।

मैं एक क्षण भी विज्ञान और प्रौद्योगिकी के क्षेत्र में पिछले कुछ सौ वर्षों में हुई जबर्दस्त उपलब्धियों को छोटा नहीं बताना चाहता। कृषि और उद्योग में उत्पादन का कायाकल्प; विज्ञान की सभी शाखाओं में और खासकर औषध एवं शल्य चिकित्सा में क्रांतिकारी परिवर्तन, संचार में क्रांति, जिससे हमारे जीवन में ही यह संसार एक छोटा-सा गाँव बन गया है; अंतरिक्ष में अकल्पनीय अभियान, जिनसे आदमी चाँद पर जा उतरा है और अन्य ग्रहों तथा उनसे भी परे नक्षत्रों तक पहुँच रहा है, ये सभी चमत्कारी उपलब्धियाँ मानवीय बुद्धि की हैं। फिर भी जैसा कि हमेशा होता है, तीव्रतम प्रकाशपुंज के पीछे घनी अँधियारी छाया भी पड़ती ही है। अपनी तमाम संपदा और प्रौद्योगिकी

के बावजूद आज भी दो तिहाई मानवजाति संतोषजनक जीवन-स्तर से नीचे और एक तिहाई वास्तव में गरीबी की रेखा के नीचे रहती है। आज जब हम संत फ्रांसिस की स्मृति से पावन इस मनोरम शहर असीसी में एकत्र हुए हैं, इस समय भी लाखों बच्चे भूखे सोने को बाध्य हैं, उनके शरीर अविकसित हैं, कुपोषण और चिकित्सा के अभाव में उनके मस्तिष्क विकृत हैं। हथियारों पर होनेवाला दस दिन का खर्च हमारी इस धरती से भूख बहिष्कृत कर सकता है।

विज्ञान और प्रौद्योगिकी की महान् उपलब्धियाँ न केवल मानवजाति की आवश्यकताएँ पूरी करने में विफल रही हैं बल्कि वे स्वयं एक भयानक कीमत चुकाकर अर्जित की गई हैं। पिछली कुछ शताब्दियों में और विशेष रूप से वर्तमान शताब्दी में प्राकृतिक पर्यावरण का अभूतपूर्व संहार हुआ है। अपने परिवेश में हस्तक्षेप करने की आदमी की क्षमता में अपार वृद्धि हुई है किंतु दुर्भाग्य से ज्ञान एवं बुद्धिमानी में ऐसी समतुल्य उन्नति नहीं हुई। इस विभेद के फलस्वरूप जो हुआ है, उसे हमारी धरती की नृशंस और बर्बर लूटपाट ही कहा जा सकता है, जिसका आधार वे भौतिकतावादी दर्शन हैं, जो धरती माता के आध्यात्मिक आयाम को नकार कर, उसे केवल एक भौतिक पदार्थ मानते हैं, जिसका मनमाना उपयोग किया जा सकता है।

हजारों वर्गमील जंगल नष्ट हो गए हैं और उनके साथ-साथ पशु-पक्षियों और वनस्पतियों की अनेक किस्में भी। बड़े शहरी और औद्योगिकी केंद्रों में वातावरण विशेष रूप से जहरीला हो गया है, जिसके कारण अनेक महानगरों में साँस लेना भी कठिन होता जा रहा है। इस शंका के ठोस आधार हैं कि हमारे भूलोक को घेरे हुए ओजोन की परत खतरनाक मात्रा में पतली हो रही है, जिसके संभावित प्रभावों के बारे में अभी तक हमें बहुत कम जानकारी है। आणविक हथियारों के लगातार परीक्षण से वातावरण में निरंतर विकिरण फैलता जाता है। जिसके समग्र प्रभावों का पता हमें आगामी दशकों में और अभी अजन्मी पीढ़ियों के जीवन में ही मालूम हो सकेगा। अनेक देशों में आज आणविक कचरा फेंकने की समस्या विकट हो चुकी है। यदि हम अपने इसी रास्ते पर चलते रहे तो मानवजाति को आगे क्या-क्या झेलना पड़ेगा, इसकी एक हल्की-सी झलक मात्र था चेरनोबिल में हुआ त्रासद विस्फोट।

हमारे महासागर, जो कि आदिम जीवन-रूपों के उद्‍गम भंडार थे और जिनसे ही समस्त प्राणियों का उद्भव हुआ है, वे बुरी तरह प्रदूषित हैं।

रासायनिक खादों एवं कीटनाशकों ने धरती को विषाक्त कर दिया है और समूची खाद्य शृंखला को खतरे में डाल दिया है। अनेक प्रजातियाँ नष्ट हो चुकी हैं और अन्य अनेक विलुप्त होने की कगार पर हैं। एक लंबे अरसे से इस विचित्र सिद्धांत ने मानवीय चेतना को विकृत कर रखा है कि हमारी जाति को अन्य प्राणियों एवं प्रजातियों को नष्ट करने का मानो कोई विशेष अधिकार प्राप्त है, जिससे कि हम इस पृथ्वी पर अपनी 'सर्वोपरिता' स्थापित करते हैं। प्रतिवर्ष भोजन के लिए करोड़ों जानवर काटे जाते हैं

या वे प्रयोगशालाओं में तड़पतड़प कर मरते हैं—और यह उन सभ्यताओं में हो रहा है, जो पशुबलि से घृणा का दावा करते हैं। आधुनिक सभ्यता की मनुष्य केंद्रिकता उन्माद की हद तक बढ़ चुकी है और इसी करण यह पूरी प्रजाति स्वयं सामूहिक आत्महत्या कर लेगी, ऐसा खतरा है।

इस पूरे प्रसंग में संरक्षण का नीतिशास्त्र बहुत स्पष्ट हो जाता है। पुण्य कमाने या अपने निजी संतोष अथवा मोक्ष के लिए कोई सत्कर्म करने का प्रश्न अब यह नहीं है। हम ऐसे चरण में आ पहुँचे हैं, जहाँ खुद हमारे बचे रहने के लिए तथा अजन्मी आगामी पीढ़ियों के लिए अनिवार्य है कि हम समूची मानवजाति की प्रमुख प्रतिबद्धता के रूप में संरक्षण को अपनाएँ।

वर्ल्ड वाइल्ड लाइफ फंड ने इस दिशा में अद्‌भुत कार्य किया है, जिसका एक उदाहरण है प्रोजेक्ट टाइगर। भारत सरकार के सहयोग से पूरा किया गया यह संभवतः विश्व के सबसे सफल संरक्षण अभियानों में से एक है। यह दिखाता है कि यदि समर्पण, श्रद्धा और संकल्प वाले नर-नारी नैतिक रूप से वांछनीय कार्य शुरू करें तो बहुत कुछ हासिल किया जा सकता है। फिर भी मैंने पूरी पृष्ठभूमि की जो चिंतनीय रूप-रेखा खींची है, उसके सामने इसे केवल एक छोटा-सा प्रायोगिक प्रोजेक्ट ही कहा जा सकता है।

आज जरूरत है कि दुनियाभर की सरकारें, स्वैच्छिक संगठन और व्यक्ति पृथ्वी-विनाश के आत्मघाती अभियान को रोकने का आह्वान करें और इसके लिए प्रतिबद्ध हों। अर्धरात्रि की इस विलंबित वेला में भी चिंतन की इस प्रक्रिया को उलटने की तथा मानसिक संतुलन की ओर धीरे-धीरे पुनः लौटने की आवश्यकता है। विशेष रूप से विकासशील देशों को चाहिए कि वे आर्थिक प्रगति से जुड़े पर्यावरण घटकों की सावधानी से परीक्षा किए बगैर विकसित विश्व की औद्योगिक एवं व्यावसायिक नीतियों के अंधानुकरण के लोभ से बचें। औद्योगीकरण की संपूर्ण प्रक्रिया में पर्यावरण नियोजन अभिन्न रूप से जुड़ना चाहिए और पूरे संसार में शैक्षिक पाठ्यक्रमों में पर्यावरण के मूल्य अनिवार्यतः रहने चाहिए। मानवजाति की महान् धर्म-परंपराओं में निहित अंतर्दृष्टियों को, जो कि यहाँ असीसी में तैयार की जा रही हैं, पाँच घोषणाओं में अभिव्यक्त होंगी, संचार-साधनों के द्वारा अखबार और रेडियो, टेलीवीजन और सिनेमा इत्यादि के द्वारा पूरे संसार में प्रसारित किया जाना चाहिए।

पुरातन मिथकों से मानवीय संकटों और दुविधाओं का अक्सर सशक्त स्पष्टीकरण मिलता है; इस प्रसंग में समुद्र-मंथन का हिंदू मिथक आज हजारों साल के आर-पार हमसे बतियाता है, संपत्ति बटोरने की बुद्धिहीन ललक के खतरों को उस पुराकथा में साफ देखा जा सकता है।

यह विचारणीय है कि हमारी पीढ़ी एक ऐसी विशिष्ट पीढ़ी है, जिसे ईसा के बाद की तीसरी सहस्राब्दी का उदय देखने का अवसर सबसे पहले मिलेगा, बल्कि इसलिए भी कि इस धरती पर बसने वाले शायद हम आखिरी मनुष्य हों। अब हमारी

उत्तरजीविता केवल इस पर निर्भर है कि हममें चेतना का एक जबर्दस्त संक्रमण करने की क्षमता है या नहीं। यह संक्रमण उसी प्रकार के महत्त्व का है जैसा घुमंतू से कृषि और कृषि से औद्योगिक समाज में संक्रमण का था। हमें प्रतिस्पर्द्धा की जगह अन्यान्य आश्रय, विग्रह की जगह सायुज्य, सुखवादिता की जगह समग्रता में संक्रमण करना होगा। संक्षेप में हमें तेजी के साथ एक नई भूमंडलीय चेतना में प्रवेश करना होगा, जो कि मानवजाति की मौजूदा विखंडित एवं विशृंखलित चेतना का स्थान लेगी। मेरी दृष्टि में संरक्षण के नीतिशास्त्र का वास्तविक महत्त्व यही है।

# भूमंडलीय चेतना में संक्रमण

यद्यपि सभ्यता के उदय काल से ही मनीषी एवं द्रष्टा, शांति की आवश्यकता प्रतिपादित करते आए हैं—उदाहरण के लिए ऋग्वेद का अद्भुत शांति पाठ देखें—फिर भी तथ्य यही है कि जहाँ तक हमें ज्ञात है, मानवजाति का इतिहास-चक्र अत्यंत हिंसापूर्ण और रक्तरंजित रहा है। सभी जातियों एवं राष्ट्रों का इतिहास लड़ाइयों एवं युद्धों से भरा हुआ है, फिर वे चाहे अंदरूनी संघर्ष कर रहे हों या बाहरी आक्रमण। इन तमाम युगों में मनुष्यों ने एक-दूसरे पर रक्तपात और मत्यु का जो कहर बरपा किया है, उसका परिणाम जाँचने के लिए नवीनतम पीढ़ी के कंप्यूटरों की जरूरत पड़ेगी। इन संघर्षों के कारण अनेक तथा विविध रहे हैं, कुछेक युद्ध समाज पर प्रभुत्व जमाने की कुछ व्यक्तियों या समूहों की आकांक्षा के फलस्वरूप हुए, कुछ दूसरे युद्ध अन्याय और अत्याचार के खिलाफ लड़ने के फलस्वरूप। आततायियों के अहंकार से और राष्ट्रीय मुक्ति एवं स्वतंत्रता की आकांक्षा से भी युद्ध होते रहे हैं। कभी-कभी संघर्ष शुरू करने वाले दोषियों को स्पष्ट पहचानना संभव हो जाता है किंतु अक्सर प्रश्न इतने जटिल होते हैं कि कोई दो-टूक निर्णय लगभग असंभव होता है। फिर भी यह एक तथ्य है कि मानवीय व्यापार में युद्ध हमेशा एक बड़ा घटक रहा है। स्वयं हमारी शताब्दी ने अमानवीयता की चरम सीमा देखी है। दो विश्वयुद्धों में और सैकड़ों क्षेत्रीय लड़ाइयों में, यातना-शिविरों में और गैस चैंबरो में, आणविक विस्फोटों में और सुधार-शिविरों में करोड़ों लोग मर चुके हैं। सभ्यता के तथाकथित आगमन के बावजूद युद्ध में मरनेवालों की संख्या में कोई कमी नहीं आई। सच तो यह है कि प्रत्येक प्रौद्योगिकी प्रगति के साथ-साथ, युद्ध में जुटनेवालों की संख्या भी बढ़ती जाती है और पुरातन काल में जहाँ केवल सैनिक ही मरते थे, वहीं अब पूरी की पूरी आबादियाँ मटियामेट हो जाती हैं। अभी केवल चालीस बरस पहले आणविक हथियारों से हिरोशिमा और नागासाकी का विलोप इस प्रक्रिया का चरम रूप था और इसने पूरी मानवजाति के लिए खतरे का एक नया द्वार खोल दिया। आणविक युग के उदय के साथ-साथ इस पूरी स्थिति में एक गुणात्मक परिवर्तन आया है। आज एक ही अणुअस्त्र में उतनी विस्फोटक शक्ति भरी

होती है, जितनी कि उन्नीस सौ छियालीस में जापान पर गिराए गए बमों जैसे एक हजार बमों में होती। न्यूनतम अनुमान के अनुसार आज हमारे इस छोटे से पृथ्वी ग्रह पर कम से कम पचास हजार ऐसे अणुअस्त्र हैं इसलिए महाशक्तियों के बीच आणविक युद्ध छिड़ गया तो उससे केवल वही दो पक्ष नष्ट नहीं होंगे बल्कि लगभग तय है कि हमारी जानी-पहचानी मानव-सभ्यता नष्ट हो जाएगी; स्वयं मानवजाति उन्मूलित हो जाएगी और संभवतः पृथ्वी पर मौजूद जीवन के सभी उच्चतर रूप समाप्त हो जाएँगे। वास्तव में यह पृथ्वी-हत्या जैसा कुछ होगा।

इस संदर्भ में स्पष्ट रहे कि अंतर्राष्ट्रीय विवाद के समाधान में विकराल युद्ध को अब स्वीकार्य उपाय नहीं माना जा सकता। शांति और अंतर्राष्ट्रीय सद्भाव केवल नैतिक आवश्यकता नहीं बल्कि मानवजाति के अस्तित्व की रक्षा के लिए अपरिहार्य आदेश बन चुके हैं। ऋषि-मुनियों ने पृथ्वी पर शांति की स्थापना का जो स्वप्न देखा था, उसे अब यथार्थ में परिणत करना होगा क्योंकि तभी मानवजाति अगली सहस्राब्दी में जीवित रह सकेगी तथा पिछले अनेक दशकों में विज्ञान एवं प्रौद्योगिकी ने जो विस्मयकारी छलाँगें लगाई हैं, उनके हितकारी क्रियान्वयन से लाभ उठा सकेगी। कोई भी दर्शन जो संभावित आणविक सर्वनाश के केंद्रीय प्रश्न से कतराता है, वह आणविक युग में मानव-जाति की दुविधा से निपटने का दावा नहीं कर सकता। यह बात स्पष्ट हो जाने के बाद जरूरी है कि हम ऐसी विश्वदृष्टि विकसित करें, जो मौजूदा स्थिति का प्रभावकारी ढंग से सामना करने में समर्थ हो।

मेरा निवेदन है कि वेदांत में वास्तव में हमें एक ऐसी समग्र विश्वदृष्टि उपलब्ध है। पाँच ऐसे सिद्धांत हैं जिन्हें मिलाकर ऐसी व्यापक रूपरेखा बन सकती है, जिसके अंतर्गत विश्व-शांति का एक समग्र दर्शन विकसित किया जा सकता है। संक्षेप में ये इस प्रकार हैं। पहली धारणा यह है कि समूचे ब्रह्मांड में वही एकमेव आत्मशक्ति व्याप्त है : ईशावास्यमिदं सर्वं यत् किंच जगत्यां जगत्। पदार्थ और ऊर्जा में कोई अकाट्य विभाजन नहीं है और यद्यपि ऊर्जा लाखों रूपों में प्रकट हो सकती है, किंतु उसका आंतरिक सत्य मूलतः एक ही है। दूसरे यह स्पष्ट है कि सभी जीवों में बहु दिव्य ज्योति विद्यमान है और ज्यों-ज्यों हम विकास की सीढ़ी पर ऊपर जाते हैं, त्यों-त्यों यह शक्ति चेतना में अधिक सशक्त रूप में प्रकट होती है। मानवजाति चूँकि इस समय इस भूलोक पर जैविक विकास के पिरामिड के शिखर पर है, अतः नस्ल या धर्म मतवाद या राष्ट्रीयता के भेदभाव की परवाह किए बगैर परमात्मा की यह ज्योति सभी मनुष्यों में प्रकट है : ईश्वरः सर्वभूतानां हृद्देशेऽर्जुन तिष्ठति। तीसरे, यदि प्रत्येक मनुष्य उसी दिव्य शक्ति की चिनगारी का प्रतिनिधि है तो समूची मानवजाति वस्तुतः एक ही विशाल परिवार है, वसुधैव कुटुम्बकम्। चौथे, यदि ऐसा है तो सर्वोच्च हित इस तथ्य में नहीं है कि एक जाति, धर्म या राष्ट्रीयता का दूसरी पर प्रभुत्व हो, बल्कि समस्त जीवों के कल्याण के लिए निर्मित सहयोगी राष्ट्र समुदाय में ही सर्वोच्च हित है : बहुजन-हिताय

बहुजन-सुखाय च। और अंत में इन्हीं तथ्यों से यह भी निष्कर्ष निकलता है कि सभी धर्म और मत सत्यरूपी उस संपूर्णता को जानने के आंशिक उपाय मात्र हैं, और कोई भी परम ज्ञान पर एकाधिकार का दावा नहीं कर सकता। जैसा कि ऋग्वेद में कहा गया है : एकं सद् विप्राः बहुधा वदन्ति।

इन वेदांती सिद्धांतों पर आधारित विश्वदृष्टि वर्तमान विनाशधारा को पलट सकती है और इस विलंबित घड़ी में भी मानवजाति स्वस्थ मानसिकता की ओर लौटने में समर्थ हो सकती है। यद्यपि उपनिषदों में इन सिद्धांतों का मुखर विवेचन है। फिर भी ये वास्तव में सार्वभौमिक हैं तथा इन पर किसी खास धर्म का एकाधिकार नहीं है, बौद्ध पंचशील के पाँच सिद्धांत, जैनों का अहिंसा व्रत, विश्वजनीन प्रेम की ईसाई आस्था इत्यादि सब उसी आत्म-चेतना के प्रतिबिंब हैं। वस्तुतः हमें याद रखना चाहिए कि आज असंख्य मनुष्य किसी धर्म के औपचारिक अनुयायी या शिष्य नहीं हैं किंतु इसके बावजूद मानवीय उत्तरजीविता के लिए उनकी प्रतिबद्धता कम नहीं है। जरूरी यह है कि विश्व-स्तर पर रेडियो और टेलीवीजन, अखबार और पत्रिका, पुस्तक और पर्चा, सिनेमा और रंगमंच इत्यादि अब संचार-साधनों की संपूर्ण शक्ति का उपयोग करते हुए, एक सुचिंतित, सुव्यवस्थित शैक्षिक अभियान चले, ताकि मानवता के बहुलांश को आणविक सर्वनाश रोकने की महती आवश्यकता समझाई जा सके। विभिन्न देशों के पाठ्यक्रमों में सार्वभौमिक मूल्य निहित होने चाहिए और भारत में हम आध्यात्मिक दृष्टि एवं वैज्ञानिक श्रेष्ठता के अपने अनोखे समन्वय के द्वारा इस क्षेत्र में रास्ता दिखा सकते हैं।

हमारे देश में शांति की स्थापना के लिए अनेक अंतर्राष्ट्रीय संगठन बनाए गए, किंतु अभी तक इन प्रयत्नों से निराशा ही हाथ लगी है। यूनेस्को की दुर्दशा अत्यंत दारुण है। मानवजाति के विवेक के रूप में अभिकल्पित यह संस्था अंतर्राष्ट्रीय तनाव और संघर्ष की रणभूमि बन गई है। एक समस्या यह है कि अनेक शताब्दियों से जो राष्ट्रवाद मानवीय कारोबार में सशक्त और सक्षम बल था वह स्वयं आज अपने उस आदिम रूप में नहीं चल सकता और यदि चलेगा तो मानवता गंभीर खतरे में पड़ जाएगी। आज यह भूमंडलीय गाँव जिस तरह आणविक हथियारों से पटा हुआ है, उसमें हम सैकड़ों प्रतियोगी राष्ट्रवादों को चलाने की विलासिता बर्दाश्त नहीं कर पाएँगे। यदि हमें भविष्य में बचे रहना है तो हमें राष्ट्रीय सीमाओं को भी किसी-न-किसी भूमंडलीय संगठन में संक्रमित करना ही होगा, उसी तरह जैसे राष्ट्र राज्य बनाते समय जनजातीय निष्ठाओं से ऊपर उठा गया था। वस्तुतः यदि सभी पारपत्रों पर पृथ्वीग्रह की मुहर के बाद ही देश विशेष का नाम दिया जाए तो एक प्रतीकात्मक कदम के रूप में यह वांछनीय होगा, यह हमें स्मरण दिलाएगा कि भिन्न-भिन्न राष्ट्रीयताओं के बावजूद हम सब इसी एक छोटे से ग्रह के निवासी हैं। बीसवीं सदी के आरंभ में श्रीअरविंद ने वंदे मातरम् का महान् मंत्र बंकिमचंद्र से लिया और उसे राष्ट्रीय मुक्ति का जबर्दस्त औजार बना दिया। आज अस्सी वर्ष बाद हमें भवानी भारती ही नहीं बल्कि उससे वृहत्तर भवानी वसुंधरा की

धारणा की ओर बढ़ना है।

राष्ट्रवाद से ऊपर उठने की कोशिश वैसी अयथार्थपरक नहीं है, जैसी पहली नजर में प्रतीत हो सकती है। संचार-क्रांति से उपग्रह प्रौद्योगिकी से जुड़कर आज पृथ्वी के किन्हीं भी दो भागों में तत्काल संपर्क करना संभव हो गया है। किसी एक शहर में हो रहा खेलकूद ऐन उसी समय सारी दुनिया में देखा जा सकता है। अफ्रीका में अकाल विश्वव्यापी चंदा उगाही अभियान तब्दील हो सकता है, धर्म अथवा मतवादों के विभेद की परवाह किए बगैर पूरी मानवजाति किसी भी मंदिर या मस्जिद में होनेवाले अंतरधर्मी अनुष्ठान को देख सकते हैं। टेलीवीजन और वीडियो की क्रांतियाँ मनुष्यों को इस तरह इकट्ठा कर रही हैं कि तीन दशक पहले भी इसकी कल्पना असंभव थी। राष्ट्रपति रेगन या राष्ट्रपति गोर्वाचोव का कहा उनके अपने देशों में सीमित न रहकर पूरी दुनिया की संपत्ति वन जाता है। विभिन्न राष्ट्र सीमावरोध खड़ा करने की चाहे जो कोशिश करें, वर्तमान युग की गतिशीलता स्वयं ही उन्हें तोड़-फोड़ देगी। भाषा और संगीत में, वेशभूषा और खान-पान में और सैकड़ों विभिन्न रूपों में हम देखते-देखते एक वैश्विक सभ्यता का उभरना महसूस कर रहे हैं।

अपने समय के संघर्षों और विग्रहों के बीच एक नई विश्व-सभ्यता जन्म लेने के लिए छटपटा रही है, हालाँकि इस घटना के अत्यंत निकट होने के कारण हम होनेवाले इस परिवर्तन की विराटता को समझ नहीं पा रहे। जिसे मैंने भूमंडलीय चेतना कहा है उसका उदय घुमंतू से कृषि और कृषि से उद्योग वाली सभ्यता के संक्रमण से भी कहीं अधिक नाटकीय घटना होगी। इससे भी अधिक विचारणीय यह है कि प्रौद्योगिक प्रगति के कारण समय स्वयं सघन होकर सिमट गया है; इसी कारण पहले जो परिवर्तन अनेक शताब्दियों में हो पाते थे, वे अब कुछ ही वर्षों में होने लगे हैं।

मेरी मान्यता है कि हम आज मानव-चेतना के भीतर अपार परिवर्तनों की दहलीज पर खड़े हैं। यह एक नए एवं विस्मयकारी आयाम में कायाकल्प जैसा है, हालाँकि हम इस परिवर्तन के बावजूद जीवित रहने की बुद्धिमत्ता जुटा पाएँगे या कि परिवर्तन से पहले ही अपने भूलोक को नष्ट कर चुकेंगे, यह अभी नहीं कहा जा सकता। ऐसे परिवर्तन शांतिमय कम ही होते हैं और इस प्रक्रिया में पड़े हुए लोगों के लिए प्रायः अत्यंत खेदजनक होते हैं। एक बदसूरत इल्ली के एक सुंदर उड़नशील तितली बनने में निहित कायाकल्प की हम सराहना करते हैं। किंतु स्वयं उस जीव के लिए, प्रक्रिया निश्चय ही भयावह होती होगी। एक तरह से मानवजाति अब ऐसे ही कायाकल्प से गुजर रही है और हममें से जो लोग बुद्धिजीवी होने का दावा करते हैं, उन्हें चाहिए कि वे सार्वभौम मूल्यों के प्रसार में तथा शांति एवं अंतर्राष्ट्रीय सौहार्द की स्थापना में अग्रणी भूमिका निभाएँ ताकि विश्व अक्षत रहते हुए इस संक्रमण को पूरा कर सके। मौलाना जलालुद्दीन रूमी के अमर शब्दों में :

जहाँ कहीं जाऊँ मैं मशाले कंदीलें हैं,
जहाँ मुड़ूँ वहीं पर शोर है, शराबा है,
दुनिया हुई भारी चीखती कराहती,
आज जन्म देगी वह अमर संसार को।

# मानव-एकता की आवश्यकता

एक ऐसा समय आता है और मानव-इतिहास में ऐसा समय कभी-कभी ही आता है, जब मानवजाति अतीत के बोझ और भविष्य की चुनौतियों के बीच अटक जाती है। जब पुराना ध्वस्त हो जाता है और नया जन्म लेने के लिए छटपटाता है; जब एक उच्चतर चेतना की संभावना अपनी चेतनाएँ दिखाने लगती है किंतु घृणा और विनाश की शक्तियाँ अजन्मी पीढ़ियों के ऊपर अपनी अशुभ छाया डालने लगती हैं, जब जानकारी दिन-दूनी बढ़ती है, लेकिन ज्ञान घिसटता रहता है, जब विज्ञान व प्रौद्योगिकी हमें अकल्पनीय वरदान देती है लेकिन साथ ही अकल्पनीय विनाश के द्वार भी खोल देती है, जब इस सदी के अंत तक इस धरातल से गरीबी और भूख, निरक्षरता व बेरोजगारी समाप्त करने की क्षमता हमारी पहुँच के भीतर है। परंतु दूसरी ओर यह खतरा भी है कि आणविक दाह में तब तक मानव-इतिहास और सभ्यता के समस्त फल समाप्त हो जा सकते हैं और मानवजाति ही नहीं बल्कि इस ग्रह से जीवन मात्र उन्मूलित हो जा सकता है। यह एक त्रासद बिडंबना है कि जिस धरती माता ने करोड़ों वर्ष से आदिम सागर के दलदल से उठाकर आज के स्तर की चेतना तक हमें पाला-पोसा है, स्वयं वह आज उसी मनुष्य जाति के कारण खतरे में है जो कि जैविक विकास के अग्रणी हैं।

विभिन्न देशों और जातियों के हम लोग आज यहाँ संसार के महानतम महानगर के हृदय में स्थित दिव्य संत जान के महान् गिरजाघर में, इस सुंदर और भव्य-पूजागृह में एकत्र हैं, जोकि इस महान् आत्म-साक्षात्कार के प्रणेता को समर्पित है जिसने पात्मों द्वीप में वह दिव्य ज्ञान पाया था। हम आज मानवता के लिए परमात्मा की अनुकंपा की प्रार्थना करने जुटे हैं। मानवजाति में प्रचलित विभिन्न अनेक धर्मों के प्रतिनिधि हम लोग अपने इस विश्वास में एकजुट हैं कि सारे ब्रह्मांड में एक ही दिव्य तत्त्व विराजमान है—जैसा कि उपनिषद् में कहा गया है—'ईशावास्यमिदं सर्वं यत् किंच जगत्यां जगत्', हम एकमत हैं कि पृथ्वी नामक इस ग्रह पर प्रत्येक व्यक्ति किसी रहस्यमय रीति से परमात्मा की कृपा और परमात्मा की शक्ति का भागीदार है। इस निर्णायक मोड़ पर

जरूरी है कि हमारी विभिन्न आकांक्षाओं की अनेक धाराएँ शांति एवं कल्याण की एकीकृत प्रार्थना में आ मिलें, जिससे कि मानवजाति का सर्वनाश होने से बचाने की हमारी प्रार्थना का परमात्मा एक सशक्त और प्रभावशाली प्रत्युत्तर दे। गीता में श्रीकृष्ण स्पष्ट कहते हैं कि जब कभी मानवजाति सचमुच खतरे में पड़ती है, तब धर्म की पुनः स्थापना के लिए एक निर्णायक दिव्य संकल्प का आविर्भाव होता है।

एक सर्जनात्मक सहजीविता प्रत्येक महान् धर्म के विधायी तत्त्व का सम्मिलन इस विलंबित घड़ी में भी अंधकार दूर करके भूमंडलीय संकट के निवारण के लिए आवश्यक मानसिक ऊर्जाएँ उन्मुक्त कर सकता है। पंडित गोपीकृष्ण, जिनका कुछ ही सप्ताह पहले देहांत हुआ, अपनी अद्भुत पुस्तक 'द प्रेजेंट क्राइसिस' में व्यक्त एक हमारे समय के दिव्य आत्मिक अनुभव से उक्त आशा को पुष्ट कर गए हैं। पुस्तक में सर्वनाश के खतरे का निरूपण तो है ही, साथ ही यह भविष्यवाणी भी है कि यदि पर्याप्त संख्या में लोग जागरूक हों और उच्चतर चेतना प्राप्त कर लें तो अणुयुद्ध टाला जा सकता है। हमारे युग के अन्य महान् महर्षि विशेष रूप से पूर्व के श्रीअरविंद और पश्चिम के टाइलहार्द द शारदां आगामी संकट तथा उससे उबरने के लिए जरूरी विकासात्मक छलाँग की आवश्यकता प्रभावकारी ढंग से प्रतिपादित कर चुके हैं, हिंदू धर्म जो कि मनुष्य को प्राप्त पुरातनतम जीवंत ग्रंथ वेदों पर आधारित है, हमारे सामने मानवजाति की एकता का उदात्त विचार रखता है—वसुधैव कुटुम्बकम्—और उद्घोषित करता है कि प्रत्येक मनुष्य के भीतर परमात्मा है, सभी धर्म सारतः एक हैं और मनुष्य का परिवार एक ही है। प्रत्येक व्यक्ति में विराजमान दिव्य शक्ति के उस उत्स का हमें पुनः आविष्कार करना चाहिए जो सभी धर्मों और सिद्धांतों की जड़ में है, जो उन कृत्रिम बाधाओं को काटता है, जिन्हें मनुष्य ने बड़ी मेहनत से खड़ा किया है और जो हमारे बचे रहने तथा आत्मिक विकास की कुंजी लिए हुए है। यही वे सत्य हैं जिनका हमें फिर से आविष्कार करना है, क्योंकि जैसा ईसा मसीह ने कहा है—तुम सत्य को जानोगे और सत्य तुम्हें मुक्त करेगा। और जैसा कि उपनिषद् में उद्घोषित है —सत्यमेव जयते नानृतम् (केवल सत्य जीतता है, झूठ नहीं)।

चरम संकट के इस क्षण में हम अपने मन और मस्तिष्क से कड़वाहट और संदेह धो डालें क्योंकि जीवित बचे रहने के लिए एक उच्चतर चेतना रखनी होगी, जिसमें नास्तिक समेत मनुष्य के सभी धर्म समा सकें, ताकि हमारे बच्चे और उनके भी बच्चे अगली सहस्राब्दी में फल-फूल सकें, ईश्वर के नाम पर असंख्य युद्ध लड़े जा चुके हैं; करोड़ों मनुष्य इन संघर्षों में खप चुके हैं और मर-खप रहे हैं जबकि दूसरी ओर मानव जाति के विशाल खंडों पर नास्तिकता की शक्तियों का भी प्रभाव बढ़ रहा है। आइए, हम लोग जो स्वयं को धार्मिक स्त्री और पुरुष मानते हैं, उसी उत्साह से शांति के अभियान में लगें, जिस उत्साह से कभी युद्ध छेड़ा करते थे, ताकि मानवीय विग्रह का युद्ध इतिहास के पन्नों में खो जाए और हम परस्पर सुनिश्चित विनाश की बजाय परस्पर

सुनिश्चित कल्याण के एक नए साहसिक अभियान पर निकल सकें। हम विनाश के बाद वाले दिन की प्रतीक्षा न करें। बल्कि धरती के ओर-छोर तक विनाश के पहले वाले दिन का अभी शांति और सद्भाव का संदेश प्रसारित कर दें—अभी जब हम संगीत के सौंदर्य और कला की उदात्त अनुभूति को जानने-पहचानने में सक्षम हैं; अभी जब हम हमारे हृदयों में महान् साहित्य का ज्ञान और प्रेम का सार्वभौमिक स्पंदन गूँज रहा है।

और आइए, हम भूलोक के संसाधन इस तरह पुनर्घटित करें कि आज जो दो तिहाई मानवजाति मात्र उदर-पोषण के लिए जूझ रही है, उसे एक सुसभ्य अस्तित्व के लायक भौतिक एवं बौद्धिक संसाधन सुलभ कराए जा सकें; जिससे कि लाखों बच्चे हर रोज भूखे या अधपेट सोने को बाध्य न हों और उनके मस्तिष्क तथा शरीर बड़े होने पर अविकसित न रह जाएँ, जिससे कि लाखों लोग छूत की बीमारियों से और उन नए जहरीले जीवाणुओं से, जिन्हें चिकित्सा शास्त्र अभी पहचान नहीं पाया है, मृत्यु को प्राप्त न हों, और लाखों लोग कुपोषण से इस तरह बर्बाद न हों कि उनकी मानवीयता ही छिन्न-भिन्न और विकृत हो जाए। यह सब तभी हो सकता है यदि परम विनाश के उत्तरोत्तर घातक हथियारों में लगनेवाले विश्व-संसाधनों का कम-से-कम दस प्रतिशत अंश ही शांति के प्रयोजनों में लगा दिया जाए; क्योंकि हम याद रखें कि प्रत्येक मनुष्य को न्याय तथा स्वतंत्रता दिए बगैर शांति की तमाम चर्चा प्रायः अर्थहीन हो जाती है; क्योंकि प्रत्येक व्यक्ति अद्वितीय होता है और मानव सभ्यता में योगदान की उसमें अनोखी क्षमता होती है।

वातावरण अपशकुन से बोझिल है और युद्ध के काले बादल क्षितिज पर दिखाई दे रहे हैं। फिर भी हममें से जो लोग अंतःकरण के मार्ग पर चलते हैं, उन्हें चतुर्दिक् अंधकार में भी आस्था बनाए रखनी चाहिए। हजारों वर्ष पहले उपनिषदों के एक महान् ऋषि ने आनंद विह्वल होकर घोषणा की थी—''अंधकार से परे दूसरे तट पर मुझे उस देदीप्यमान महान् विभूति के दर्शन हुए हैं।''

आइए, हम सब जो आज यहाँ एकत्र हैं, उसी अलौकिक शक्ति एवं प्रकाश के सामने अपने अंतःकरण खोल दें, ताकि हम दिव्य आत्मा से ज्योतिर्मय हो उठें और इस प्रकार कार्य करने की विधा अर्जित कर सकें, जिससे कि इतना रमणीक फिर भी इतना भंगुर पृथ्वी नामक यह हमारा सुंदर ग्रह बचाया जा सके, इसे हम अनंतकाल के लिए सूर्य के चक्कर लगानेवाला एक जला हुआ कोयला होने से बचाएँ और इसकी बजाय हमें उच्चतर चेतना की शक्ति और वैभव के वाहक महानतर मनुष्य का पालन करने वाले पालने के रूप में बचा कर रखें।

# शांति का मार्ग

समूचे मानव-इतिहास में पर्वतों को उनकी भव्यता के कारण पवित्र माना गया है, यह इसलिए भी कि उनका ऊर्ध्वगामी स्वरूप परमात्मा के साथ जीवात्मा के ऐक्य की आकांक्षा का प्रतीक बन जाता है। भारत में विशाल हिमगिरि मालाओं में ही हजारों साल पहले आत्मबोधप्राप्त ऋषियों-मुनियों ने सुंदर ऋचाएँ रची थीं, जिनका संचयन वेद कहलाता है, इन ऋचाओं में हिंदू धर्म की, उस धर्म की आधारशिलाएँ हैं, जिसके प्रतिनिधि के रूप में इस धर्म-शिखर में आने का सम्मान मुझे मिला है। इसलिए यह अत्यंत उपयुक्त है कि विश्व-पूज्य एतायी यामादा के संरक्षण में होनेवाली बैठक उस हीएई पर्वत से जुड़ी है, जिसे जापान में बौद्ध धर्म का पालना माना जाता है। और यह आपकी महान् सांस्कृतिक राजधानी परम सुंदर क्योतो महानगर से भी जुड़ी है। चूँकि मैं भारत से आया हूँ अर्थात् उस भूमि से जहाँ महान् धर्मों के सभ्यता के उदयकाल से ही आध्यात्मिक सूर्य देदीप्यमान है इसलिए मैं सूर्योदय के इस देश जापान के लिए बंधुत्वपूर्ण शुभकामनाएँ भी लाया हूँ। विश्व के समस्त महान् धर्मों के प्रतिनिधियों वाली यह सभा उस भूमंडलीय चेतना के निर्माण में एक महत्त्वपूर्ण मंजिल साबित हो, जिसकी आवश्यकता इस आणविक युग में मानव-जाति को बचाने के लिए आज बहुत अधिक है।

आज मानवता घुमंतू से कृषि-व्यवस्था, कृषि से उद्योग-व्यवस्था और औद्योगिक व्यवस्था से उत्तर औद्योगिक सभ्यता जैसे अत्यंत महत्त्वपूर्ण संक्रमणों के समतुल्य एक नए कगार पर खड़ी है। विज्ञान और प्रौद्योगिकी में पिछले दशकों में विस्मयजनक प्रगति से एक बिल्कुल नई प्रक्रिया आरंभ हुई है, जिसे भूमंडलीकरण कहा जा सकता है। राष्ट्रीय, जनजातीय और जातीय, धार्मिक, बौद्धिक तथा अन्य विभेद और विभाजन मौजूद हैं। फिर भी राजनीति में, अर्थतंत्र में, संचार-साधनों में और सांस्कृतिक रुझानों में भूमंडलीकरण की ओर गतिशीलता दिखाई देती है। हिरोशिमा तथा नागासाकी पर चालीस वर्ष पहले फेंके गये भयानक बमों से आणविक युग का अरुणोदय हुआ था, यदि मनुष्य-जाति को अगली शताब्दियों में बचे रहना है और यदि इस मनोरम भूलोक

को नष्ट नहीं होना है तो यह जरूरी है कि समस्त विघ्न-बाधाओं को तोड़ती हुई एक नई सभ्यता का उदय हो, जो पूरे मानव-समाज को एक ही परिवार के रूप में सूत्रबद्ध कर दे। इसके लिए परम आवश्यक है विश्वशांति। यद्यपि भूमंडलीकरण की ओर प्रयाण बेगवान हो रहा है फिर भी इस नई सभ्यता को धारण करने के लिए आवश्यक विश्व-चेतना पर्याप्त रूप में अभी तक नहीं उभरी है। इस प्रकार भूमंडलीकरण की अभिवृद्धि और मानवता के विशाल समूहों द्वारा खासकर राजनेताओं द्वारा उसकी स्वीकृति के बीच खाई के कारण एक अत्यंत खतरनाक स्थिति पैदा हो गई है। विश्व की महान् धर्म-परंपराओं को इसी मौके पर निर्णायक तथा परम आवश्यक भूमिका निभानी है। यह सही है कि संगीत और नृत्य, दर्शन और ललित कला, साहित्य और वास्तुशास्त्र जैसे जीवन के अनेक रचनात्मक क्षेत्रों में धर्म महान् प्रेरणा का आदि स्रोत रहा है। किंतु संघर्ष के इस इतिहास के बावजूद विश्व के महान् धर्म एक उच्चतर मानव चेतना के संबंध में अमूल्य अंतर्दृष्टि प्रदान करते हैं। वर्तमान आवश्यकताओं के आलोक में उनको रचनात्मक ढंग से पुनः परिभाषित किया जाना चाहिए।

विश्व के धर्मों में एक स्वर्णिम सूत्र की तरह मानव बंधुत्व और दिव्य अनुकंपा की जो धारणाएँ अनुस्यूत हैं, जिन्हें आज फिर से समझने की जरूरत है ताकि उदीयमान नई चेतना के विकास में वे निर्णायक संसाधन साबित हों, चूँकि मैं हिंदू-परंपरा का हूँ इसलिए इस विद्वत् मंडली के सामने मैं अपने ग्रंथों—वेदांत से प्राप्त पाँच सार्वभौम सिद्धांत रखना चाहता हूँ, जो सब मिलकर मानवता की समस्याओं के प्रति एक समग्र एवं प्रबुद्ध उपाय के रूप में देखे जा सकते हैं। सर्वप्रथम ब्रह्म की या दिव्यत्व की सर्वत्र प्याप्ति की अवधारणा है; हमारे छोटे से भूलोक की करोड़ों नीहारिकाओं तक सभी जगह वह व्याप्त है। दूसरी धारणा यह है कि धर्म और राष्ट्रीयता जाति और विचारधारा इत्यादि के विभेदों से परे प्रत्येक व्यक्ति उसी दिव्यता की चिनगारी का मूर्तिमान रूप है, साथ ही यह भी कि जीवन का सर्वोच्च लक्ष्य यही है कि अपने भीतर की इस चिनगारी को हममें से प्रत्येक व्यक्ति जागृत करके आत्मिक बोध की ज्वलंत अग्नि में विकसित करे।

तीसरी धारणा यह है कि यदि समस्त मनुष्य दिव्यता की संभावना से युक्त हैं तो समूची मानवजाति एक ही विराट परिवार की प्रतिनिधि है। अंततः यही आंतरिक आत्मिक कड़ी है जो विभिन्न मनुष्यों को एक-दूसरे से जोड़ती है। मनुष्यों को विभाजित करने वाले बाहरी विभेदों की अपेक्षा यह बंधन अधिक सुदृढ़ है। चौथी अंतर्दृष्टि यह है कि समस्त सच्ची धारणाओं को आकांक्षाओं से तत्त्वतः एक ही लक्ष्य की प्राप्ति होनी चाहिए। यदि दिव्यता अर्थात् परमात्मा का अस्तित्व है—उसकी पूजा चाहे अंतर्वर्ती या पारलौकिक शक्ति के रूप में हो, पुरुष अथवा नारी के रूप में हो, साकार और सगुण अथवा निराकार और निर्गुण के रूप में हो तो हम अपने जन्म के संयोग से भिन्न हो गए हैं, केवल इस कारण वह परमात्मा भिन्न-भिन्न नहीं हो सकता। यह ठीक है कि

वह करोड़ों भिन्न रूपों में प्रकट हो सकता है; उसी तरह जैसे सूर्य विभक्त हुए बगैर हजारों अलग-अलग सरोवरों में प्रतिबिंबित हो सकता है, किंतु नाना रूपों में दिखाई देने के बावजूद दिव्य या अलौकिक सत्य तत्त्वतः एक ही है।

पाँचवाँ विचार यह है कि मानव-जीवन का लक्ष्य उभयमुखी है; हमारी व्यक्तिगत जीवात्मा को बंधनों से मुक्त होना है और साथ ही साथ समाज तथा विश्व का कल्याण भी आवश्यक है। जन-कल्याण की इस आवश्यकता को किसी संकीर्ण जाति अथवा धर्ममत के संदर्भ में नहीं देखा गया, अनेक लोगों के कल्याण, अनेक लोगों के सुख के रूप में इसे परिभाषित किया गया है। अतः हमारी आध्यात्मिक साधना केवल आंतरिक आत्मिक आचरण में नहीं बल्कि शांति और मानव-कल्याण के प्रकट लक्ष्य की पूर्ति में अभिव्यक्त होनी चाहिए।

हिंदू धर्म के ये पाँच सार्वभौमिक सूत्र वर्तमान विध्वंसक दर्शन की एक वैकल्पिक विचार-प्रणाली के प्रतीक हैं। वह विध्वंसक दर्शन एम ए डी अर्थात् परस्पर सुनिश्चित विनाश के नाम से ठीक ही कुख्यात है। यहाँ मौजूद अन्य महान् धर्म-परंपराओं से निश्चय ही सार्वभौमिक सिद्धांत निकाले जा सकते हैं। वास्तव में इस सभा के ठोस परिणाम के रूप में एक ऐसा प्रकाशन सामने आ सकता है, जिसमें सभी महान् धर्मों, परंपराओं से उपलब्ध विश्वजनीन सिद्धांतों को प्रस्तुत किया जा सकता है; इस प्रकार विश्व-चेतना का संदेश और शांति का संदेश समस्त मानवता तक पहुँचाया जा सकता है।

मित्रो, आज हम नियति के एक निर्णायक चौराहे पर खड़े हैं। पुरातन मर रहा है और नूतन जन्म लेने के लिए छटपटा रहा है। हमारी पीढ़ी पर यह दायित्व है कि हम वह स्वर्णिम सेतु बनाएँ जिस पर चढ़कर मानवजाति हमारे चतुर्दिक् फैले अँधेरे और खतरनाक महासमुद्र को पार कर सके। हम जब पवित्र पर्वत हीएई में एकत्र हों तब हम उस परमात्मा से प्रार्थना करें कि वह हमारे मन-मस्तिष्क को स्पष्टता, हमारे हृदय को करुणा और हमारे शरीर को ऊर्जा प्रदान करे ताकि हम सब मिलकर इस भूलोक के विकास के अगले सोपान पर पहुँच सकें जैसा कि हजारों वर्ष पहले उपनिषदों के द्रष्टा ने कहा था "अँधेरे के उस पार मैंने सूर्य की तरह जगमगाते उस परम तत्त्व को देख लिया है। इसे जानने पर ही हम मृत्यु से विजय पा सकते हैं, अमरता से हमारा सेतु यही है।"

परिशिष्ट

# मुंडक उपनिषद्

## प्रस्तावना

कालिदास के शब्दों का उपयोग करते हुए यदि वेदों की तुलना उस नगाधिराज हिमालय से की जाए, जो पश्चिम में हिंदूकुश से लेकर पूर्वी समुद्रतट तक ऐसे फैला है जैसे विश्व की महान् परंपराओं को मापने वाला कोई महाकाय मानदंड हो, तो उपनिषदों को हिमालय के उन उत्तुंग शिखरों की उपमा दी जा सकती है, जो अपने अनंत हिमावरण पर ज्ञानसूर्य का उद्दीप्त आलोक बिखेरे रहते हैं। हिंदू-मेधा की सर्वोच्च अभिव्यक्ति के रूप में उन्हें देखना बिल्कुल सही है, बल्कि वे मानव-सभ्यता के उषःकाल से लेकर अब तक मानवीय आत्मा की सर्वोच्च उपलब्धियों में से एक है। ये शताब्दियों पुरानी ऋषि-परंपरा के गहनतम आध्यात्मिक अनुभवों का निचोड़ या दस्तावेज हैं, जिनका वर्णन श्रीअरविंद ने इन शब्दों में किया है : "अक्षय प्रकाश, शक्ति एवं विस्तार वाले आत्मोद्दीप्त एवं सहज दर्शन के दस्तावेज और ये चाहे छंदोबद्ध हों या लयात्मक गद्य में, ये चरम और अचूक प्रेरणा देने वाली, अनिंद्य शब्द-सौंदर्य एवं अद्‌भुत लय तथा अभिव्यक्ति वाली आध्यात्मिक कविताएँ हैं।"

पश्चिमी विद्वानों ने वेदों का जो वर्गीकरण अनुष्ठानपरक बलि-हवन आदि से जुड़े कर्मकांड तथा दर्शन से जुड़े ज्ञानकांड में किया है, उसे अलंघ्य नहीं माना जा सकता। वैदिक ऋचाएँ केवल हवन-यज्ञ आदि में प्रयुक्त होने वाली अनुष्ठानपरक रचना मात्र नहीं हैं। वस्तुतः यदि उनका सही निर्वचन हो तो हम पाएँगे कि उनमें एक जटिल और प्रभावी प्रतीकवाद में आवृत गूढ़तम आध्यात्मिक सत्य निहित है। तब भी, उपनिषदें वेदांत या कि वेदों का अंत या समापन ही हैं —इसलिए कि वे कालक्रम में वैदिक

संहिताओं के अंत में आती हैं और इसलिए भी कि वे गूढ़ या सूक्ष्म दार्शनिक प्रकृति की तथा अद्‌भुत काव्यात्मक ढाँचे वाली रचनाएँ हैं।

जैसा कि संस्कृत जैसी एक समृद्ध एवं वैभवशाली भाषा में प्रायः होता है, उपनिषद् शब्द की व्याख्या भी एकाधिक अर्थों में की जा सकती है। इसका शाब्दिक अर्थ है 'निकट नीचे बैठना'। ब्रह्म का विज्ञान या ब्रह्मविद्या का निरूपण करने वाले गुरु के निकट बैठे शिष्यों का चित्र इस शब्द से उभरता है। सुकरात तथा उसके शिष्यों की तुलना में यहाँ एक रोचक भिन्नता प्रकट होती है—संभवतः वे अकादेमी के गलियारों में टहलते हुए दार्शनिक विमर्श किया करते थे, जिससे कि उनका नाम ही 'परिभ्रामक' दार्शनिक पड़ गया था। उक्त शब्दार्थ से उपनिषद् शब्द का आशय यह भी लिया जा सकता है कि यह एक 'गुह्य विद्या' या 'रक्षक ज्ञान' है जो केवल उन्हीं शिष्यों को प्रदान किया जाता था, जो आश्रम का अनुशासन मानने के कारण ही गुरु के पास बैठ सकते थे। इससे किंचित् अधिक अमूर्त्त अर्थ में, मुंडक उपनिषद् में ही उपनिषदों को एक ऐसा 'महत् अस्त्र, शक्तिशाली धनुष' बताया गया है, जिसके सहारे आत्मा को उसके लक्ष्य ब्रह्म की दिशा में तीव्र गति से भेजकर तदाकार किया जा सकता है। आदिशंकराचार्य के अनुसार उपनिषद् का अर्थ है, वह ज्ञान जो अज्ञान या अविद्या को दूर करे या नष्ट करे।

कुल मिलाकर यह स्पष्ट है कि उपनिषदें दार्शनिक चिंतन एवं आध्यात्मिक अनुभव का एक अद्वितीय खजाना हैं। हिंदू-परंपरा में वह विचित्र द्विभाजन नहीं मिलता जो कि पश्चिम में दर्शन एवं धर्म के बीच पाया जाता है—वहाँ दर्शन का अर्थ केवल एक मानसिक सूत्रीकरण मात्र है; आध्यात्मिक दृष्टि और अनुभव से उसका संबंध आवश्यक नहीं। किंतु उपनिषदों का उद्‌भव ही ऋषि-मुनियों की आध्यात्मिक दृष्टि एवं साक्षात्कार से हुआ है—उन्होंने ही उत्कृष्ट गद्य और पद्य में अपने अनुभव व्यक्त किए हैं। उपनिषदों की संख्या के संबंध में अनेक मत मिलते हैं और पारंपरिक विश्वास के अनुसार उनकी संख्या एक सौ आठ का शुभांक है, जगत्‌गुरु शंकराचार्य ने इन ग्यारह उपनिषदों पर टीकाएँ लिखी हैं और इन्हें ही सामान्यतः प्रमुख उपनिषद् माना जाता है : ईश, केन, कठ, प्रश्न, मुंडक, मांडूक्य, तैत्तिरीय, ऐतरेय, छांदोग्य, बृहदारण्यक और श्वेताश्वतर। इनमें ईशोपनिषद् जैसी मात्र अठारह श्लोकों वाली संक्षिप्त और गूढ़ कृतियाँ भी हैं और बृहदारण्यक जैसी सैकड़ों श्लोकों वाली विशद कृतियाँ भी।

इन ग्रंथों की रचना अनेक शताब्दियों की अवधि में हुई है। उनके कालक्रम के संबंध में शास्त्रीय विवाद में उलझे बगैर ही सामान्यतः हम यह मत मान सकते हैं कि इनकी रचना ईसा से 1000 वर्ष पूर्व से लेकर ईसा के बाद की पहली या दूसरी सदी के बीच हुई है। पारंपरिक हिंदू मान्यता निश्चय ही यह है कि वेद अनादि-अनंत हैं और जहाँ तक वेदांती शिक्षाओं का प्रश्न है, यह निश्चय ही सही है कि उनमें जो सार्वभौतिकता मिलती है, उससे वे समय और भौगोलिक स्थान-विशेष की सीमाओं से

मुक्त प्रमाणित होती हैं। अनेक ग्रंथों के रचनाकारों का हमें पता नहीं चलता, जो कि हिंदू दर्शनशास्त्र एवं मूर्तिविज्ञान की सामान्य विशेषता है, किंतु अनेक ऐतिहासिक विभूतियों का उल्लेख उपनिषदों में आया है, विशेष रूप से मिथिला के महान् राजा जनक और ऋषि याज्ञवल्क्य का, जिनके बीच हुआ संवाद ही 'महान् वन की उपनिषद्', बृहदारण्यक, का एक विलक्षण गुण है।

उपनिषदों की अंतर्ज्योति का वर्णन असंभव है। ऋषि या द्रष्टा प्रामाणिक आध्यात्मिक अनुभव के अधिकार के साथ बोलते हैं, न कि 'लेखकों या लिपिकारों की तरह'। गुरु के लिए दो आवश्यक अर्हताएँ निरूपित हैं : उसे श्रोत्रिय अर्थात् वेदादि ग्रंथों में पारंगत होना चाहिए, और उसे ब्रह्मनिष्ठ होना चाहिए अर्थात् ब्रह्म के साक्षात्कार का परिपुष्ट आधार भी प्राप्त होना चाहिए। दूसरे शब्दों में, उसमें बौद्धिक दक्षता के साथ-साथ आध्यात्मिक अनुभव, ज्ञान के साथ-साथ विवेक भी होना चाहिए। केवल तभी वह गुह्य विद्या प्रदान करने का पात्र माना जा सकता है। दूसरी ओर शिष्यों को भी—वे चाहे आश्रमवासी युवा ब्रह्मचारी हों या गण्यमान्य नागरिक, जैसे शासक, गृहस्थ या व्यापारी हों—विनय और श्रद्धा के साथ सत्य के अन्वेषण में समर्पित होना आवश्यक था। ब्रह्मचारियों को कठोर अनुशासन में रहते हुए त्याग-तपस्या से गुजरना पड़ता था, उसके बाद ही उन्हें शिक्षा पाने का सुपात्र माना जाता था।

उदात्त और बहुआयामी औपनिषदिक शिक्षा स्वयं हिमालय की भव्य ऊँचाइयों से निःसृत एक निर्मल निर्झर की तरह है; आनंदविभोर वह निर्झर जगमग ढलानों पर नर्तन करता नीचे उतरता, चौड़ी जीवनदायिनी नदियों के रूप में पसरता, अंततः ज्ञान के देदीप्यमान महासागर में लय हो जाता है। यह एक कभी समाप्त नहीं होने वाला निर्झर है, क्योंकि इसका उद्गम ही धरती के हृदय में गहरे पैठी अध्यात्मशक्ति के भीतर से होता है, और यह शताब्दियों के चक्करदार दायरे पार करता बहता रहता है, जैसे महादेव शिव की जटाओं में पावन गंगा मानवता की उद्धारक के रूप में पृथ्वी पर प्रकट होने से पहले अदृश्य प्रवाहित होती रहती है। अंत में उभरती है वह अमरत्व का इंद्रधनुषी सेतु बनकर।

मानवजाति आज इस भूलोक पर अपने सुदीर्घ एवं चक्करदार इतिहास के एक निर्णायक चौराहे पर अनिश्चय में भटक रही है। पिछले कुछ दशकों में ज्ञान का विस्फोट-सा हुआ है, जिसमें विज्ञान और प्रौद्योगिकी की तमाम जगमग उपलब्धियाँ सामने आई हैं। इसके बावजूद इसके रूपांतर विवेक में कोई अभिवृद्धि नहीं हुई है और परंपरागत संस्कृतियों का क्षरण तेजी से होता गया है। इसके फलस्वरूप, मानवजाति आज विनाश की कगार पर आ पहुँची है—वह स्वयं अपने प्रौद्योगिक चातुर्य को नहीं झेल पा रही है। आणविक सर्वनाश अब संभावना के, बल्कि शक्यता के दायरों में आ चुका है और प्रतिदिन आणविक हथियार दिन-दूने बढ़ते जा रहे हैं और यह पृथ्वी ग्रह अब विनाश की कगार के निकट पहुँचती जा रही है। ऐसे समय में हम महान् धर्मग्रंथों

की ओर देखते हैं, यह जानने के लिए कि क्या उनसे हम कोई ऐसा व्यवहार्य दर्शन पा सकते हैं, जो इस भूमंडलीय ग्राम में आणविक शस्त्रास्त्र के इस वर्तमान युग में, मनुष्य की विकट दुविधा को समझ सके तथा उसका सामना कर सके। उपनिषदें—हालाँकि उनकी रचना हजारों बरस पहले हुई थी—जीवन एवं मानवीय अस्तित्व का एक ऐसा दर्शन प्रस्तुत करती हैं जो वर्तमान संदर्भ में अद्भुत रूप से प्रासंगिक है।

पाँच ऐसी मूलभूत अवधारणाएँ हैं जिन्हें संभवतः वेदांतिक विश्वदृष्टि का आधार माना जा सकता है और इन सबका विवेचन एवं निरूपण उपनिषदों में सुलभ है। इनमें पहला है दिव्यत्व या परमात्मा की सर्वव्याप्ति : ईशा वास्यमिदं सर्वं यत् किंच जगत्यां जगत्। यह वह दृष्टि है जो मानती है कि संपूर्ण सृष्टि, चाहे ब्रह्मांडीय धूलि का यह तुच्छ कण हो, जिसे हम अपना संसार कहते हैं या वे करोड़ों आकाशगंगाएँ हों, जो काल के अंतराल में अंतहीन बिखरी हुई हैं—यह सब अंततः उस एक ही दिव्य शक्ति का अभिव्यक्त रूप है। अतः इस देश-काल नैरंतर्य में प्रकट बहुविध रूपाकारों के बावजूद, अंततः मन और आत्मा, पदार्थ और ऊर्जा, मानव और देवता के बीच वास्तव में कोई द्वैध या विभाजन नहीं है।

इसी अवधारणा से निःसृत होने वाली दूसरी अवधारणा यह है : दिव्यत्व (परमात्मा) सर्वव्यापी है और वह चेतना में, विशेष रूप से मानव-चेतना में, जो कि इस समय विकास का सर्वोच्च उदात्त स्तर मालूम होती है—छिपा रहता है, पर उसे खोज-पाया जा सकता है। जैसा कि गीता में कहा गया है : ईश्वरः सर्वभूतानां हृद्देशे अर्जुन तिष्ठति (हे अर्जुन, ईश्वर समस्त जीवों के हृदय में रहता है)। निहितार्थ यह है कि जाति एवं धर्म, नस्ल एवं संप्रादय, राष्ट्रीयता एवं विचारधारा इत्यादि के समस्त भेदभावों के बावजूद, समूची मानवजाति एक गहरे एवं मूलगत आंतरिक अध्यात्म-बंधनसूत्र में पिरोई हुई है।

इससे हम यह अगली अवधारणा जोड़ सकते हैं कि मानवजाति के समस्त सदस्य वास्तव में एक ही एकल, संयुक्त परिवार के सदस्य हैं—वसुधैव कुटुम्बकम्। पिछले कई हजार वर्षों के रक्ताक्त इतिहास को देखते हुए यह धारणा निरर्थक वायवीय या रूमानी प्रतीत हो सकती है : सुपर-कंप्यूटरों की सबसे उन्नत अंतिम पीढ़ी ही शायद गिनती करके बता सकेगी कि मनुष्यों ने धर्म और विचारधारा के नाम पर एक-दूसरे की कितनी हत्याएँ की हैं और परस्पर कितनी यातनाएँ दी हैं। फिर भी गहराई से सोचने पर स्पष्ट हो जाता है कि यदि हम इस दृष्टि को नहीं अपनाएँगे तो मनुष्य अगली शताब्दी में प्रवेश कर पाएगा—इसकी बहुत कम आशा है। मानव-एकीकरण के यंत्रवत् और बाह्य सभी प्रयत्न—चाहे वे संयुक्त राष्ट्र एवं यूनेस्को के माध्यम से हों या अन्य बहुपक्षीय संगठनों के माध्यम से—इसीलिए विफल रहे हैं कि उनके भीतर कोई एक आंतरिक ऐक्यकारी दर्शन नहीं था।

चौथी, वेदांती अवधारणा यह है कि सभी धर्म तथा विचारधाराएँ अंततः एक हैं

: *एकं सद् विप्राः बहुधा वदन्ति*—*सत्य एक है और सज्जन उसे ही अनेक नामों से* पुकारते हैं)। यह सही है कि वर्तमान क्षण तक का मानव-इतिहास अत्यंत भयावह हत्याकांडों एवं संघर्ष से पटा पड़ा है—न केवल धार्मिक समूहों के आपसी संघर्षों से बल्कि जनजातियों (कबीलों), राष्ट्र राज्यों और परस्पर-विरोधी विचारधाराओं की आपसी मारकाट से भी। पक्ष-विपक्ष में करोड़ों-अरबों लोग मरे हैं—और हरेक अंतिम क्षण तक यह मानता रहा कि वह सत् और न्याय, सत्य और ईश्वर के ही लिए लड़ रहा है; अर्थात् इन शब्दों को जिस रूप में समझ पाया, उसी के लिए। किंतु वेदांत दर्शन हमें एक वैकल्पिक परिदृश्य या रंगभूमि प्रदान करता है। वह यह कि कहीं ऐसा तो नहीं कि ये सभी छोटे-मोटे सूत्रवाक्य वस्तुतः भिन्न-भिन्न जातीय, आर्थिक, भौगोलिक और राजनीतिक पृष्ठभूमियों से निःसृत खंडित दृष्टिकोण मात्र हैं—उस एक ही अखंड सत्य के प्रति ? क्या हम नीतिकथा के उन अंधजनों की तरह नहीं है, जो हाथी के विभिन्न अंगों को स्पर्श करते हैं और फिर एक-दूसरे पर झपट पड़ते हैं—क्योंकि उनके अपने-अपने वर्णन जो कि अपने भाव में सच्चे हैं—एक-दूसरे से मेल नहीं खाते ?

और अंत में, कल्याण की अवधारणा है : किसी एक व्यक्ति या समुदाय या वर्ग की नहीं, बल्कि सृष्टि मात्र के कल्याण की। जैसा कि पुरातन प्रार्थना में आता है : सर्वेऽपि सुखिनः संतु, सर्वे संतु निरामयाः (सभी सुखी हों, सभी नीरोग-निर्भय हों !)। यहाँ कल्याण सीमित नहीं, बल्कि सर्वाश्लेषी अर्थों में वर्णित है : इसके घेरे में केवल मानवजाति ही नहीं, वे सब भी आते हैं, जिन्हें हम अहंकारवश 'निम्नतर' कोटि का जीव कहते हैं—पशु-पक्षी, कीड़े-मकोड़े, पेड़-पौधे और वे 'प्राकृतिक' रूपाकार भी, यथा पर्वत और महासमुद्र। मानवजाति ने स्वयं अपने सदस्यों पर रोमांचक अत्याचार किए हैं, उनके अलावा हमने नैसर्गिक पर्यावरण का भी लोलुप एवं नृशंस शोषण किया है। जीव-जंतुओं की हजारों जातियाँ विलुप्त हो गई हैं, करोड़ों एकड़ वन्य एवं अन्य प्राकृतिक आवासभूमि उजाड़ हो गई है, धरती और वातावरण विषाक्त हो गए हैं। जीवन के आदिम कोषागार—विस्तृत महासागर स्वयं—अकल्पनीय रूप से प्रदूषित हो चुके हैं और यह सब इसलिए हुआ क्योंकि कल्याण की अवधारणा अत्यंत संकुचित रखी गई; समस्त पदार्थों की तात्त्विक एकता को समझने में हम विफल रहे; हम यह मानने से धृष्टतापूर्वक मुकरते रहे कि यह पृथ्वी मनमाने ढंग से तोड़ने-मरोड़ने वाली कोई भौतिक वस्तु नहीं बल्कि एक देदीप्यमान आध्यात्मिक इकाई है, जिसने करोड़ों बरसों से चेतना का संपोषण किया है : आदिम महासागरों की दलदल से लेकर उस बिंदु तक, जहाँ आज हम खड़े हैं।

तो ये पाँच सिद्धांत हमारे इस आणविक युग में एक वैकल्पिक दर्शन के आधार हैं। जन्मना एवं अभिव्यक्ति में वेदांती होते हुए भी ये सिद्धांत केवल हिंदू धर्म तक परिसीमित नहीं हैं। अपनी व्याप्ति में तथा व्यवहार्यता में ये सार्वभौमिक हैं और ये उस एक नई, सर्वतोमुखी, भूमंडलीय चेतना की रचना में अमूल्य योगदान कर सकते हैं, जो

जन्म लेने को छटपटा रही है : बावजूद इसके कि हमारे अपने युग में अपार मतभेद और द्वंद्व विद्यमान हैं। वस्तुतः भूमंडलीय संक्रमण के इस महायज्ञ में एक छोटी-सी आहुति के रूप में ही, एक अत्यंत ही सुंदर एवं उदात्त उपनिषद् का यह अध्ययन प्रस्तुत किया जा रहा है।

व्युत्पत्ति की दृष्टि से, मुंडक शब्द उस्तरे या चाकू का द्योतक है और लाक्षणिक रूप से उस व्यक्ति का जिसने मुंडन करा रखा हो। वनों के आश्रयों में गुरु के चरणों में बैठकर विद्यार्जन के लिए भेजे जाने वाले युवाछात्र मुंडन कराते थे। पूर्वी परंपरा में सभी श्रमण गेरुआ वस्त्र धारण करते समय मुंडन कराते हैं। इसका अर्थ हुआ कि इस उपनिषद् की शिक्षा उन छात्रों या साधु-संन्यासियों के लिए अभिप्रेत है जो जागृत-प्रकट चेतना एवं भौतिक जगत् के पीछे विद्यमान सनातन सत्य की खोज में स्वयं समर्पित हैं। किंतु एक अन्य व्याख्या यह भी संभव है कि यह उपनिषद् उच्चतर ज्ञान या विद्या इस कदर तीखे एवं स्पष्ट रूप में प्रस्तुत करती है कि हम जिस अज्ञान से घिरे हैं, उसकी परत छँट जाती है या हट जाती है और हम परम ब्रह्म की स्फुट ज्योति का दर्शन करने में सफल हो जाते हैं। इन दोनों व्याख्याओं को स्वीकार करते हुए यह कहना सही होगा कि मुंडक उपनिषद् में सांसारिक प्रपंच से लगाव की अपेक्षा त्याग-संन्यास को अधिक मूल्यवान तो अवश्य माना गया है, फिर भी वेदांत के सनातन सत्यों को इसमें परम प्रभावी ढंग से तथा अविस्मरणीय बिंब-योजना के सहारे अभिव्यक्त किया गया है।

यह उपनिषद् अथर्ववेद का अंग है और अपेक्षाकृत छोटी ही है—इसमें दो-दो खंडों में विभक्त कुल तीन अध्याय हैं तथा केवल चौंसठ श्लोक हैं। प्रत्येक खंड में एक-एक वेदांतिक मूलभूत अवधारणा प्रस्तुत की गई है : ज्ञान-विवेक एवं बौद्धिक प्रकाश की अपार संपदा कुछेक छंदों में संग्रथित कर दी गई है। आंगिरस नामक महान् ऋषि के वनाश्रम में शौनक नामक एक प्रसिद्ध गृहस्थ आते हैं और वह प्रश्न पूछते हैं जो मानव-चिंतन के इतिहास में एक सर्वाधिक प्रसिद्ध प्रश्न हो गया है। वह पूछते हैं: "आदरणीय गुरुवर, वह कौन-सा ज्ञान है जिसे जानते ही संसार का सब कुछ ज्ञात हो जाता है ?" इस टेढ़े प्रश्न के उत्तर में वह महर्षि एक संक्षिप्त आयतन में संपूर्ण वेदांती विश्वदर्शन निरूपित करते हैं।

इस उपनिषद् का अनुवाद करने तथा इस पर टीका लिखने में मुझे उपनिषदों के संबंध में डॉ. राधाकृष्णन् के विद्वत्तापूर्ण कृतित्व से, श्रीरामकृष्ण मठ द्वारा प्रकाशित उपनिषद् शृंखला में स्वामी सर्वानंद की उत्कृष्ट टीका से, मेरे लिए परम श्रद्धेय स्वामी रंगनाथानंद और स्वामी चिन्मयानंद के व्याख्यानों से, श्री अरविंद की गहन सूक्ष्मदर्शी टिप्पणियों से और स्व० श्रीकृष्ण प्रेम की अद्वितीय कृति 'द योग ऑव् द कठोपनिषद्' से बहुमूल्य सहायता मिली है। किंतु इस निबंध में व्याख्यापरक जो भी त्रुटियाँ आ गई हों, इनमें से कोई भी महापुरुष उनके लिए उत्तरदायी नहीं ठहराया जा सकता।

उपनिषद् पर लिखने के मेरे निश्चय के पीछे दो कारण हैं। पहला यह कि इस

ग्रंथ से मुझे अपार आनंद तथा मार्गदर्शन मिला है और लगा कि एक बृहत्तर जनसमुदाय के साथ मुझे यह बाँटना चाहिए। दूसरा कारण यह कि भारत में तथा विदेशों में भी दुर्भाग्य से यह धारणा प्रचलित है कि उपनिषदें सामान्य पाठक के लिए अत्यंत दुरूह एवं दुर्बोध हैं, अतः इनका पठन-पाठन केवल विद्वानों और पंडितों के जिम्मे छोड़ देना चाहिए। लेकिन यह कतई सच नहीं है। वस्तुतः वेदांत के तीन आधार स्तंभों या प्रस्थानत्रयी में भगवद्गीता (त्रयी के अन्य दो प्रस्थान हैं उपनिषदें तथा ब्रह्मसूत्र) अधिकांश उपनिषदों से अधिक जटिल हैं; इसके बावजूद हिंदू जीवन-दृष्टि में रुचि रखने वाले सभी लोग उसका पारायण करते हैं। मुझे आशा है कि उपनिषदों में एक अत्यंत प्रकाशदायी उपनिषद् का यह विनम्र अध्ययन, इस भव्य ग्रंथ से एक व्यापकतर पाठक समुदाय को परिचित कराने में सफल होगा और इस प्रकार, इस आणविक युग में मानवजाति को बचाए रखने के लिए परमावश्यक एक गहनतर ज्ञान-विवेक के विचार में अपना कुछ योगदान कर सकेगा।

## शांति पाठ

> ओम्, हे पूजनीय, हमारे कान (केवल) वही सुनें जो शुभ हो, यज्ञादि में निष्णात हों हम, हमारी आँखें वही देखें जो शुभ हो। आपकी स्तुति करते हुए हम सुपुष्ट अंगों और स्वस्थ शरीरों के साथ अपनी निर्धारित जीवनावधि का उपभोग करें!
> ग्रंथों में प्रशंसित इंद्र, सर्वज्ञ पूषण, आपदा से बचाने वाले तार्क्ष्य और हमारी आध्यात्मिक दीप्ति की रक्षा करने वाले बृहस्पति हमें समृद्धि प्रदान करें एवं कल्याण करें।
> ओम् शांतिः शांतिः शांतिः।

हमारे यहाँ परंपरा है कि प्रत्येक उपनिषद् किसी एक या अनेक ऐसी वैदिक ऋचाओं से प्रारंभ होती है, जिनसे उन उपनिषदों में अनुस्यूत शिक्षा का आधार स्वर तैयार हो जाता है। सही ढंग से उच्चरित होने पर ये ऋचाएँ ऐसा सशक्त प्रभाव रचती हैं कि उसका आभास भी अनुवाद में देना संभव नहीं। ये प्रार्थनाएँ विभिन्न वैदिक देवताओं को संबोधित हैं, किंतु यह ध्यान रखना आवश्यक है कि ये सभी देवता उस एक ही पराशक्ति, ब्रह्म के विभिन्न रूप हैं; यूनानी देवावलि की तरह ये भिन्न-भिन्न देवता नहीं हैं। वस्तुतः उपनिषदों के अनेक मंत्रो में बारंबार इस तथ्य को रेखांकित किया गया है, ताकि अंतर्निहित एकत्ववाद को भ्रमवश बहुदेववाद न समझा जाए।

वैदिक मंत्र प्रायः ओम् (ॐ) से आरंभ होते हैं : यह परमात्म या दिव्य तत्त्व का घनिष्ठतम दृश्य-श्रव्य प्रतीक है। एक पूरी उपनिषद्—मांडूक्य—ॐ को ही अर्पित है

और इसे वस्तुतः ब्रह्म का सर्वोत्कृष्ट प्रतीक माना जाता है : ओम् इत्येकं अक्षरम् ब्रह्म। संक्षेप में : ॐ शब्द तीन अक्षरों से मिलकर बना है—अ, उ, म—और उसमें एक अदृश्य किंतु गोचर चौथा अनुस्वार विद्यमान है। इसकी व्याख्या अनेक रचनात्मक रूपों में हुई है। उदाहरण के लिए, इसे मानव-स्वर से संभूत ध्वनियों के संपूर्ण समुच्चय का प्रतिनिधि रूप माना जाता है : मुख खोलने पर निकली ध्वनि अ से लेकर उसके बंद होने पर उच्चरित म तक। इसके अलावा : इसके तीन अक्षर चित्त या चेतना की तीन अवस्थाएँ मानी जा सकती हैं : जागृति, स्वप्न, सुषुप्ति। इनमें एक चौथा पारलौकिक आयाम आध्यात्मिक जागृति का जुड़ जाता है। इसी तरह इन तीन अक्षरों को तीन गुणों का प्रतिनिधि माना जा सकता है : तमस्, रजस् और सत्त्व, जिनके विभिन्न संयोजनों से हम निरंतर गुजरते रहते हैं और इनमें चौथा आयाम वह है जो हमें अपनी इस त्रिगुणात्मक प्रकृति से ऊपर उठाने में समर्थ है।

ओम् (ॐ) शब्द केवल हिंदुओं में ही नहीं—बौद्ध, जैन तथा सिखों में भी पवित्र माना जाता है। आम मान्यता है कि ईसाई धर्म के 'आमेन' तथा इस्लाम के 'आमीन' शब्द से भी इसका व्युत्पत्तिपरक एवं अध्यात्मपरक संबंध है। इस तरह यह पूरे संसार में आध्यात्मिक एवं ज्ञानात्मक जीवन का एक अत्यंत सशक्त प्रतीक है। प्रायः इसे उस प्रथम दैवीय अनुकंपन का प्रतीक माना जाता है जिसमें से पूरा ब्रह्मांड उत्पन्न हुआ है: पुराने धर्म संदेश (इंजील) में कहा गया है 'शुरू में केवल शब्द था'—कहीं यह सृष्टि के समारंभ में हुए, 'विकट विस्फोट' की ही क्षीण प्रतिध्वनि तो नहीं ! भारत में मंत्रों अर्थात् ध्वनियों के विभिन्न संयोजनों के इर्द-गिर्द एक पूरा तंत्र-विज्ञान विकसित हुआ है जो मूलतः ॐ शब्द के चतुर्दिक् निर्मित है। देर तक एक विशेष पद्धति से उच्चरित करने पर इससे एक तरह का अनुरणात्मक या कंपनात्मक क्षेत्र पैदा हो जाता है : इससे धर्मशास्त्रों में वर्णित गहनतम सत्यों के अन्वेषण-अध्ययन में सहायता मिलती है। इसके अतिरिक्त, यदि उस पथ पर कोई चले तो मानवीय रीढ़ में संस्थित कुंडलिनी शक्ति को जागृत करना, एक तरह की अनुपम आध्यात्मिक शक्ति के भंडार को खोलना, संभव है।

# प्रथम मुंडक [अध्याय]

## प्रथम खंड

1. **[ॐ] ब्रह्मा देवानां प्रथमः संबभूव विश्वस्य कर्त्ता भुवनस्य गोप्ता।**
**स ब्रह्मविद्यां सर्वविद्याप्रतिष्ठामथर्वाय ज्येष्ठपुत्राय प्राह।।**

2 अथर्वणे यां प्रवदेत् ब्रह्माथर्वा तां पुरोवाचांगिरे ब्रह्मविद्याम्।
स भारद्वाजाय सत्यवहाय प्राह भारद्वाजोऽगिरसे परावराम्।।

> ओम्, विश्व का रचयिता, जगत् का रक्षक ब्रह्मा सब देवताओं में सर्वप्रथम प्रकट हुआ। उसने अपने ज्येष्ठ पुत्र अथर्वा को सभी विद्याओं की आधार ब्रह्मविद्या की शिक्षा दी।
>
> अथर्व ने वह ज्ञान पुरातन काल में अंगी को प्रदान किया। उसने भरद्वाज के पुत्र सत्यवह को और भरद्वाज-पुत्र ने अंगिरा को वह ज्ञान दिया और इस तरह वह विद्या श्रेष्ठ से अवर—अश्रेष्ठ ऋषियों तक पहुँची।

अधिकांश पुरातन परंपराओं की मान्यता है कि सृष्टि-रचना में ही ज्ञान का भी स्रोत है। सृष्टि की उत्पत्ति—पदार्थ या तत्त्व का रूपाकार में प्रस्फुटन—मात्र भौतिक संदृश्य न होकर एक दिव्य शक्ति या परमात्मा की इच्छा का फल माना जाता है—विशुद्ध आत्मा स्वयं अपने ऊपर पदार्थत्व का भार ले लेता है, एकमेव (तत्त्व) अनेक होने का निश्चय करता है। वैदिक सृष्टि विज्ञान में हमने जिस ब्रह्मांड पर ब्रह्मा का वर्चस्व है, उसकी सृष्टि प्रतीक रूप में हिरण्यगर्भ (विश्वात्मा) के विस्फोट से मानी जाती है—इसे वैज्ञानिकों के 'विकट विस्फोट' का आध्यात्मिक समांतर-प्रतिरूप माना जा सकता है। किंतु यह ध्यान रहे कि ब्रह्मा और ब्रह्म एक ही (तत्त्व) नहीं है। ब्रह्मा इस ब्रह्मांड की अधिष्ठात्री शक्ति का एक अंश मात्र है, जबकि ब्रह्म वह सर्वव्यापी चेतना है जो अनंतकोटि ब्रह्मांडों में रची-बसी है।

वैदिक अर्थ में देव—प्रकाशपुंज—ब्रह्म के आविर्भाव के एक परवर्ती चरम के द्योतक हैं। यहाँ भी शब्दार्थ की एक भ्रांति से बचना चाहिए। पश्चिम में प्रयुक्त शब्द 'गॉड' हिंदू अवधारणा में 'ईश्वर' के निकट है जो अवतारी ब्रह्म या ब्रह्म के अवतारी स्वरूप को कहते हैं। 'देव' संभवतः सभी परंपराओं के आद्यदेवदूतों (फरिश्तों) के समतुल्य माने जा सकते हैं। अस्तु ये छंद आत्मविद्या की परंपरा को सृष्टि-रचना के अरुणोदय से जोड़ते हैं। हिंदू दर्शन की तथा इसकी समस्त कला और वास्तुशिल्प की यह विशेषता है कि महान् आचार्य या ऋषि-मुनि अज्ञात नाम रहे आते हैं; अगर उनका नाम आता भी है तो वे यह स्पष्ट कर देते हैं कि वे कोई नया दर्शन नहीं रच रहे, बल्कि युग-युगों से चले आ रहे सनातन ज्ञान को ही एक नए मुहावरे में निरूपित कर रहे हैं। वे स्वयं को एक ऐसी अमूल्य संपदा का उत्तराधिकारी एवं संरक्षक मात्र मानते हैं, जिसमें कुछ और जोड़ कर उसे अपने शिष्यों को सौंप जाना चाहते हैं।

दूसरे श्लोक के अंत की दो व्याख्याएँ संभव हैं। मैंने जो अनुवाद दिया है, उससे यह झलकता है कि यह विद्या महान् ऋषि-मुनियों से होती हुई सामान्य मानवीय शिक्षकों तक पहुँची। इसका एक दूसरा पाठ यह संभव है कि 'परा और अपरा, श्रेष्ठ और अवश्रेष्ठ, दोनों तरह का ज्ञान।' यह व्याख्या, प्रसंगानुकूल भी है, जैसा कि अगले छंदों

से स्पष्ट होगा।

3. **शौनको ह वै महाशालोऽगिरसं विधिवदुपसन्नः पप्रच्छ।**
**कस्मिन्नु भगवो विज्ञाते सर्वमिदं विज्ञातं भवतीति।।**

4. **तस्मै च होवाच। द्वे विद्ये वेदितव्ये इति ह स्म यद् ब्रह्मविदो वदन्ति परा चैवापरा च।।**

5. **तत्रापरा ऋग्वेदो यजुर्वेदः सामवेदोऽथर्ववेदः शिक्षा कल्पो व्याकरणं निरुक्तं छन्दो ज्योतिषमिति। अथ परा यया तदक्षरमधिगम्यते।।**

विख्यात गृहस्थ शौनक एक बार विधिवत् अंगिरा ऋषि के पास आए और पूछा, ''भगवन्, वह क्या है जिसे जानने पर सब कुछ ज्ञात हो जाता है ?'' अंगिरा ने उसे उत्तर दिया : ''ब्रह्म को जानने वाले बताते हैं —दो तरह की विद्याएँ जानने योग्य हैं—एक परा (उच्चतर) और दूसरी अपरा (निम्नतर)। इनमें अपरा विद्या में ये आते हैं : ऋग्वेद, यजुर्वेद, सामवेद, अथर्ववेद, शिक्षा (भाषाध्वनिशास्त्र), कल्प (कर्मकाण्ड-विधान), व्याकरण, निरुक्त (वेद के शब्दों का निर्वचन), छंदशास्त्र और ज्योतिष। और परा (श्रेष्ठतर, उच्चतर) विद्या वह है जिससे वह अक्षर (ब्रह्म) जाना जाता है या प्राप्त होता है।

यहाँ यह द्रष्टव्य है कि आचार्य यहाँ अपने किसी ब्रह्मचारी शिष्य को नहीं बल्कि एक ऐसे व्यक्ति को, जिसने संसार में अपना एक विशिष्ट स्थान बना लिया है, उसे उपदेश दे रहे हैं। जाहिर है कि वह ऐसा व्यक्ति है जिसकी पद-धन-वैभव के कारण अध्यात्म-जागृति की कामना नष्ट नहीं हुई है। हिंदू-जीवन का पारंपरिक विभाजन 25-25 वर्षों के चार खंडों में किया गया है : सर्वप्रथम ब्रह्मचारी जिसमें विद्यार्थी ब्रह्मचर्य का पालन करते हुए एक सुयोग्य आचार्य से शिक्षा ग्रहण करता था ; उसके बाद गार्हस्थ्य, जिसमें व्यक्ति विवाहादि करके परिवार का पालन-पोषण करता था और अपनी समाजावस्था के अनुसार काम-धंधे अपनाता था; वानप्रस्थ अवस्था में उत्तरोत्तर अनासक्ति बढ़ती थी, आध्यात्मिक संधान की इच्छा प्रबल होती जाती थी और वृद्धावस्था में शालीनता से प्रवेश होता था ; और अंत में संन्यास, जब समाज के हर बंधन को काटकर भगवा कपड़ा पहन कर दिव्य (परमात्मा) की खोज में मुक्त विचरण किया जाता था।

संपूर्ण मनुष्य जीवन को एक सौ वर्ष का मानने वाली वैदिक अवधारणा पर आधारित यह अवस्था-विभाजन है—स्पष्ट है कि यह ऐसा आदर्श है जिसका कि समाज में अंशतः ही पालन होता था। किंतु इससे मानव-जीवन को एक विशिष्ट आध्यात्मिक कालक्रम अवश्य मिलता था, खास कर तब, जब हम इसे जीवन के चार लक्ष्यों—पुरुषार्थों—के साथ रख कर देखते हैं : धर्म (धार्मिक-दार्शनिक आधारभूमि),

अर्थ (भौतिक सुख-समृद्धि), काम (ऐंद्रिक सुख-भोग) और मोक्ष (आत्मिक मुक्ति)।

स्पष्टतः शौनक गार्हस्थ्य अवस्था में उभर रहा था, जहाँ वह समाज में अपनी जगह बना चुका था; ज्ञान की पिपासा उसे अंगिरा के आश्रम तक ले आई। बताया गया है कि वह गुरुदेव के पास विधिवत् पहुँचा, जिसका अर्थ हमने किया है धर्मग्रंथों के निर्देशानुसार। प्रकट है कि वह विनम्रता और श्रद्धाभाव से गुरु के पास पहुँचा था, जोकि अध्यात्म-अन्वेषण की अनिवार्य शर्त है। इस तरह के दृष्टिकोण (व्यवहार) से गुरु की ओर से न केवल सकारात्मक प्रत्युत्तर मिलता है, बल्कि ज्ञानेच्छुक व्यक्ति का मानस भी उस प्राप्य शिक्षा को आत्मसात् करने के उपयुक्त मुद्रा में आ पहुँचता है।

शौनक अब वह प्रसिद्ध प्रश्न करते हैं जिसका उत्तर ही संपूर्ण यह उपनिषद् है। उसके प्रश्न का अभिप्राय वह ज्ञान जानना है, जो शेष समस्त तरह की जानकारी (ज्ञान) का आधार है। हम जिस संसार में रहते हैं—जिसे चीनी लोग 'हजारों लाखों चीजों से' निर्मित कहते हैं—वह इतना विशाल एवं बहुविध है कि कोई भी एक व्यक्ति प्रचलित ज्ञान के एक क्षुद्र खंड से ज्यादा कुछ जान ही नहीं सकता। हजारों साल पहले यह बात सच्ची थी और आज उससे भी अधिक सच्ची है, जब नयी प्रौद्योगिकी से जुड़ा एक नया सूचना-विस्फोट हो रहा है। फिर भी एक गुह्य विद्या की, गुप्त ज्ञान की, पारस पत्थर की एक परंपरा हमेशा रही है, जो प्रकाश के कपाट खोल दे : एक ऐसा जादुई-रासायनिक मंत्र-सूत्र जिससे हमारी दैनंदिन सामान्य चेतना का लोहे-सा मैल यौगिक चेतना के कुंदन में परिणत हो जाए। शौनक ऐसे ही ज्ञान के विषय में अंगिरा से प्रश्न करता है।

गुरुदेव दो प्रकार की—उच्चतर और हीनतर, परा और अपरा—विद्याओं या जिसे हम विवेक एवं ज्ञान कह सकते हैं—इनके उल्लेख के साथ अपना उत्तर आरंभ करते हैं। यह ध्यातव्य है कि वह चार वेदों और छहों वेदांगों को—उस समय के सर्वोच्च बौद्धिक पाठ्यक्रम को—अपरा या हीनतर विद्या की कोटि में रखते हैं। हिंदू धर्मग्रंथों में वेद सर्वाधिक पूजनीय हैं, स्वयं ब्रह्म की वाणी माने जाते हैं—यह जानते हुए अंगिरा ऋषि का उन्हें अपरा विद्या की कोटि में रखना उल्लेख्य है। स्पष्टतः वे यहाँ यही कह रहे हैं कि मात्र बौद्धिक बोध—भले ही वह वेदज्ञान जैसा सूक्ष्म एवं बहुआयामी ही क्यों न हो—अपने आप में वह वास्तविक आत्मप्रबोधन नहीं हो सकता। इसके लिए आवश्यक है उस नित्य, अक्षर, सनातन ब्रह्म का आत्मिक बोध।

यह आध्यात्मिक अनुभूति अंततः शब्दीकरण या बौद्धिकीकरण के वश की वस्तु नहीं है, जैसा कि ऋग्वेद में कहा गया है, यह वह अवस्था है "जहाँ मन के साथ-साथ शब्द भी गिर पड़ते हैं, (उसे) प्राप्त करने में विफल।" बुद्धिमान लोग, चाहे वे उपनिषद् काल के हों या आज के, अक्सर इस भ्रांति में रहते हैं कि केवल बौद्धिक व्यायाम मात्र से वे आत्मप्रकाश पा सकते हैं। सारी दुनिया की रहस्यवादी या योगी परंपरा बताती है कि ऐसा नहीं होता। निम्नतर ज्ञान को पकड़ने और उसे बरतने के लिए मनुष्य की

बुद्धि निश्चय ही एक अद्‌भुत उपकरण है, लेकिन आत्मिक प्रकाश का प्रश्न आता है तो मस्तिष्क को किसी-न-किसी चरण में पार करना या फिर उच्चतर चेतना में रूपांतरित करना आवश्यक हो जाता है, तभी संपूर्ण ब्रह्मांड में व्याप्त दिव्यशक्ति का प्रत्यक्ष दर्शन दोनों रूपों में संभव होता है—सार्वभौमिक स्तर पर ब्रह्म के रूप में और व्यक्तिगत स्तर पर हममें से प्रत्येक के भीतर आत्मा के रूप में। यह ज्ञान इंद्रियों या मानसिक क्रियाओं के माध्यम से निष्पन्न (प्राप्त) नहीं होता और इसका प्रबलतम गुण है इसकी सहज बोधगम्य प्रत्यक्षता।

6. **यत्तदद्रेश्यमग्राह्यमगोत्रमवर्णमचक्षुःश्रोत्रं तदपाणिपादम्। नित्यं विभुं सर्वगतं सुसूक्ष्मं तदव्ययं यद्‌भूतयोनिं परिपश्यंति धीराः।।**

वह जो अदृश्य, अग्राह्य, उत्स या गुणों से विहीन, नेत्रों या कान से हाथों और पैरों से रहित है; वह जो नित्य और अनेक वैभवों से युक्त विभु है, सर्वव्यापी और अत्यंत सूक्ष्म है; वही अत्यंत (अक्षय) (तत्त्व) है जिसे धीर (विद्वत् जन) सर्वत्र सृष्टि के उत्स के रूप में देखते हैं।

एक वास्तविक आध्यात्मिक उक्ति के ताने-बाने में ही दुविधा सन्निहित रहती है। एक ओर, जैसाकि बताया गया, वह अनुभव पराबौद्धिक होता है और इसलिए उसे शब्दबद्ध करना लगभग असंभव होता है। दूसरी ओर उसे शब्दों में व्यक्त करना ही पड़ता है क्योंकि गुरु से शिष्य तक विचार पहुँचाने की सामान्यतः प्रचलित विधि वही है। यह द्विविध-बंध उपनिषदों में विशेष रूप से तीक्ष्ण है क्योंकि उनमें अधिकांशतः तर्कातीत प्रत्ययों का ही निरूपण है। इसी कारण विरोधाभास की, बल्कि अंतर्विरोध की भाषा या उलटबाँसी का अकसर प्रयोग करना पड़ता है ताकि शिष्य यह जान ले कि शब्द कभी भी अनुभव के प्रतिपूरक या स्थानापन्न नहीं हो सकते, कि शब्दों का वास्तविक अनुभव के साथ वही संबंध रहता है जो एक नक्शे का उस वास्तविक भूक्षेत्र से, जिसका रेखांकन वह करना चाहता है।

इस छंद में हमें ब्रह्म के संबंध में दो वर्णन-प्रकार मिलते हैं। पहले प्रकार में छह निषेधमूलक गुण बताते हुए कहा गया है कि ब्रह्म यह (अमुक-अमुक) नहीं है। वेदांत की इस प्रस्थापना के तहत कि ब्रह्म कण-कण में व्याप्त है, यह बात अंतर्विरोध वाली लग सकती है; किंतु यहाँ स्पष्टतः अभिप्राय यह दिखाना ही है कि अव्यय-अक्षय ब्रह्म ऐसी वस्तु नहीं है, जिसे किसी मानवोपम या अन्य रूपाकार वाली विशिष्ट अभिव्यक्ति में परिसीमित किया जा सके। इसके बाद आए चार सकारात्मक गुण उस दिव्य तत्त्व (जल) के सनातन एवं सर्वव्यापी पक्ष पुष्ट करते हैं। इन दो विरोधाभासी वर्णनों के बीच से उस मंतव्य का कुछ-कुछ आभास मिल जाता है, जिसे कि ऋषि संप्रेषित करना चाह रहे हैं।

आविर्भूत संसार के—नाम और रूप वाली सृष्टि के—परिवर्तनशील एवं क्षणिक

चरित्र से संबद्ध निहितार्थ स्पष्ट ही है। व्यक्त या आविर्भूत सृष्टि के लिए हिंदू शब्द 'संसार' है, जिसका अर्थ है "वह जो निरंतर परिवर्तनशील" है। वेदांती द्रष्टाओं ने जो देखा वह यह है कि परिवर्तन की इस सतत प्रक्रिया के पीछे एक अपरिवर्तनशील सत्य है जो परिष्कृत चेतना की अवस्थाओं में ही हमारे सामने प्रत्यक्ष हो पाती है। हम स्वयं भी उस उच्चतर चेतना तक सीधे पहुँचने का थोड़ा-बहुत साधन धारण किए रहते हैं, क्योंकि हमारे शरीर भले ही कुछेक दशक ही रहते हों पर हमारे भीतर जो आत्मा है वह अमर और अनश्वर है—उसी ब्रह्म की तरह, जिसका कि वह स्वयं एक अंश है।

7. **यथोर्णनाभिः सृजते गृह्णते च यथा पृथिव्यामोषधयः सम्भवन्ति।**
**यथा सतः पुरुषात्केशलोमानि तथाऽक्षरात्सम्भवतीह विश्वम्।।**

जैसे मकड़ा अपने भीतर से (जाला) रचता और फिर भीतर समेट लेता है, जिस तरह पृथ्वी पर औषधियाँ जड़ी-बूटियाँ अंकुरित होती हैं, जिस तरह मनुष्य के शरीर और सिर पर रोम पैदा होते हैं, उसी प्रकार उस अक्षर (ब्रह्म) से यह विश्व उत्पन्न होता है।

यहाँ तीन सीधे-सादे लगभग घरेलू उपमानों से गुरु इस तथ्य को स्पष्ट करना चाह रहे हैं कि यदि समूचा विश्व, अपने तमाम बहुविध और विभिन्न रूपाकारों के साथ उसी ब्रह्म की, संपूर्ण अस्तित्व के उसी अपरिवर्तनशील एवं अक्षय दिव्याधार की उपज है। माया के संबंध में अक्सर जो यह गलतफहमी पाई जाती है कि विश्व एक भ्रमजाल मात्र है, उस गलतफहमी का यहाँ स्पष्ट खंडन है। ये तीनों उपमाएँ अभिव्यंजित करती हैं कि हमारे विश्व का ब्रह्म से स्वतंत्र कोई अस्तित्व नहीं, किंतु (जल पर) निर्भर अस्तित्व निश्चय ही है और वह (अस्तित्व) काल्पनिक (छलावा) नहीं है।

सृष्टिविज्ञान (कॉस्मोजेनेसिस) का यह गहनतर प्रश्न कि संसार की रचना हुई ही क्यों ?—प्रत्यक्षतः इस छंद में नहीं छुआ गया; लेकिन यह संकेत इसमें है कि यह कोई अनोखी, एक ही बार की घटना नहीं बल्कि एक आवर्ती, स्वतःस्फूर्त प्रक्रिया है। साथ ही समय के एक रैखिक नहीं बल्कि चक्रीय होने की हिंदू अवधारणा भी स्पष्टतः निर्देशित है—मकड़ी का अपना जाला बुनना, पेड़-पौधों का पृथ्वी पर उगना और मनुष्य के शरीर पर रोमावलियों का पनपना—ये तीनों की प्रक्रियाएँ आवर्ती, बारंबार होने वाली परिघटनाएँ हैं। अगले दो श्लोकों में सृष्टिविज्ञान के इस प्रश्न का एक अधिक गहरे, अधिक मूलभूत स्तर पर सामना किया गया है।

8. **तपसा चीयते ब्रह्म ततोऽन्नमभिजायते।**
**अन्नात् प्राणो मनः सत्यं लोकाः कर्मसु चामृतम्।।**

9. **यः सर्वज्ञः सर्वविद्यस्य ज्ञानमयं तपः।**
**तस्मादेतद् ब्रह्म नाम रूपमन्नञ्च जायते।।**

एकाग्र चिंतन (ध्यान) से ब्रह्म बढ़ता है; उससे पदार्थ (अन्न) जन्म लेता है, पदार्थ (अन्न) से जीवन, मन, सत्य और अमरता कर्म से उत्पन्न होते हैं। सर्वद्रष्टा सर्वज्ञ ब्रह्म से, जिसकी ऊर्जा अनंत ज्ञानमय है, उसी से जन्म लेते हैं ब्रह्म, पदार्थ, नाम और रूप।

अनंत, निराकार, नित्य ब्रह्म का जगत् प्रपंच के रूप में रूपांतरण, जिसमें हर वस्तु निरंतर बदल रही है, सृष्टि के रहस्य का द्योतक है। देश-काल के नैरंतर्य में फँसे हम लोगों के लिए इस प्रश्न का उत्तर देना नितांत असंभव है कि सृष्टि की रचना हुई ही क्यों ? उच्चतर चेतना में अपनी संधान-यात्राओं में वैदिक द्रष्टाओं को संभवतः यह अंतर्दृष्टि मिली थी कि अखिल ब्रह्मांड वस्तुतः दिव्य आधार का ब्रह्म का, ही अभिव्यक्त रूप है। ब्रह्मांड में ब्रह्म के बढ़ने या फैलने के रोचक विचार को हम किसी क्षण हुए 'विकट विस्फोट' से जोड़कर देख सकते हैं, हालाँकि ऐसे विस्फोट गिनती में असंख्य हो सकते हैं और प्रत्येक से एक सृष्टि का जन्म हो रहा हो सकता है; इसके अलावा यह भी ध्यान रहे कि ब्रह्म चाहे जितनी बार प्रकट हो, उससे उसके लोकातीत आयाम में कोई कमी या विरलता नहीं आती।

इन दो श्लोकों में हमें सृष्टिरचना का एक व्यापक चित्र मिल जाता है—सृष्टिरचना तब आरंभ होती है जब परम आत्मचेतस् ब्रह्म अपने विपरीत ध्रुव में कूदकर भौतिक (या पदार्थमय) रूप में आविर्भूत हो उठता है। उस क्षण के बाद करोड़ों बरसों में शनैः शनैः जीवन पनपता है, फिर मानसिक चेतना उदित होती है और होते-होते हम मानवीय जाति के जन्म तक पहुँचते हैं, जो कि निरंतर कर्मों में उलझी रहती है। फिर भी यहाँ यह महत्त्वपूर्ण संकेत मिलता है कि यही कर्म अमरत्व की पगडंडी भी बन सकते हैं। इस प्रकार हम देखते हैं कि वेदांती विश्वदृष्टि मूलतः सकारात्मक (विधेयात्मक) और जीवनपोषी है। मनुष्य पापी नहीं, जो किसी मसीहा द्वारा उद्धार किए जाने तक सतत यातना भोगने को अभिशप्त हो; बल्कि मनुष्य, जो कि विकास की ही एक उपज है, वह स्वयं नाम रूपात्मक इस संसार में बहिरंग एवं अंतरंग क्रियाव्यापार में रत होकर स्वयं अपनी मुक्ति की व्यवस्था कर सकता है।

## द्वितीय खंड

1. **तदेतत्सत्यं मन्त्रेषु कर्माणि कवयो यान्यपश्यंस्तानि त्रेतायां बहुधा सन्ततानि।**
   **तान्याचरथ नियतं सत्यकामा एष वः पन्थाः स्वकृतस्य लोके।।**

2. **यदा लेलायते ह्यर्चिः समिद्धे हव्यवाहने।**
   **तदाज्यभागावन्तरेणोऽऽहुतीः प्रतिपादयेच्छ्रद्धया हुतम्।।**

यह सत्य है; पवित्र मंत्रों में द्रष्टाओं ने जो कर्म (कांड) देखे थे, उनका

प्रतिपादन तीन वेदों में है। सत्य के पुजारियो! उनका तुम सतत आचरण करो क्योंकि वे ही तुम्हारे लिए सुकर्मों के जगत् के लिए मार्ग हैं।

जब यज्ञाग्नि अच्छी तरह प्रदीप्त हो उठे और ज्वालाएँ धधकने लगें, तब अग्नि के दो भागों के बीच श्रद्धापूर्वक अपनी आहुतियाँ दें।

प्रथम खंड में जिसे निम्नकोटि का (अपरा) ज्ञान कहा गया, उसका निरूपण करते हुए उपनिषद् अब यह वक्तव्य देती है कि वेदों में अभिहित अनुष्ठानपरक कर्म स्वयं अपने क्षेत्र में सत्य और वैध हैं। आदिम आर्यों की प्रार्थना की प्रमुख विधि पवित्र अग्नि में आहुति होम करने की ही थी—यह अग्नि मानव और देव के बीच की कड़ी मानी जाती थी। हवन प्रायः घी से किया जाता था हालाँकि अन्य वस्तुएँ भी प्रयोग में आती थीं। गूढ़ अर्थ में यज्ञ उस आंतरिक आहुति का उत्कट प्रतीक था, जो कि आध्यात्मिक अन्वेषण के अंतर्मन में होती ही है। किंतु बाह्य अर्थों में भी यह माना जाता था कि यज्ञ से वर्तमान तथा भावी जीवनों में बड़े-बड़े प्रतिफल मिलते हैं। इसे एक नेक तथा पुण्यमय कृत्य समझा जाता था और अनेक बृहदाकार ग्रंथ इस हेतु निर्मित हुए, जिनमें इन यज्ञों या पूजाओं के विधि-विधान का विस्तार से वर्णन किया गया है।

प्रथम श्लोक तीन वेदों का उल्लेख करता है—ऋक्, साम और यजुर् का; प्रकट है कि अथर्ववेद बाद की संरचना है। श्लोक में इन पदों का अर्थ 'त्रेता युग' भी किया जा सकता है —सत्य, त्रेता, द्वापर और कलियुग की शृंखला में दूसरा युग प्रत्येक युग निरंतर धर्म के अधःपतन का प्रतीक है और कलियुग के बाद प्रलय आता है और फिर युगों का चक्र नए सिरे से प्रारंभ होता है। इस समय हम कलियुग में रह रहे हैं हालाँकि हम सर्वनाश के कितने निकट हैं, इसके बारे में मत-भिन्नता है। पिछले कुछ दशकों में हुए नाभिकीय-आणविक शस्त्रास्त्रों के अकल्पनीय संचयन को ध्यान में रखने पर—जो कि इस भूलोक पर न केवल मनुष्यों को बल्कि जीवन मात्र को कई बार नष्ट करने लायक मात्रा में हैं—प्रतीत यह होता है, हम आम धारणा की निस्बत कहीं अधिक निकट हैं उस अंतिम विनाश के। किंतु तब हम एक नए आरंभ बिंदु के भी उतने ही निकट होंगे अगले सत्य युग के उदय के निकट ! दूसरे श्लोक में असमंजस पैदा करने वाला यह वक्तव्य है कि आहुति 'अग्नि के दो भागों के बीच में' दी जानी चाहिए। इसका एक सीधा-सा अर्थ तो यह हो सकता है कि आहुति तब दी जाए, जब अग्नि प्रचंड रूप से जल रही हो, केवल सुलगी हुई न हो; या फिर यज्ञवेदी के उत्तरी और दक्षिणी भागों के बीच आहुति दी जाए, यह अर्थ भी संभव है। लेकिन अधिक गूढ़ धरातल पर इसमें यज्ञ और बलि का वह आंतरिक प्रतीकीकरण देखा जा सकता है, जिसमें अग्नि को प्रत्येक मनुष्य के शरीर में स्थित एक अलौकिक शक्ति, कुंडलिनी माना जाता है। इस व्याख्या में अग्नि के दो भाग इड़ा और पिंगला नामक दो नाड़ियाँ हो सकती हैं, जो कि सुषुम्ना नाड़ी के दोनों ओर प्रवाहित हैं; सुषुम्ना ही नाड़ीमूल से अग्नि को ब्रह्मरंध्र में स्थित हजार पंखुड़ियों वाले चक्र तक ले जाती है। यह व्याख्या शतपथ

ब्राह्मण के उस आख्यान से मेल खाती है, जिसमें बताया गया है कि ब्रह्मा की ही संतानें होने के बावजूद देवता अपने सहजात असुरों को हरा सके, क्योंकि असुर यज्ञादि कर्मकांड बाह्य रीति से ही करते थे जबकि देवता उन अनुष्ठानों को आत्मसात् कर चुके थे : इस तरह वे अमर और अविनाशी हुए।

3. **यस्याग्निहोत्रमदर्शमपौर्णमासमचातुर्मास्यमनाग्रयणमतिथिवर्जितं च।**
**अहुतमवैश्वदेवमविधिना हुतमासप्तमान् तस्य लोकान् हिनस्ति।।**

जिनका अग्निहोत्र (यज्ञ) बालचंद्र और पूर्णचंद्र के अवसर के, वर्षा के चार महीनों (चातुर्मास्य) के और नवान्न (फसल कटने) के अनुकूल अनुष्ठानों से रहित है; जो (यज्ञ) अतिथियों से और समस्त देवों के लिए आहुतियों से रहित है; या जिसका परिपालन विधि-विधान के प्रतिकूल है; ऐसे व्यक्तियों की आशाएँ उनके सातों लोकों में नष्ट होती हैं।

जब यह विश्वास प्रबल हो कि यज्ञ मनोकामनाओं की पूर्ति का सक्षम साधन है, भले ही ये कामनाएँ भौतिक धनसंपदा, समाज में प्रतिष्ठा या राजसत्ता इत्यादि से जुड़ी हों—और आध्यात्मिक ज्ञान जैसे बृहत्तर आनंद इनके लक्ष्य न हों—तब भी, उक्त मूलभूत मान्यता के अनुसार, यह आवश्यक है कि यज्ञ वेदों में विहित ठीक-ठीक विधि-विधान के अनुसार ही किए जाएँ। इन विधि-विधानों में ऋतुओं को दिया जाने वाला अर्घ्य, अतिथियों को दिया जाने वाला भोजन और यज्ञ से जुड़ी अन्य क्रियाएँ सम्मिलित हैं। इनका पालन नहीं होने पर यज्ञ त्रुटिपूर्ण हो जाता है और उसके फलस्वरूप या तो मनोकामना पूरी नहीं होगी, या कभी-कभी उसके विपरीत फल भी भुगतने पड़ेंगे।

यह ध्यान रहे कि यज्ञादि में अभिहित सूक्ष्म विवरण कोई चलताऊ या मनमाने ढंग से नहीं बना दिए गए थे। अनेक शताब्दियों तक और कई पीढ़ियों तक ऋषि-मुनियों के सावधानीपूर्वक तथा सतर्कतापूर्वक किए गए प्रयोग के बाद ये विधि-विधान सामने आए हैं। इनकी तुलना नाभिकीय भौतिकी में होने वाले जटिल प्रयोग से की जा सकती है। उसमें बार-बार प्रयोगों के दौरान निर्धारित किए गए ब्यौरों के अनुसार यदि नहीं चला गया तो नतीजा या तो शून्य होगा, या कभी-कभी विनाशक परिणामों वाला अप्रत्याशित विस्फोट भी संभव है।

संस्कृत में अतिथि शब्द अत्यंत रोचक है। शब्दशः इसका तात्पर्य है वह व्यक्ति जो बिना कोई तिथि निश्चित किए ही किसी के घर आ जाए—एक अप्रत्याशित आगंतुक। दुनिया भर की अनेक रहस्यवादी परंपराओं में माना जाता है कि किसी शुभ अवसर पर अचानक आ जाने वाला अजनबी जादुई कवच लेकर आता है; और हमारे यहाँ यह माना जाता था कि यज्ञ-यागादि के समय यदि कोई ज्ञानी व्यक्ति आ जाए और प्रसाद लेना स्वीकार कर ले, तो यह एक अत्यंत शुभ शकुन है।

इस छंद में उल्लेखित सात लोकों से आशय संभवतः चेतना की सात अवस्थाओं से है—भूः, भुवः, स्वः, महा, जन, तपस् और सत्य—जो भौतिक चरण से आरंभ कर ऊपर उठती हुई अंत में आत्मिक स्तर तक जाती हैं। संकेत शायद यह है कि यज्ञ का गलत संपादन अनेक स्तरों पर हानिकर हो सकता है और यदि यज्ञ करना है तो पूरी सावधानी और श्रद्धा से किया जाए, अन्यथा बिल्कुल न किया जाए। सप्त लोकों का आशय यह भी हो सकता है—भौतिक शरीर की मृत्यु के बाद आत्मा चेतना के सात स्थल अथवा अवस्थाएँ अनुभव करती है।

4. **काली कराली च मनोजवा च सुलोहिता या च सुधूम्रवर्णा।**
**स्फुलिंगिनी विश्वरूची च देवी लेलायमाना इति सप्त जिह्वाः।।**

5. **एतेषु यश्चरते भ्राजमानेषु यथाकालं चाहुतयो ह्याददायन्।**
**तं नयन्त्येताः सूर्यस्य रश्मयो यत्र देवानां पतिरेकोऽधिवासः।।**

काली, विकराल, मन की तरह क्षिप्र, लोहित—लाल, धूम्रवर्णी, चिनगारियों वाली, अनेकरूपा—ये हैं अग्नि की सात लपलपाती जिह्वाएँ।
जो भी उचित समय पर इन प्रकाशमान लपटों में आहुति देकर यज्ञ संपन्न करता है, उसे ये लपटें सूर्यकिरणों के रूप में उस लोक में ले जाती हैं, जहाँ देवाधिदेव निवास करते हैं।

उपनिषद्, सशक्त भाषा में अग्नि की लपलपाती लपटों का वर्णन यहाँ कर रही है—ये लपटें शक्ति के सात रूपों की प्रतीक बताई गई हैं। सामान्यतः सर्वव्यापी ब्रह्म को 'तत्' कहा जाता है —लिंगभेद से विमुक्त और सृष्टि के पीछे निहित प्रेरक शक्ति पुरातन हिंदू मान्यता के अनुसार स्त्रीवाची मानी गई है। यह द्रष्टव्य है कि सभी धर्मों में पुरुष ईश्वर की परिकल्पना है, जबकि हिंदू धर्म जानता रहा है कि यदि दिव्यत्व की पूजा मानवीय रूप में करनी है तो उससे स्त्री और पुरुष दोनों पक्षों का समावेश आवश्यक होगा; इसमें स्त्रीपक्ष पुरुषपक्ष से आगे रहेगा, जैसाकि माँ पिता से आगे रहती है। इसीलिए नारायण के साथ लक्ष्मी, शंकर के साथ गौरी, राम के साथ सीता, कृष्ण के साथ राधा इत्यादि जुड़ी हुई हैं।

प्रस्तुत संदर्भ में अग्नि को सप्तवर्णी देवी के रूप में, सप्त-मातृका के रूप में या सात माताओं के रूप में देखा गया है, जिनकी पूजा अनेक अनुष्ठानों में होती है। अपने भक्तों के प्रति मातृत्व रखने वाली देवी का एक भयंकर रूप भी है। वह काली भी है और दुर्गा भी—वह पुण्यवानों की उदार संरक्षिका है तो पापियों या दुष्टों की कराल संहारक भी। इस श्लोक में अग्नि देवी की जिस रूप में स्तुति है, उसमें सात रूपों में ये दोनों ही पक्ष स्पष्ट हैं।

इसके आगे यह उपनिषद् नियमित करती है कि यदि सम्यक् विधि-विधान से

सम्यक् यज्ञ किया जाए, तो हवन-आहुति सूर्य की किरणों द्वारा एक सूक्ष्म और अदृश्य रूप में 'देवताओं के प्रभु' तक पहुँचा दी जाती है। हिंदू देवमाला में देवताओं का स्वामी इंद्र है जो कि ब्रह्मा-विष्णु-महेश की महान् त्रिमूर्ति से बहुत नीचे है। वैदिक प्रतीक विधान के अनुसार इंद्र ही है, जो छह दाँतों वाले दिव्य ऐरावत हाथी पर सवारी करता है और अंधकार की शक्तियों अर्थात् असुरों से युद्ध करता है। उसी के हाथ में वज्र रहता है और अनेक वैदिक ऋचाएँ, खास कर वे जिनमें युद्ध में विजय की प्रार्थना है, इंद्र को ही संबोधित हैं।

अतः अपनी अंतर्निहित सीमाओं के भीतर इन अनुष्ठानों का फल भी मिलता है। किंतु जैसा कि अभी शीघ्र ही सुस्पष्ट हो जाएगा, ये स्वर्गिक पुरस्कार उस आत्मिक मुक्ति के आनंद के सामने तुच्छ हैं (जोकि यज्ञों का चरम प्रयोजन है)।

6. **एह्येहीति तमाहुतयः सुवर्चसः सूर्यस्य रश्मिभिर्यजमानं वहन्ति।**
**प्रियां वाचमभिवदन्त्योऽर्चयन्त्य एष वः पुण्यः सुकृतो ब्रह्मलोकः।।**

> 'आओ आओ।' वे प्रकाशयुक्त कहती हैं और उसे सूर्य की किरणों पर ऊपर उठा ले जाती हैं। वे आदर और प्रेम की वाणी बोलती हुई कहती हैं : ''तुम्हारे पुण्य (पवित्रकर्म) का फल है यह ब्रह्मलोक।''

सुकृतों, अच्छे कर्मों का फल सचमुच सुखकर है, भले ही वह यज्ञ-यागादि के माध्यम से हो या अन्य किसी विधि से। ये फल या पुरस्कार भूलोक पर सुख-संपदा या मृत्यु के बाद स्वर्ग में सुख-भोग के रूप में हो सकते हैं। फिर भी इनमें मारक दोष यह है कि ये सब क्षणभंगुर हैं। एकल मानव-जीवन नहीं बल्कि ब्रह्मांडीय युग-चक्र के विराट संदर्भ में देखने पर ये पारितोषिक क्षणिक लगेंगे और जब पुण्य का भुगतान एक तरह से इन सुखों के माध्यम से हो चुकता है, तब व्यक्ति को पुनः अकेले ही मुक्ति के आतंरिक मार्ग पर चलना पड़ता है।

पृथ्वी पर या स्वर्ग में हम जो भी रत्न-भंडार जमा करें, वे सनातन और निर्दोष हो नहीं सकते। वास्तव में उनकी चमक जल्दी ही धुँधली पड़ जाती है और यदि पुण्यों द्वारा उन्हें पुनः-पुनः कमाने की प्रक्रिया जारी रखें, तब भी कोई व्यक्ति आत्मिक ज्ञान के निकट नहीं पहुँच पाएगा। यही कारण है कि अच्छे कर्म की प्रशंसा तथा यज्ञ के कारगर होने की उद्घोषणा करने के बाद अब (यह) उपनिषद् विस्मयजनक तेजी से इनकी भर्त्सना करती है और मुक्ति के लिए इनसे भिन्न एक दूसरा मार्ग दिखाती है।

7. **प्लवा ह्येते अदृढा यज्ञरूपा अष्टादशोक्तमवरं येषु कर्म।**
**एतच्छ्रेयो येऽभिनन्दन्ति मूढा जरामृत्युं ते पुनरेवापि यन्ति।।**

8. **अविद्यायामन्तरे वर्त्तमानाः स्वयं धीराः पण्डितम्मन्यमानाः।**
**जङ्घन्यमानाः परियन्ति मूढा अंधेनैव नीयमाना यथान्धाः।।**

सचमुच, अठारह यज्ञ कर्मों के ये बेड़े नितांत दुर्बल हैं क्योंकि ये केवल हीनतर कर्म के प्रतिरूप हैं। जो अज्ञानी इन्हें सर्वोत्कृष्ट मानते हैं, वे बारंबार वृद्धावस्था और मृत्यु की परिधि में गिरते रहते हैं।

यद्यपि वे स्वयं को बड़ा बुद्धिमान और पंडित मानते हैं, पर वे मूर्ख ही हैं जो निरर्थक भटकते रहते हैं—जैसे अंधों को अंधे रास्ते दिखा रहे हों।

आध्यात्मिक साहित्य में ऐसा विरल ही होता है कि इस तरह से अचानक और तीक्ष्ण विषय-परिवर्तन हो जाए। उपनिषदों के द्रष्टा उदात्त दार्शनिक तो थे ही, साथ ही वे महान् शिक्षक भी थे और उन्होंने संस्कृत भाषा का प्रयोग उत्कृष्टतम रूप में किया है। पहले यज्ञादि के लाभों का वर्णन करने के बाद अंगिरस ऋषि उनका प्रत्याख्यान करके अपनी यह बात और भी अधिक कारगर ढंग से रखते हैं कि उस मार्ग पर जो चलें, वे मूर्ख हैं। वेदांत के अनुसार ऐसे कर्मों से जन्म-मृत्यु का या आवागमन का चक्र कभी नहीं टूटता, जिसमें कि आत्मा फँसी रहती है। इन (यज्ञों) से अधिक समृद्धि और यश भले ही मिले, अंततः बुढ़ापा और मृत्यु आ दबोचते हैं।

यहाँ यह बताना जरूरी है कि यहाँ उपनिषद् त्याग के मार्ग की प्रशंसा कर रही है और निरे यज्ञ-यागादि कर्मों की निंदा। इसका अर्थ यह नहीं कि कर्म मात्र का सर्वथा निषेध हो रहा है। वस्तुतः उपनिषदों का ही तार्किक विस्तार भगवद्गीता है, जो बताती है कि परमात्मा को समर्पित करके तथा स्वार्थभाव से रहित होकर किया गया कर्म भी आत्म-साक्षात्कार का सक्षम उपाय हो सकता है। प्रतीत होता है कि आज की ही तरह औपनिषदिक युग में भी एक ऐसी विचारधारा रही होगी जो भौतिक धन-संपदा को ही मानवीय अस्तित्व का सर्वोच्च शिखर माना करती थी, यहाँ मंत्रद्रष्टा ऋषि इसी तरह के दृष्टिकोण पर तीक्ष्ण प्रहार कर रहे हैं।

'यज्ञकर्म के अठारह रूपों' का अर्थ 'अठारह सदस्य' भी लिया जा सकता है : यजमान, उसकी पत्नी और सोलह ऋत्विक् पंडित जो कि उस विस्तृत और महँगे अनुष्ठान के लिए परमावश्यक हैं। अठारह की संख्या का एक गूढ़ प्रतीकार्थ भी है—भगवद्गीता में भी अठारह अध्याय हैं, महाभारत का युद्ध भी अठारह दिन चला था।

9. **अविद्यायां बहुधा वर्त्तमाना वयं कृतार्था इत्यभिमन्यन्ति बालाः।**
**यत्कर्मिणो न प्रवेदयन्ति रागात्तेनातुराः क्षीणलोकाश्च्यवन्ते।।**

10. **इष्टापूर्तं मन्यमाना वरिष्ठं नान्यच्छ्रेयो वेदयन्ते प्रमूढाः।**
**नाकस्य पृष्ठे ते सुकृतेऽनुभूत्वेमं लोकं हीनतरं वा विशन्ति।।**

तरह-तरह के अज्ञान में डूबे ऐसे लोग सोचते हैं कि उन्हें जीवन का लक्ष्य

प्राप्त हो चुका। किंतु वासनाओं और मोह में बँधे इन लोगों को ज्ञान प्राप्त नहीं होता और जब इनके पुण्यों का फल चुक जाता है तो ये पुनः दैन्य के गर्त में जा गिरते हैं।

ऐसे विमूढ़ जन यज्ञादि तथा सत्कर्मों को सबसे महत्त्वपूर्ण मानने लगते हैं और इससे श्रेष्ठ कार्य कुछ है, यह नहीं जानते। स्वर्ग में अपने सत्कर्मों का फल भोग चुकने के बाद वे पुनः इस मर्त्यलोक में या इससे भी हीनतर संसार में लौट आते हैं।

अनुष्ठानों और पुण्यकार्यों से स्वर्गोपम फल पाने की चाहना वालों की कठोर आलोचना जारी रखते हुए, ऋषि अंगिरस पुनः बताते हैं कि उन (कार्यों) से प्राप्त पारितोषिक क्षणभंगुर हैं तथा अपनी समाप्ति के बाद आत्मा जहाँ की तहाँ रह जाती है। वस्तुतः ऐसे कर्मों से एक तरह का अहंकार हमेशा जुड़ा रहता है, इस कारण आत्मा का जन्म हीनतर लोक में भी संभव है। इसका अर्थ यह हो सकता है कि पृथ्वी पर उनका पुनर्जन्म उससे कमतर सौभाग्यशाली परिस्थिति में हो सकता है, जिसमें वे पहले जन्मे थे; या फिर ऐसे किसी लोक में जो हमारे लोक से कम जागरूक हो।

जैसाकि आधुनिक सृष्टिविज्ञान प्रतिपादित कर चुका है, हमारी अपनी आकाशगंगा-नीहारिका में सूर्य जैसे करोड़ों नक्षत्र हैं और गोचर ब्रह्मांड में ही ऐसे अरबों-खरबों नीहारिकाएँ हैं। हमारा यह मानना है कि हमारा यह तुच्छ-सा ग्रह ही मानव जीवन का एकमात्र पालना है, हास्यास्पद है। ब्रह्म की अकूत सर्जनात्मक शक्ति को हम अपनी अहम्मन्य और जड़ पृथ्वी-केंद्रिकता से किस तरह सीमाबद्ध कर दे सकते हैं ?

इन श्लोकों में वर्णित 'सुकृतों', अच्छे कार्यों पर दो शब्द कहना जरूरी है। यज्ञ के अलावा ये कार्य दो श्रेणियों में विभक्त हैं। इष्ट कार्यों में हवन, तप, सत्याचरण, वेदों का पठन-पाठन, अतिथिसेवा, पशु-पक्षियों को खिलाना इत्यादि कर्म आते हैं। पूर्त्त कर्म हैं—कुएँ खुदवाना, मंदिर और तालाब बनवाना, बाग-बगीचे लगवाना, गरीबों के लिए सदावरत इत्यादि खोलना। प्रतिप्रश्न उठ सकता है कि ऐसे अच्छे और हितकारी कार्यों की तो भर्त्सना नहीं बल्कि प्रोत्साहन मिलना चाहिए, क्योंकि मनुष्यजाति के अधिकांश जन जिस तरह के स्वार्थी एवं क्रूर कार्यों में लिप्त रहते हैं, उनसे तो ये बहुत अधिक वांछनीय हैं। वस्तुतः अंगिरस द्वारा इन (सत्) कर्मों की भर्त्सना को पहली दृष्टि से समझना कठिन है।

फिर भी, इसका रहस्य आत्मिक मोक्ष की उस धारणा में निहित है, जोकि वैदिक विश्व-दृष्टि की नींव है। मुक्ति के आनंद की तुलना में, सत्कर्मों द्वारा अर्जित कोई भी मानसिक या भौतिक सुख उसी तरह नगण्य लगेगा, जिस तरह सूर्य के सामने बड़े-से-बड़े तारे भी फीके लगते हैं। ऋषि ने सत्कर्मों को बुरा नहीं बताया है, वास्तव में ये सत्कर्म बुरे हैं भी नहीं। उनका भावाकुल संकेत केवल यह है कि उनकी मूल्यवत्ता अस्थायी तथा सीमित है—उस मार्ग की तुलना में, जिसका प्रतिपादन वे आगे करने वाले हैं।

11. **तपःश्रद्धे ये ह्युपवसन्त्यरण्ये शांता विद्वांसो भैक्ष्यचर्यां चरन्तः।**

**सूर्य्यद्वारेण ते विरजाः प्रयान्ति यत्रामृतः स पुरुषो ह्यव्ययात्मा।।**

किंतु जो लोग वन में तप और श्रद्धा का जीवन बिताते हुए शांत, विद्वत्तापूर्ण एवं भिक्षुकों का-सा आचरण करते हैं, वे समस्त मलों से मुक्त होकर सूर्यद्वार से वहाँ पहुँचते हैं जहाँ वह अव्यय अमृतात्मा पुरुष निवास करता है।

पिछले श्लोकों में स्वर्गोपम प्रतिफलों का जो वर्णन आया है, उसके विपरीत द्रष्टा ऋषि अब उपदेश देते हैं कि सांसारिक मोह-माया का परित्याग करने पर सच्ची अमरता प्राप्त होती है। स्पष्टतः यह मार्ग उनके लिए है जो घर-बार त्याग कर वन में, आश्रम में या परिव्राजक साधुओं के रूप में जीवन बिताने को तैयार हैं; इसलिए यह किंचित् विचित्र है कि शौनक को, जिसे एक महान् गृहस्थ बताया गया था, यह शिक्षा दी जा रही है। ग्रंथों से यह ज्ञात नहीं होता कि इस उपदेश को पाने के बाद शौनक ने वास्तव में संसार त्याग किया अथवा नहीं।

विश्व में पूर्व और पश्चिम की अनेक पुराकथाओं में दो मार्गों का चित्रण मिलता है, एक सूर्य की तरह देदीप्यमान और प्रकाशित और दूसरा चंद्रमा की तरह धुँधला और फीका। आकाश में सर्वाधिक नाटकीय वस्तु होने के नाते, तथा शब्दशः इस भूग्रह पर जीवन एवं प्रकाश के एकमात्र स्रोत होने के नाते सूर्य दिव्यत्व का एक अनुपम प्रतीक है। गायत्री नामक एक प्रसिद्धतम मंत्र सूर्य को संबोधित हो, जिसमें आत्मोत्थान की प्रार्थना है; अन्यत्र भी उपनिषदों में सूर्य की स्तुति के अनेकशः सुंदर मंत्र हैं।

अजर-अमर पुरुष निश्चय ही ब्रह्म है। इन श्लोकों का बुनियादी तर्क यह है कि जब तक हम इंद्रियों के मायाजाल में रहे आएँगे, तब तक हम पृथ्वी और स्वर्ग के बीच चक्कर काटते रहेंगे। दूसरे शब्दों में, हम जन्म-मरण के आवागमन से छूट नहीं सकेंगे, क्योंकि स्वयं हमारी कामनाएँ हमें बार-बार घसीटती रहेंगी। अपना रास्ता निर्णायक ढंग से बदलें—सांसारिक आकर्षण छोड़ कर अपनी सभी शक्तियाँ तथा मनोरथ आतंरिक मार्ग पर बढ़ने में लगाएँ—केवल तभी हम इस चक्र से छुटकारा पाकर परम-अवस्था में पहुँच सकते हैं।

12. **परीक्ष्य लोकान् कर्मचितान् ब्राह्मणो निर्वेदमायान्नास्त्यकृतः कृतेन।**

**तद्विज्ञानार्थं स गुरुमेवाभिगच्छेत् समित्पाणिः श्रोत्रियं ब्रह्मनिष्ठम्।।**

13. **तस्मै स विद्वानुपसन्नाय सम्यक् प्रशांतचित्ताय शमान्विताय।**

**येनाक्षरं पुरुषं वेद सत्यं प्रोवाच तां तत्त्वतो ब्रह्मविद्याम्।।**

कर्मों से उपलब्ध संसारों की जाँच-पड़ताल करने के बाद, बुद्धिमान व्यक्ति को उनसे उदासीन हो जाना चाहिए, क्योंकि कर्म से अमृत (पुरुष) को नहीं पाया

> जा सकता। उसे जानने के लिए वह ऐसे गुरु के पास विनयपूर्वक जाए, जो वेदज्ञ और ब्रह्मनिष्ठ हो।
>
> ऐसे प्रशिक्षणार्थी को, जिसका मन प्रशांत और इंद्रियाँ वशीभूत हैं, और जो उस (गुरु) के पास विधिपूर्वक आया है, गुरु को चाहिए कि उसे ब्रह्मविद्या सिखाए, जिसके सहारे उस सत्य अमृत (पुरुष) को पाया जा सकता है।

मुंडक उपनिषद् का पहला मुंडक (अध्याय) इस महत्त्वपूर्ण वक्तव्य के साथ समाप्त होता है कि अपरा कहे जाने वाले ज्ञान अर्थात् ब्रह्मविद्या की मूलभूत शर्तें पूरी होने पर ही प्रदान की जा सकती हैं। पहला यह कि कोई ऐसा विनयी, वास्तव में आत्म-अन्वेषण में समर्पित जिज्ञासु होना चाहिए, जिसने जीवन के भौतिक सुख भोगने या देखने के बाद समझ लिया हो कि वे सब क्षणिक हैं और इसलिए उनकी कामना करना व्यर्थ है। दूसरी शर्त यह है कि एक ऐसा गुरु होना चाहिए जो वेदादि में पारंगत हो, लेकिन इससे भी अधिक आवश्यक है कि वह दिव्यचेतना में स्थित हो— ब्रह्मनिष्ठ हो।

इसको ध्यान में रखना चाहिए क्योंकि यद्यपि आध्यात्मिकता की ओर प्रयाण हमेशा स्वागत योग्य है, फिर भी इन दिनों हमें ऐसे कच्चे शिष्य और असंतुलित गुरु बहुत मिलते हैं, जिनके कारण भारी भ्रांतियाँ पैदा होती हैं; कभी-कभी इनसे सचमुच की हानि भी होती है। कुछ वर्ष पहले एक पाश्चात्य महिला ने किताब लिखी है—हंटिंग द गुरु इन इंडिया। यह शीर्षक ऐसा है मानो यह कोई शिकार हो जिसका सिर काटकर विजयी मुद्रा में सात समुंदर पार लेकर जाना हो। गुरु शब्द का अर्थ है वह व्यक्ति जो अँधेरा दूर करे; हिंदू-परंपरा में गुरु के प्रति व्यक्त अपार श्रद्धा का कारण यह है कि हमारे माँ-बाप तो हमें दैहिक जन्म भर देते हैं; हमारा गुरु अंधकार-अज्ञान दूर करके प्रकाश के भीतर हमारा पुनर्जन्म कराता है।

कहा जा सकता है कि कोई भी जिज्ञासु अपने गुरु का मूल्य नहीं आँक सकता; अतः उसे कैसे पता चले कि उसने सही चुनाव किया है ? यह एक अच्छा सवाल है; एकमात्र उत्तर यह है कि अंततः हमें अपने ही सहजज्ञान, सहजात वृत्ति, छठी इंद्रिय या ऐसी ही किसी विशिष्ट वस्तु या प्रणाली की सहायता से तय करना पड़ता है कि हम क्या करें। इसका कोई भरोसा नहीं है कि हमारा चयन सही ही होगा; किंतु यदि हमारा मनोरथ पवित्र है, अर्थात् यदि हम वास्तव में परमात्मा को समर्पित हैं, न कि अपने अहंकार को पुष्ट करने की किसी चतुर चाल में लगे हैं, तो कोई खतरा नहीं है।

अनेक जन एकाधिक गुरुओं से सीखते हैं; कुछ वेदादि पढ़कर, तो कुछ स्वप्न से सीखकर। यदि इन्हें हम ठीक तरह से समझें तो पाएँगे कि ये सब ऐसी उँगलियाँ हैं, जो हमारे अपने हृदय में विराजमान दिव्य गुरु की ओर संकेत कर रही हैं। गुरु ही रास्ता दिखाता है, राजनीति विज्ञान का एक मुहावरा लेकर कह सकते हैं कि गुरु 'प्रोत्साहन, मार्गदर्शन और चेतावनी' देता है, लेकिन हमारा काम वह नहीं कर सकता; अपना काम हमें ही करना पड़ेगा। आतंरिक मार्ग अंततः एकाकी ही तय करना पड़ता

है। गुरु अंधकार की परत हटा देता है ताकि हम रास्ते में आगे देख सकें। लेकिन वास्तविक यात्रा, पदयात्रा, वह हमारे लिए नहीं कर दे सकता। कभी-कभी अँधेरे में अपनी दीर्घ यात्रा के बाद हमें प्रकाश इतना तीव्र लगता है कि वह रास्ता उजालने की बजाए हमें ही चुँधिया देता है। कभी-कभी हम जब देखते हैं कि रास्ता टेढ़े-मेढ़े घूमते हुए खतरनाक ढंग से पर्वतशिखर की ढलानों पर चढ़ा जा रहा है, तो हम सब भौंचक्के होकर छाया में शरण लेने लगते हैं। हम कहते हैं, यह बहुत कठिन है, बेहद खतरनाक है। हमें अर्जुन का ध्यान आता है जिसने युद्धभूमि में श्रीकृष्ण से पूछा था : ''यदि हम अपने वर्तमान सुरक्षित जीवन भी छोड़ दें और लक्ष्य तक भी न पहुँचें, तब क्या होगा ?''

इस प्रश्न का एकमात्र उत्तर यही है जो स्वयं श्रीकृष्ण ने दिया था। कोई भी सच्ची अध्यात्म चेष्टा व्यर्थ नहीं जा सकती। शिखर पर पहुँचने से बहुत पहले ही संभव है मृत्यु की रात्रि हम पर उतर आए, किंतु एक-एक कदम जो हम उठा चुके होंगे, वह उपलब्धि कहलाएगा और यह संभव है कि हजारों जीवनकाल इसमें लग जाएँ, लेकिन वह क्षण जरूर आएगा जब घंटानाद होगा और हम एक अन्य उपनिषद् में बताए गए उस 'परमात्मा' के सामने होंगे 'जो अंधकार के पार उस घाट पर सूर्य की तरह देदीप्यमान' है और संसार के तूफानी सागर को पार करने का एकमात्र उपाय ब्रह्मविद्या ही है—अपरा ज्ञान, अमरत्व की ओर जाने वाला इंद्रधनुषी सेतु।

# द्वितीय मुंडक

## प्रथम खंड

1. **तदेतत्सत्यं यथा सुदीप्तात्पावकाद्विस्फुलिंगाः सहस्रशः प्रभवन्ते सरूपाः।**
   **तथाक्षराद्विविधाः सौम्य भावाः प्रजात्यन्ते तत्र चैवापि यन्ति।।**

   सत्य यह है। जिस तरह प्रज्वलित अग्नि की हजारों चिनगारियाँ निकल पड़ती हैं, उसी प्रकार हे प्रिय, अक्षर (ब्रह्म) से भी अनेक प्रकार के जीव उत्पन्न हो जाते हैं और फिर उसी में समा जाते हैं।

प्रचंड रूप से जलती अग्नि की जिसमें से लाखों चिनगारियाँ निरंतर निकलती और उसी में गिरती रहती हैं, उपमा देते हुए ऋषिवर अब उस ब्रह्म का वर्णन करते हैं जिस का क्षरण नहीं होता और जो भव के सभी रूपों का उद्गम है। इस खंड के दसों श्लोक उसी का वर्णन करने का यत्न है जो मूलतः अवर्णनीय है; वे यह बात बलपूर्वक जताते

हैं कि जो कुछ अस्तित्वमान है, वह सब उसी दिव्य आधार के कारण। उस महत् संजाल से उबरकर वे अंततः उसी में समाहित होते हैं —भले ही वे क्षण के करोड़ों अंशमात्र जीवित रहें या करोड़ों वर्ष। अंततः कोई द्वयत्व नहीं है। जन्म और मृत्यु, प्रकाश और अंधकार, दिन और रात, सत् और असत्, आनंद और शोक— प्रकट ब्रह्मांड में इतने उत्कट रूप में जो द्वैध दिखाई देते हैं वे अंततः तिरोहित होकर उसी अक्षय ब्रह्म में सम्मिलित हो जाते हैं।

शिव का ब्रह्मांडीय नर्तन सनातन है। इसका न कोई आदि है, न अंत; क्योंकि यह काल और देश से परे है। नटराज के एक हाथ में डमरू है, सर्जनात्मक शब्द, जिसमें से असंख्य ब्रह्मांड उदित होते हैं; दूसरे हाथ में वह पवित्र अग्नि है जिसमें समय आने पर ये सभी ब्रह्मांड समा जाते हैं। प्रत्येक क्षण करोड़ों नीहारिकाएँ जन्म लेती रहती हैं और करोड़ों उसी महान् परमात्मा के अनंत रहस्य में विलीन होती रहती हैं। स्वयं हमारा संसार जिसे हम इतना बड़ा और स्थायी मानते हैं, निःसीमता के अनंत तट पर रेत का एक कण मात्र है और हम खुद उस महती अग्नि से निकली एक तुच्छ-सी चिनगारी मात्र। फिर भी, प्रत्येक चिनगारी उसी अग्नि तत्त्व की दमक से प्रकाशित रहती है; हममें से प्रत्येक उस चेतना के दिव्य स्फुल्लिंग को किसी रहस्यमय ढंग से मूर्तिमान करता है और चूँकि हम ऐसे हैं इसलिए हमें दिव्य आनंद के सहभोक्ता होने का अनोखा अवसर सुलभ है।

2. **दिव्यो ह्यमूर्तः पुरुषः स बाह्याभ्यंतरो ह्यजः।**
   **अप्राणो ह्यमनाः शुभ्रो ह्यक्षरात् परतः परः।।**

3. **एतस्माज्जायते प्राणो मनः सर्वेन्द्रियाणि च।**
   **खं वायुर्ज्योतिरापः पृथिवी विश्वस्य धारिणी।।**

4. **अग्निर्मूर्द्धा चक्षुषी चन्द्रसूर्य्यौ दिशः श्रोत्रे वाग्विवृताश्च वेदाः।**
   **वायुः प्राणो हृदयं विश्वमस्य पद्भ्यां पृथिवी ह्येष सर्वभूतान्तरात्मा।।**

   वह दिव्य जीव (परमात्मा) आकारहीन है, सनातन और शुद्ध है; भीतर और बाहर व्याप्त है; जीवन और मृत्यु दोनों से परे है। वह सर्वोच्च अविनाशी (तत्त्व) से भी परे (या सूक्ष्म) है।
   उसी में से जनमे हैं जीवन, मन और इंद्रियाँ; ईश्वर, वायु, अग्नि, जल और सर्वपोषी पृथ्वी।
   अग्नि उसका मस्तक है, सूर्य और चंद्र उसकी आँखें, आकाश उसके कान हैं, वेद उसकी वाणी है, वायु उसकी श्वास है, विश्व उसका हृदय है। उसके पैरों से निकली है पृथ्वी, वही समस्त जीवों की अंतरात्मा है।

वह दिव्य शक्ति उस सबका जो कि विद्यमान है, उत्स, सहारा, आधार-स्तंभ और

अंतरात्मा है, यह वेदांती अंतर्दृष्टि उच्चतर ज्ञान का मर्म है। पश्चिम में सामान्यतः प्रयुक्त 'गॉड' शब्द वस्तुतः हिंदू-चिंतन में बहुत बाद में आई 'ईश्वर' की अवधारणा के निकट है—परमात्मा का व्यक्तिरूपीय, मानवीकृत अभिव्यक्त (अवतार)। उपनिषदों का ब्रह्म अत्यंत व्यापक और गहन अवधारणा है। जगत् के तत्त्वों के निर्माण से बहुत पहले, जीवन और फिर मानस का आविर्भाव हुआ। उससे बहुत पहले, अक्षय-अक्षर परमात्मा विद्यमान था—करोड़ों सूर्यों के प्रकाश से जगमग। उसके हुए बगैर कोई सृष्टि, कोई काल, कोई देश—कुछ भी होना संभव नहीं था।

5. **तस्मादग्निः समिधो यस्य सूर्य्यः सोमात् पर्जन्य ओषधयः पृथिव्याम्।**
**पुमान् रेतः सिंचति योषितायां बह्वीः प्रजाः पुरुषात् सम्प्रसूताः।।**

6. **तस्माद्दृचः साम यजूंषि दीक्षा यज्ञाश्च सर्वे क्रतवो दक्षिणाश्च।**
**संवत्सरश्च यजमानश्च लोकाः सोमो यत्र पवते यत्र सूर्यः।।**

उसी में से प्रकट हुई अग्नि जिसे सूर्य प्रज्वलित रखता है, उसी से चंद्रमा निकला जिससे वर्षा निकली और जो पृथ्वी पर ओषधियों का पोषण करती है। (उनसे पोषित) नर अपना बीज नारी के भीतर डालता है, इस तरह उस परमात्मा से अनेकानेक जीव जन्म लेते हैं।

उसी के भीतर से सभी वैदिक ऋचाओं का, ऋक्, साम और यजुः का, यज्ञ के मंत्रों का और यज्ञ का, अनुष्ठानों का और दान-दक्षिणा का जन्म हुआ; उसी में से प्रकट हुए यज्ञ-संवत्सर, यजमान एवं संसार जिन्हें चंद्र पवित्र करता है और सूर्य प्रकाशित।

परमात्मा या पुरुष के भीतर से समस्त जीवों की उत्पत्ति की प्रक्रिया इन श्लोकों में वर्णित है। संपूर्ण सृष्टि-चक्र, वह जटिल एवं सूक्ष्म कार्य-कारणों का संबंध जाल है, जिनके जरिए मनुष्य जाति और इसका प्रकृति से संपूर्ण क्रिया-व्यापार संचालित होता है—वह सब अंततः उसी महत् दिव्य जीव से उद्भूत हैं। उसी में से प्रकट होते, निकलते हैं आकाश, सूर्य और चंद्र बादलों को जन्म देते हैं, जो उपजाऊ धरती पर बरस कर ओषधियाँ पैदा करते हैं। पुरुष इन पेड़-पौधों का आहार करते हैं, चाहे प्रत्यक्ष या उन पशुओं के माध्यम से जोकि इन्हें खाते हैं और वीर्य-स्राव करते हैं। जब यह स्त्रियों के गर्भ में जाता है तो जीते-जागते जीवों का आविर्भाव होता है और वह चक्र फिर से चल पड़ता है।

इस प्रकार दिव्य और पार्थिव जीवन के बीच एक सीधा कार्य-कारण संबंध है। वेदांती दृष्टिकोण के अनुसार ईश्वर कोई ऐसी सत्ता नहीं जो किसी सातवें आसमान में, अपनी सृष्टि से अलग-थलग और विरक्त बैठा रहता है, और सिर्फ कयामत के दिन मनुष्यों के पापों-त्रुटियों का लेखा-जोखा करता है। इसके विपरीत हम सभी शब्दशः

उसकी अपनी दिव्य शक्ति के सहभोक्ता हैं। जिन प्रक्रियाओं से हमारा जन्म हुआ और वह जो हमारे तथा हमारे पूरे संसार में व्याप्त है, वह सब उसी सर्वव्यापी परमेश्वर की ही अभिव्यक्तियाँ हैं।

जिस युग में उपनिषदों की शिक्षा दी जाती थी, उस समय वैदिक मंत्र संपूर्ण धार्मिक परंपरा के सर्वेसर्वा प्रतिनिधि थे और यज्ञादि के सभी अनुष्ठान एवं विधि-विधान स्पष्टतः ही उस परमात्मा से अनुस्यूत माने जाते थे। यही वह ऐक्यकारी दृष्टि है जिसने, पुरातन यूनानी दृष्टि के विपरीत, इस वैदिक व्यवस्था को नितांत अनुर्वर बहुदेववाद में परिणत होने से बचाया।

7. **तस्माच्च देवा बहुधा सम्प्रसूताः साध्याः मनुष्याः पशवो वयांसि।**
**प्राणापानौ व्रीहियवौ तपश्च श्रद्धा सत्यं ब्रह्मचर्यं विधिश्च।।**

8. **सप्तप्राणाः प्रभवन्ति तस्मात्सप्तार्चिषः समिधः सप्त होमाः।**
**सप्त इमे लोका येषु चरन्ति प्राणा गुहाशया निहिताः सप्त सप्त।।**

> उसीमें से जन्मे हैं अनेक देवता एवं प्रकाशमान जीव; मनुष्य, पशु एवं पक्षी; पान एवं अपान वायु (श्वास-प्रश्वास); धान और जौ; तप और श्रद्धा, सत्य ब्रह्मचर्य और विधि।
>
> उसीमें से जन्मी हैं सात इंद्रियाँ भी; और सात ज्वालाएँ तथा उनके ईंधन और सात होम तथा वे सात लोक जिनमें विचरण करते हैं सात प्राणवायु; वे सात और सात जो हृदय के गुह्य प्रदेश में वास करते हैं।

जीवों की कोटियाँ अनेक हैं—न सिर्फ मानव, पशु और वनस्पतियाँ, बल्कि अतिमानवीय एवं परामानवीय भी। इनमें दिव्य कोटि के अनेक देवी-देवता, अर्धदेवता इत्यादि भी शामिल हैं—या कि ईसाई शब्दावली में कहें तो परमदेवदूत और देवदूत इत्यादि। चूँकि उन्हें साधारण आँखों से देखा नहीं जा सकता इसलिए यह मान लेना कि उनका अस्तित्व ही नहीं है, गलत है। चिकित्सा विज्ञान का एक उदाहरण लेकर देखें तो पाएँगे कि लाखों वर्षों तक सूक्ष्म जीवाणु एवं विषाणु अदृश्य रहे आए, किंतु उनका 'आविष्कार' होने से पहले भी वे अपने निर्धारित कार्य कर ही रहे थे। यह रोचक बात है कि इस श्लोक में अनेक कोटि के जीवों का एक साथ उल्लेख है : देव और जौ, धान और ब्रह्मचर्य। मुद्दा यह है कि प्रत्येक वस्तु, चाहे उसे हम अमूर्त विचार कहें या कि ठोस पदार्थ, वह सब उसी अभिव्यक्ति के अंतर्गत है और उसको अपना अस्तित्व उसी परमात्मा से प्राप्त होता है। हम जिस कटे-छँटे साफ-सुथरे बौद्धिक वर्गीकरण के अभ्यस्त हैं, उसका अंततः कोई औचित्य या वैधता नहीं है।

उपनिषद्कार ऋषि ने पान और अपान वायु का उल्लेख किया है। एक स्तर पर, श्वास लेना सबसे अधिक बुनियादी क्रिया है क्योंकि उसके बगैर मनुष्य समेत अधिकांश

प्राणी अपने भौतिक रूप में जी ही नहीं पाएँगे। किंतु इसका गहनतर आशय, जो कि ऋषिवर की एक बड़ी अंतर्दृष्टि है, यह है कि यदि समुचित नियंत्रण, उपयुक्त मंत्र और मनोवैज्ञानिक परिशीलन के साथ श्वास-प्रश्वास ली जाए, तो श्वास स्वयं भी परम विस्तृत चेतन-अवस्थाओं के द्वार खोल सकती है। यहाँ संक्षेप में केवल इसका उल्लेख भर किया जा सकता है, और यह बताया जा सकता है कि बाद के अनेक ऋषियों ने तथा खास कर योगसूत्र के महान् प्रणेता पतंजलि ने इसकी युक्ति का विस्तार से प्रतिपादन किया है; उन्होंने बताया है कि श्वास पर नियंत्रण—प्राणायाम 'मन के चांचल्य को स्थिर' करने का अचूक उपाय है।

आठवें श्लोक में भी ऐसे गूढ प्रतीकार्थ भरे हुए हैं, जो पहली दृष्टि में समझ में नहीं आते। यह सामान्य टिप्पणी जरूरी है कि उपनिषदों का अध्ययन कभी भी निरे बौद्धिक दृष्टिकोण से नहीं किया जाना चाहिए। हमें बौद्धिक समझ पाने का प्रयत्न जरूर करना चाहिए, किंतु उनमें ऐसे गूढ़तर अर्थ और आशय हैं जिन्हें हमें खुलेपन से देखना चाहिए, और वे गूढ़ आशय जरूरी नहीं कि पहले पाठ में ही हमें दीख जाएँ। अनेक रहस्यवादी परंपराओं में सात के आँकड़े का एक विशिष्ट महत्त्व माना गया है। उदाहरण के लिए, हमें ज्ञात समस्त सभ्यताओं में सप्ताह के सात ही दिन क्यों गिने जाते हैं ? दशमलव पद्धति के बारे में स्पष्टीकरण दिया जाता है कि हमारे हाथों में दस उँगलियाँ हैं, लेकिन यदि ऐसा है तो सप्ताह में पाँच या दस दिन क्यों नहीं माने जाते ? सात इंद्रियों में प्रायः दो आँखें, दो कान, दो नथुने और मुँह की गिनती होती है, लेकिन यह व्याख्या संतोषजनक नहीं है, क्योंकि इनको मिलाकर भी केवल चार ही संज्ञाएँ स्पष्ट होती हैं : देखना, सुनना, सूँघना और चखना। शायद बेहतर होता कि इसमें स्पर्श और दो अन्य इंद्रियेतर बोध भी शामिल किए जाते। सात लपटों के बारे में पहले ही एक श्लोक में बताया जा चुका है कि वे शक्ति की सात विधाएँ हैं।

वेदांती साहित्य में सप्त लोकों को चेतना की सात अवस्थाएँ मानने का प्रचलन सर्वज्ञात है। किंतु हृदय के गोपन स्थलों में जो सात प्रकार के श्वास हैं, उसकी गुत्थी हम में से प्रत्येक को स्वयं ही सुलझानी पड़ेगी। यहाँ यह कहना पर्य्याप्त होगा कि इस मानवीय काया में और हमारी हृदय की गहराइयों में युगों पुराना वह रहस्य, वह पारस पत्थर खोजा जा सकता है, जो हमारी दैनंदिन चेतना के लोहमल को अध्यात्म चेतना के स्वर्ण में परिणत कर दे, अमरत्व का वह अमृत, जो हमें अंधकार के परे दूसरे छोर पर ले जा सके। यह 'हृदय' वह नहीं है जिससे आज के हृदयविशेषज्ञ और शल्य चिकित्सक परिचित हैं, जिसे वे सब मृतक के शरीर से निकालकर जीवित मनुष्य में प्रत्यारोपित कर सकते हैं। इस श्लोक में अभिहित 'गुप्त स्थल' वह रहस्यमय हृदय है, जो नाभि के ऊपर दस अंगुल पर स्थित बताया जाता है जिसमें सनातन काल से आध्यात्मिक जीवन-रक्त प्रविष्ट होता रहता है।

9. **अतः समुद्रा गिरयश्च सर्वेऽस्मात्स्यन्दन्ते सिन्धवः सर्वरूपाः।**
**अतश्च सर्वा ओषधयो रसश्च येनैष भूतैस्तिष्ठते ह्यन्तरात्मा।।**

10. **पुरुष एवेदं विश्वं कर्म तपो ब्रह्म परामृतम्। एतत् यो वेद निहितं गुहायां सोऽविद्याग्रंथिं विकिरतीह सोम्य।।**

वेदांत पदार्थ और ऊर्जा, शरीर और आत्मा के बीच कोई असाध्य विभाजन नहीं मानता। हमारा विश्व जिन तत्त्वों से निर्मित है, हमारे शरीरों के भीतर जो द्रव प्रवाहित होता है—वह सब उसी परमात्मा का रूप है। अदृश्य अंतरात्मा जो कि स्वयं उसी दिव्य अग्नि की चिनगारी है—वह उन्हीं तत्त्वों द्वारा भौतिक रूप में बनाए रखा जाता है, जो उसी दिव्यत्व से निकलते हैं। इस तरह भेद दिव्य और अदिव्य अभिव्यक्ति के बीच नहीं बल्कि विकास के विभिन्न चरणों या कोटियों के बीच होता है : आदि तत्त्वों से लेकर विभिन्न रूपों से होते हुए अंत में दिव्य आत्मा या परमात्मा के रूप में चरम शिखर पर पहुँचने वाला विकास ही द्रष्टव्य है।

"सचमुच ही वह महाप्राण ही यह समस्त विश्व है।"—इस वाक्य में वेदांती दृष्टि का सार निहित है और यह द्रष्टव्य है कि इसी छंद में आगे बताया गया है कि उस महत् तत्त्व को हमारे इस भौतिक जन्म के भीतर ही हृदय की गुप्त गुफाओं में खोजा जा सकता है। इस वक्तव्य का महत्त्व स्वयं स्पष्ट है। यदि यह उपनिषद् उस परमात्मा की केवल एक भव्य और सर्वांगीण परिभाषा देकर चुप हो जाती तो हम शायद यही मानते कि उस सच्चिदानंद को अनुभव करना या उसका साक्षात्कार करना तो दूर, हम उसे पूरी तरह समझ भी नहीं सकते। अनेक धर्म-परंपराओं में परमात्मा से सामना करने का क्षण मृत्यु के बाद तक टाल दिया गया है। किंतु वेदांत ऐसा नहीं करता; वह मानता है कि समुचित अवस्था और आकांक्षा रहने पर—जिन्हें जीवनव्यापी त्याग-तपस्या से ही सँवारा जा सकता है—उस महत् सर्वव्यापी परमात्मा को जानना संभव है, वह स्वयं हमारे ही हृदयों के भीतर विराजमान है। इस अद्‌भुत अधिगमन के लिए मार्ग अनेक हैं : ज्ञान मार्ग, भक्ति मार्ग, कर्म मार्ग और राज मार्ग—ये अलग-अलग या सब मिलकर एक मार्ग उपलब्ध कराते हैं और कोई भी धार्मिक शिक्षा यदि ईमानदारी और लगन से मानी जाए तो वह हमें वहाँ पहुँचा सकती है : एकं सद् विप्राः बहुधा वदंति (सत्य एक है; विद्वज्जन उसे अनेक नामों से पुकारते हैं), जैसाकि ऋग्वेद में कहा है किंतु यह संभव है; यदि अपने गुह्य हृदय में एक बार इस दिव्य उपस्थिति को सचमुच अनुभव कर लिया जाए तो अज्ञान की वह विकराल गाँठ छिन्न-भिन्न हो जाती है—वह न जानने या अविद्या का आदिम संजाल टूट जाता है जिसने हमें अपने अध्यात्म-प्रयास के आरंभ से ही हजारों-लाखों बरसों से बाँध रखा है।

दिव्य क्षण वही है, करोड़ों जीवनों का गौरवमय शिखर। वेदों के अनुसार यह

क्षण गहरे नीले तूफानी बादल में उठी बिजली की कौंध की तरह अचानक आ सकता है—नीलतोयदमध्यस्थ विद्युल्लेखेव भास्वर—या कि जैसा कि गीता में आया है : आकाश में एक साथ उदीयमान हजारों सूर्यों के प्रकाश की तरह। मानवजाति में अब तक जो भी रहस्यवादी परंपराएँ सामने आयी हैं, उनके योगियों ने मानवत्व के भीतर दिव्यत्व के उदय की, पदार्थ के भीतर अमर आत्मा की इस विस्मयजनक परिघटना को स्वानुभूत सत्य निरूपित किया है। भिन्न-भिन्न बोलियों और देशकाल में उन्होंने इसका गुणगान किया है; किंतु उन सभी ने यह भी बताया है कि केवल बौद्धिक या भावात्मक रूप से जानने पर नहीं, बल्कि अपने अस्तित्व की गहनतम परंपराओं में जब हम उस दिव्यत्व को धड़कता हुआ अनुभव करते हैं, तभी वह महत् अनुभूति हुई है, यह कहा जा सकता है।

## द्वितीय खंड

1. **आविः सन्निहितं गुहाचरन्नाम महत्पदमत्रैतत्समर्पितम्। एजत्प्राणन्निमिषच्च यदेतंजानथ सदसद्वरेण्यं परं विज्ञानाद्यद्वरिष्ठं प्रजानाम्।।**

2. **यदर्चिमद्यदणुभ्योऽणु च यस्मिन् लोका निहिता लोकिनश्च। तदेतदक्षरं ब्रह्म स प्राणस्तदु वाङ् मनः। तदेतत्सत्यं तदमृतं तद्वेद्धव्यं सोम्य विद्धि।।**

   ब्रह्म ही वह बलिष्ठ आधार है जो हृदय की गुप्त कंदरा में विद्यमान (प्रकट) है। उसी में वे सब स्थित हैं जो श्वास लेते हैं, चलते-फिरते और देखते हैं। इसे ही सत् और असत् दोनों रूपों में, सर्वाधिक वांछनीय, समस्त बोध से परे महत्तम एवं सर्वोच्च जीव (तत्त्व) के रूप में जानो।
   ज्योतिर्मय, सूक्ष्म से भी सूक्ष्मतर, अविनाशी ब्रह्म ही ब्रह्मांडों एवं उनके समस्त निवासियों का आवास है। वही, जीवन है, वही वाणी है, वही मन है, वही सत्य है, वही अमरत्व है। हे सौम्य ! वही जिसका भेदन किया जाना चाहिए; उसे जानो।

यहाँ यह पुनः कहा गया है कि वह महत् ब्रह्म गुह्य हृदय में प्रकट होता है तथा समस्त वस्तुओं में व्याप्त रहता है। यह भी जोड़ा गया है कि ब्रह्म 'सत् और असत् दोनों' ही है। इसका अर्थ है कि वह दृश्य और अदृश्य सभी कुछ में व्याप्त है। तात्पर्य यह है कि असंख्य आकाशगंगाओं वाला होने के बावजूद यह अद्‌भुत सृष्टि ब्रह्म की संपूर्ण शक्ति को नहीं समेट सकती।

वह यह सब है, किंतु वह वह सब भी है जो अभी तक अनभिव्यक्त है या जो आगे कभी व्यक्त हो सकता है। सृष्टि अथवा सृष्टि-रचना का प्रश्न अत्यन्त सम्मोहक है।

उपनिषदें यह भी बताती प्रतीत होती हैं कि ब्रह्म वस्तुतः अनादि और अनंत है, ऐसा कोई समय नहीं था जब यह नहीं था, न ही इसका होना कभी समाप्त होगा, किसी न किसी रूप में परमात्मा हमेशा रहा है लेकिन शायद भाषागत सीमा में यह बात कहना असंभव है। वास्तविक आश्चर्य तो यह है कि ऐसी अकल्पनीय रूप से देदीप्यमान शक्ति मानव-चेतना के भीतर, हालाँकि मात्र बौद्धिक समझ से परे अभिव्यक्त हो सकती है। यह वास्तव में परम महत्त्वपूर्ण उपलब्धि है क्योंकि इसकी आभा के सामने बाकी सब कुछ फीका और तुच्छ प्रतीत होता है।

मन, जिसके माध्यम से हम अपने निवास के संसार को जानने की चेष्टा करते हैं, वाणी जिसके माध्यम से हम अपने गहनतम विचारों एवं अवबोधों को व्यक्त करने की चेष्टा करते हैं, स्वयं जीवन या जीवनी शक्ति जो हमारे अस्तित्व को ऊर्जा देती है—यह सब ब्रह्म के भीतर से ही प्रवाहित है। यह परमाणुओं और परमाणु-खंडों से भी अधिक सूक्ष्म है क्योंकि इनसे हिमालय जैसी महत् आकृतियाँ भले ही बनती हों, किंतु यह सब उसी महत् शक्ति के ही रूप हैं जो अनंतकाल तक इस पूरे ब्रह्मांड में प्रवहमान रहती है। तो यही वह सत्य है जिसे शिष्यों को समझना है तथा केवल इसी से अमरता तक पहुँचा जा सकता है। यह ध्यान रहे कि हिंदू-चिंतन में अमरता का अर्थ मृत्यु के बाद बचे रहना मात्र नहीं है। वह अर्थ तो अंतर्निहित है। वास्तविक अर्थ यह है कि जन्म और मृत्यु से मुक्त होकर उस कर्म-चक्र से छुटकारा पाकर जिसमें कि समस्त जीव-जंतु चक्कर काटते रहते हैं, परमात्मा से साक्षात्कार करना।

गुरु कहते हैं कि यही वह सत्य है जिसे देखना है, भेदना है। उपनिषदों में आचार्य अपने छात्रों को सौम्य कहकर पुकारते हैं। इसका अनुवाद सुंदर युवक, प्रिय मित्र, प्रियवर, सुपुत्र इत्यादि किया जाता है। यह अत्यंत स्नेह और कोमलता से भरा हुआ शब्द है। उपनिषदों की शिक्षा किसी ऊँचाई पर एकाकी बैठे हुए देवता के द्वारा नीचे खड़े रिरियाते शिष्य को दिया गया नीरस आदेश मात्र नहीं है। यह एक प्रेमोपहार है, एक मनुष्य से दूसरे मनुष्य की, जिसके लिए उसके मन में अपार प्रेम, करुणा और वात्सल्य है—संप्रेषित किया जाने वाला ज्ञान है। गुरु आदेश देना नहीं मार्गदर्शन कराना, डपटना नहीं प्रोत्साहन देना, धमकाना नहीं प्रेरित करना चाहता है।

3. **धनुर्गृहीत्वौपनिषदं महास्त्रं शरं ह्युपासा निशितं सन्धयीत।**
**आयम्य तद्भावगतेन चेतसा लक्ष्यं तदेवाक्षरं सोम्य विद्धि।।**

4. **प्रणवो धनुः शरो ह्यात्मा ब्रह्म तल्लक्ष्यमुच्यते।**
**अप्रमत्तेन वेद्धव्यं शरवत्तन्मयो भवेत्।।**

गोपन उपदेश अथवा उपनिषद् की शिक्षा के महान् अस्त्र को धनुष की तरह उठा कर, निरंतर ध्यान से तीक्ष्ण किए हुए तीर को उस पर चढ़ाना चाहिए।

हे सौम्य, तत् (ब्रह्म) से परिपूर्ण मन से उसे खींच कर उस अविनाशी को लक्ष्य कर उसे बींधो।

प्रणव (ॐ) धनुष है; आत्मा बाण है; ब्रह्म लक्ष्य है। ध्यानपूर्वक उसको बींधना है; जैसे तीर अपने लक्ष्य में एकात्म हो जाता है उसी तरह व्यक्ति को ब्रह्म से एकात्म हो जाना चाहिए।

उपनिषद् साहित्य में यह श्लोक सर्वाधिक प्रसिद्ध है क्योंकि इनमें स्पष्ट एवं सशक्त बिंबों से वेदांत शिक्षा का तात्पर्य समझाया गया है। हमने इन श्लोकों का अनुवाद 'द योगा ऑफ कठोपनिषद्' नामक प्रसिद्ध पुस्तक से लिया है, जिसमें मूलतः उस अँग्रेज महान् संत श्रीकृष्ण प्रेम ने गहरी अंतर्दृष्टि एवं विराट पांडित्य के साथ उपनिषद् का मर्म समझाया है। उन्होंने उपनिषदों का अनुवाद द सीक्रेट टीजिंग (गोपन विद्या) किया है, जो कि निश्चय ही उपनिषद् के अनेक अर्थों में से एक है।

इन मार्मिक श्लोकों में अध्यात्म विद्या को मूर्तिमान करने वाली उपनिषदों की तुलना एक महान् धनुष से की गई है और फिर उस एक पवित्र अक्षर ॐ के समतुल्य बताया गया है। वेदांत साहित्य में अन्यत्र ॐ इति एक अक्षरं ब्रह्म (यह एक अक्षर ॐ ही ब्रह्म है) कहा गया है और एक प्रसिद्ध छंद में ॐ को ऐंद्रिय सुख एवं आत्म-मुक्ति दोनों का दाता कहा गया है इसलिए ॐ के अपने मूलभूत रूप में उपनिषदें धनुष हैं, व्यक्तिगत आत्मा बाण है और परमात्मा अथवा ब्रह्म लक्ष्य है। धनुष को सावधानी के साथ अचानक और अचंचल चेतना के साथ खींचना चाहिए। दिव्यत्व कोई ऐसी वस्तु नहीं, जिसे कोई दूसरी चीज के साथ अथवा साधारण कामकाज के एक गौण लाभ के रूप में पाया जा सके, वह हमारी आकांक्षा का स्पष्ट केंद्र-बिंदु होना चाहिए और हमारी अंतरात्मा रूपी बाण भी चिंतन एवं अध्यात्म क्रियाओं से निरंतर धारदार होना चाहिए।

यदि लक्ष्य को स्पष्ट नहीं देखा गया, यदि तीर भोंथरा या टेढ़ा हुआ, यदि धनुर्धर का ध्यान विभक्त या विचलित रहा तो तीर लक्ष्य पर नहीं लग सकेगा। सुस्पष्ट लक्ष्य, तीव्र बाण और शांत एवं अचंचल मन से डोर खींचने पर ही उस परमात्मा को बींधा जा सकता है; एक महान् यूरोपीय थोमी ने इसे एकाकी की एकाकी तक उड़ान कहा है। ऐसा होने पर आत्मा ब्रह्म में मिल जाती है, जन्म-मृत्यु, आनंद-शोक, अच्छाई-बुराई, मनुष्य-ईश्वर इत्यादि के दिव्यत समाप्त हो जाते हैं।

यह प्रक्रिया समय-समय पर वास्तव में घटित होती है, इस बात की पुष्टि मानव जाति की सभी महान् धार्मिक परंपराओं के पैगंबरों और संतों, द्रष्टाओं और योगियों ने की है। यह भी स्पष्ट है कि यह कार्य सबसे कठिन है; गीता में श्रीकृष्ण कहते हैं कि हजारों में कोई एक ही यह उपदेश सुनता है और उन हजारों में कोई एक ही वास्तव में यह लक्ष्य प्राप्त करता है। फिर भी यह तथ्य उत्साह-भंजक नहीं होना चाहिए। बल्कि यह जानकर कि कभी जो काम एक व्यक्ति कर चुका है, उसे दूसरा भी कर सकता है। हमें इन पंक्तियों में वर्णित इस मनोहर आध्यात्मिक अन्वेषण में अपनी समस्त ऊर्जा के

साथ जुट जाना चाहिए।

5. **यस्मन् द्यौः पृथिवी चान्तरिक्षमोत्तम मनः सह प्राणैश्च सर्वैः।**
**तमेवैकं जानथ आत्मानमन्या वाचो विभुञ्चथ अमृतस्यैष सेतुः।।**

6. **अरा इव रथनाभौ संहता यत्र नाड्यः स एषोऽन्तश्चरते बहुधा जायमानः।**
**ओमित्येवं ध्यायथ आत्मानं स्वस्ति वः पाराय तमसः परस्तात्।।**

वह जिसमें आकाश, पृथ्वी और अंतरिक्ष तथा उनके साथ मन और समस्त प्राण अंतर्गथित हैं, उसी एक आत्मा को जानो और अन्य बातों से विलग रहो। यही अमरता का सेतु है।

जहाँ समस्त धमनियाँ और शिराएँ उसी तरह एक जगह आ जाती हैं जिस तरह रथ के पहिए में उसकी धुरी में समस्त अरें, वहीं हृदय में विचरण करता हुआ वह अनेक रूप धारण करता है, उसी आत्मा को ॐ के रूप में मान कर उसका ध्यान करो, अंधकार के पार तुम्हारा गमन सुखद और शुभ हो।

अध्यात्म मार्ग की एक बड़ी बाधा वाचालता है—वह अंतहीन वार्त्ता और शास्त्रार्थ जिसका अंत निष्फल बौद्धिक व्यायाम के अतिरिक्त और कुछ नहीं होता। तर्क और युक्ति के अपने क्षेत्र में बुद्धि निश्चय ही एक अमूल्य और अद्‌भुत उपकरण है। किंतु जैसा पहले कहा गया आध्यात्मिक सत्य तत्त्वतः पराबौद्धिक है। मस्तिष्क एक बिंदु तक तो उसे पहुँचा सकता है किंतु उसके बाद वह स्वयं बाधक बन जाता है। इसीलिए ऋषि अपने शिष्य को परामर्श देते हैं कि अंतरिक्ष या देश के समस्त बहिरंग और अंतरंग आयामों को धारण करने वाला, महत् और सर्वग्राही ब्रह्मस्वरूप जान लेने के बाद उसे वृथा बकवाद और निरर्थक अनुमान से विलग रहना चाहिए। परा विद्या अमरता का सेतु है और शिष्य जब इसकी झलक पा ले तो इसे अपनी महान् यात्रा की तैयारी करनी चाहिए न कि पुल के इसी पार बैठे-बैठे पुल पार करने के संबंध में अंतहीन बहस में उलझना चाहिए। जैसाकि यह चीनी कहावत बताती है 'हजारों मील की यात्रा भी शुरू होती है एक अकेले कदम से ही'। बौद्धिक विवाद प्रायः यह निर्णायक पहला कदम उठाने में हमारी जो हिचक है, उसे छिपाने का ही एक सुसज्ज्ति मनोवैज्ञानिक दिखावा होता है।

रूपक को बदल कर ऋषि पुनः यही तथ्य बताते हैं कि ब्रह्म गोपन हृदय में प्रकट होते हैं। वहीं, जहाँ शरीर की समस्त नाड़ियाँ मिलती हैं—केवल वह धमनियाँ और शिराएँ ही नहीं, जिनके बारे में चिकित्सा शरीर शास्त्र जानता है, बल्कि वे सूक्ष्मतर अदृश्य धाराएँ भी जो हमारे शरीरों में प्राणशक्ति का संवहन करती हैं। मानव-देह वस्तुतः सबसे जटिल और अद्‌भुत ढाँचा है और इसके भीतर दृश्य एवं अदृश्य अनेक यांत्रिक आयाम हैं जिनके कारण हम संप्राण, जीवंत, विचारशील, भावनाप्रवण मनुष्य

हो पाते हैं, रथ के धुरे में मिलने वाले अरों की उपमा अत्यंत शक्तिशाली है। रथ का पहिया चाहे जितनी तेजी से घूमे और जहाँ चाहे जाए, किंतु उसका केंद्र हमेशा ही वह धुरा रहता है, जिसके बिना उसका पूरा ढाँचा एक तुड़े-मुड़े धातु के गुच्छे-जैसा होकर रह जाएगा।

"ॐ के रूप में आत्मा का ध्यान करो"—ऋषि सह पुनः कहते हैं और चाहते हैं कि उनका शिष्य अंधकार से परे दूसरे किनारे तक की यात्रा सुखद और कल्याणकर अनुभव करे। यह अत्यंत महत्त्वपूर्ण वक्तव्य है; इससे प्रकट है कि गुरु क्या कर सकते हैं और क्या नहीं। वह मार्ग दिखा सकते हैं, उस रास्ते पर चलने के लिए शिष्य को प्रेमपूर्वक प्रेरित कर सकते हैं, यात्रा में जो तरह-तरह के सम्मोहन एवं खतरे आते हैं उनसे बचा सकते हैं। किंतु यात्रा तो स्वतः शिष्य को ही करनी है। गुरु साधना का प्रतिपन्न नहीं हो सकता—अपने आंतरिक मार्ग पर हमें वस्तुतः अथक कार्य और प्रयत्न अनेक स्तरों पर—आगे बढ़ा सकता है। जैसाकि संसार के सभी रहस्यवादी बताते हैं, यह यात्रा अपने किसी बिंदु पर अँधेरे और तूफानी समुद्र से होकर गुजरती है, बौद्धिक शब्दावली में इसे हम अज्ञान का अंधकार या भावनाओं की उथल-पुथल मान सकते हैं और निश्चय ही इसका अर्थ यह भी है। इसका दूसरा अर्थ यह हो सकता है कि आत्मा जब अपनी सामान्य जागृत सचेत अवस्था से चित्त और अध्यात्म के क्षेत्रों में जाती है तो उसकी अवस्था ऐसी होती है। एक-दूसरे स्तर पर यहाँ जीव की मृत्यु के बाद की अवस्थाओं का संकेत हो सकता है, जिनका महत्त्व पुरातन मिस्र और तिब्बत जैसी सभ्यताओं में अत्यधिक रहा है।

मुख्य बात यह है कि आतंरिक मार्ग तथा उसके भटकाव निरंतर हमारे साथ रहते हैं और प्रत्येक क्षण हमे चयन या निर्णय करना पड़ता है। रॉबर्ट प्रॉस्ट ने अपनी कविता 'द रोड नॉट टेकन' में कहा है :

पीले जंगल में रास्ता दो फाँक हो गया
और मैं दोनों पर चलता हुआ
रह नहीं सकता था एक ही यात्री,
देर तक खड़े-खड़े देखता रहा मैं
रास्ता एक दूर-दूर तक
जहाँ वह मुड़ता और छिपता दिखा झाड़ी में,
फिर मैंने पकड़ लिया रास्ता दूसरा.........

और 'द योग ऑफ भगवद् गीता' नामक अपनी दिव्य कृति में श्रीकृष्ण प्रेम इन स्मरणीय शब्दों में इन आतंरिक मार्गों का उल्लेख करते हैं : दो ही हैं रास्ते, तीसरा नहीं मनुष्य के लिए। योग में आत्मा से जुड़े रहो या फिर खो दो स्वयं को जगत् में।

विकल्प सीमित हैं और फिर भी अंतहीन क्योंकि हरेक बिंदु पर रास्ता दो फाँकों

में बँट जाता है; कोई उल्टे जा सकता है या फिर सीधे, संकल्प या चयन अभी किया जाना चाहिए, जब हृदय जीवन से ओत-प्रोत और लचीला है; क्योंकि उस परावस्था में मृत्यु के मुखौटे की तरह मन अपने पूर्ववर्ती विचारों से एकदम सुनिश्चित हो जाता है, उस समय विकल्प की तो प्रेत-छाया मात्र बचती है, अपने विगत संस्कारों और कर्मों के बल पर चलती हुई आत्मा या तो पुनः भयावह मायाजाल से भरे जगत् में जन्म लेने को अभिशप्त होगी या फिर वह मृत्यु से परे सर्वोच्च नित्य अवस्था में पहुँचने के अपने लक्ष्य तक बिना कहीं रुके अनंत प्रकाश क्षेत्रों को पार करती उठती चली जाएगी।

7. **यः सर्वज्ञ सर्वविद्यस्यैष महिमा भुवि। दिव्ये ब्रह्मपुरे ह्येष व्योम्न्यात्मा प्रतिष्ठितः।**
**मनोमयः प्राणशरीरनेता प्रतिष्ठितोऽन्ने हृदयं सन्निधाय।**
**तद्विज्ञानेन परिपश्यन्ति धीरा आनन्दरूपममृतं यद्विभाति।।**

वह सर्वज्ञ समस्त विद्याओं को जानने वाला, जिसकी महिमा यहाँ पृथ्वी पर छाई हुई है, वह वही आत्मा है जो ब्रह्म के देदीप्यमान सागर में, उनके अलौकिक व्योम में प्रतिष्ठित है। मन में दृढ़ता से स्थित हृदय में विराजमान वह जीवन एवं देह पर नियंत्रण रखता है, बुद्धिमान लोग उसे आनंद अमृत प्रकाशमान रूप से स्पष्टतः पराविद्या से देखते हैं।

ब्रह्म स्वयं भासमान एवं प्रकाशमान है, पृथ्वी पर हम जो भी महिमाएँ देखते हैं—सूर्योदय का भव्यदृश्य, चंद्रमा विहीन रात में तारों से भरे आकाश का विस्मय-जनक दृश्य, युगानुरूप घटता और बढ़ता स्वयं चंद्रमा आकाश का नीलापन और वन की हरियाली, यह सब उसी की आभा के फीके प्रतिरूप मात्र हैं, वह बुद्धि में स्थित है जहाँ वह विचारों की सरणी बनाता है; वह हृदय की गहन गुफा में मिलता है, जहाँ से वह जीवन और देह संचालित करता है। क्षुद्रतम अणु में जो शक्ति निवास करती है तथा एक पूरे महानगर का विध्वंस कर सकती है, वह वही है, जिसकी मुस्कान संसार को प्रदीप्त करती है।

साधारण आँख से, मामूली चेतना से उसे नहीं देखा जा सकता, अधिक से अधिक उसके बारे में सोचा या लिखा भर जा सकता है किंतु जिस तरह किसी अज्ञात महाद्वीप का नक्शा हमें उस महाद्वीप के रूप और भौगोलिक विवरण का अंदाजा तो करा सकता है लेकिन उसे सचमुच में दिखा नहीं सकता, उसी तरह दिव्यत्व के संबंध में बौद्धिक विचारों से हमें परमात्मा का धुँधला-सा आभास भले ही मिल जाए लेकिन हम उसका साक्षात्कार नहीं कर पाते, इसके लिए वेदांत हमें बताता है कि उच्चतर ज्ञान की, ब्रह्म विद्या की आवश्यकता पड़ती है। जब वह ज्ञान उदित होता है तो हमारे अस्तित्व के पोर-पोर में वह आनंदमय अमर ब्रह्म दीप्तीमान हो उठता है, जैसा कि श्रीअरविंद ने अपनी एक कविता 'हू' (कौन) में बताया है :

वह हृदय में, प्रकृति गुहा में खो जाता है,
वह बुद्धि में मिलता है जहाँ वह विचार रचता है।
फूलों के बुनाव और प्रस्फुटन में बुना हुआ है वह,
तारों के ज्योतित जाल में फँसा हुआ है वह।
पुरुष के बल में, स्त्री के सौंदर्य में,
बालक की हँसी में, बालिका की लज्ञा में।
वह हाथ जिसने बृहस्पति को अंतरिक्ष की भँवरों में फेंका है,
अपना चातुर्य खर्च करता है, केश की एक घुँघराली लट बनाने में।

8. **भिद्यते हृदयग्रंथिश्छिद्यन्ते सर्वसंशयाः।**
**क्षीयन्ते चास्य कर्माणि तस्मिन्दृष्टे परावरे।।**

9. **हिरण्मये परे कोशे विरजं ब्रह्म निष्कलम्।**
**तच्छुभ्रं ज्योतिषां ज्योतिस्तद्यदात्मविदो विदुः।।**

जब उस महान् तत्त्व को उच्चतर और निम्नतर दोनों रूपों में देख लिया जाता है, तब हृदय की गाँठ खुल जाती है।
सर्वोच्च स्वर्णमय कोश में ब्रह्म रहता है—निष्कलंक और अविभाज्य वही समस्त प्रकाशों का प्रकाश है; आत्मा को जानने वाले उसी का साक्षात्कार करते हैं।

जब वह पुण्यपावन दर्शन होता है तब क्या होता है ? इसका वर्णन उतना ही कठिन है जितना किसी ऐसे व्यक्ति को इंद्रधनुष के रंग बतलाना, जिसके नेत्र नहीं हैं, फिर भी कुछ संकेत दिये जा सकते हैं, जिनमें से तीन का उल्लेख हमारे इस ग्रंथ में है और प्रत्येक संकेत व्यक्तित्व के एक अलग आयाम के लिए है—दैहिक, भावात्मक और बौद्धिक। यह तीनों अध्यात्म पथ की विख्यात तीन गाँठों से जुड़े हैं—ब्रह्मा की गाँठ जो कि आत्मा को ऐंद्रिय जगत् और खास कर शरीर से बाँधती है; विष्णु की गाँठ जो हमें कामना के, भावनाओं के जगत् से बाँधती है; और शिव की गाँठ, मन की वह गाँठ जो हमें चिंतन जगत् से बाँधती है और यही हमारे अलग-थलग अहम् केंद्रिक स्वत्व का आखिरी किला है। उपनिषद् कहती है कि दिव्यत्व का दर्शन होते ही यह तीनों गाँठें कट जातीं हैं; समन्वित रूप में देखें तो उच्चतर में ही नहीं बल्कि निम्नतर में भी, ऊपर आकाश में ही नहीं बल्कि नीचे यहाँ भी, आत्मा में ही नहीं बल्कि पदार्थ जगत् में भी।

समस्त आविर्भावों में व्याप्त होते हुए भी रहता है चेतना के सर्वोच्च या गहनतम कोश में, खोल में ही। हिंदू-परंपरा में आत्मा को पाँच खोली या कोशों में आवृत बताया गया है, यह कोश है— दैहिक, प्राणपरक या वायवीय, भावमय कोश, बुद्धिमय कोश और अंत में आनंदमय कोश। इस पाँचवें तथा अंतरतम के कोश में एवं इससे परे ही

ब्रह्म अपने समस्त ऐश्वर्य के साथ आलोकित होता है; वह निर्मल है क्योंकि स्वभावतः ही वह प्रदूषण से मुक्त है; वह अविभाज्य है क्योंकि सर्वव्यापी होने के कारण उसे बाँटना या खंड-खंड करना संभव नहीं है।

यह ब्रह्म सभी प्रकाशों का प्रकाश है, समस्त अस्तित्व का सत्य है, जो कुछ हुआ है, उस सब की तथा जो है और जो होगा, उसकी आंतरिक शक्ति है। यही वह ब्रह्म है जिसे आत्मज्ञानी ऋषि और महात्मा जानते हैं।

10. **न तत्र सूर्यो भाति न चंद्रतारकं नेमा विद्युतो भांति कुतोऽयमग्निः।**
**तमेव भांतमनुभातिसर्वं तस्य भासा सर्वमिदं विभाति।।**

11. **ब्रह्मैवेदममृतं पुरस्ताद् ब्रह्म पश्चात् ब्रह्म दक्षिणतश्चोत्तरेण।**
**अधश्चोर्ध्वं च प्रसृतं ब्रह्मैवेदं विश्वमिदं वरिष्ठम्।।**

वहाँ न तो सूर्य चमकता है, न चंद्रमा न ही तारे; वहाँ ये विद्युत्-तडित् चमकती नहीं, तब यह पृथ्वीगत अग्नि कैसे ? सचमुच, प्रत्येक वस्तु उसकी चमक से ही चमकती है, उसी की चमक इस पूरे ब्रह्मांड को आलोकित करती है।

सचमुच वह अमर ब्रह्म सर्वत्र है, सामने और पीछे, उत्तर में और दक्षिण में, ऊपर और नीचे; वस्तुतः स्वयं एकामात्र ब्रह्म ही यह ब्रह्मांड है।

इस अध्याय के अंत में उपनिषद्कार ऋषि साक्षात्कार के परमानंद में विभोर हो रहे हैं। उपनिषदों के अनेक श्लोक रहस्यमय और गूढ़ हैं, विशेषकर तब, जब वे अध्यात्म-दृष्टि का वर्णन करना चाहते हैं। यहाँ अंगिरस संभवतः यह बता रहे हैं कि न तो अलौकिक प्रकाश—सूर्य, चंद्र और नक्षत्र—और न ही पार्थिव प्रकाश—बिजली की तड़क और यज्ञ-अग्नि—ऐसी हैं जिनसे ब्रह्म आलोकित होता हो; कारण यह कि स्वयं ब्रह्म ही इन समस्त लघुतर प्रकाशस्रोतों का स्रोत है। वह स्वयं दीप्तिमान होकर सर्वस्व को दीप्त करता है। यह मूलभूत सत्य समस्त वैदिक ग्रंथों में बारंबार कहा गया है ताकि अनुसंधान हीनतर प्रकाशों के सीमित ऐश्वर्य में भटक न जाए। ये शक्तियाँ निश्चय ही पूजनीय हैं, फिर वे चाहे पार्थिव ज्योतिःस्रोत हों, अलौकिक हों, या देव हों—देव अर्थात् प्रकाशमान। किंतु अंततः उनकी पूजा केवल इसीलिए की जानी चाहिए कि वे उस सर्वग्राही, सर्वस्व—प्रकाशक ब्रह्म के ही ज्योतिर्मय रूप हैं।

उपर्युक्त विभिन्न प्रकाशों का अर्थ यह भी माना जा सकता है कि जिज्ञासु जब अपनी अध्यात्म साधना में आगे बढ़ता है और उसकी रीढ़ में कुंडलिनी जागृत होने लगती है, तब विभिन्न चरणों में उसकी चेतना बदलती जाती है तथा उसे अंतरतम में विभिन्न ज्योतियों के दर्शन होते हैं। रहस्यवादी परंपरा उद्घोषित करती है कि ऐसी चौंध या कौंध, जो पहले-पहल आकस्मिक और बाद में धीरे-धीरे एक लपट में बदल

जाती है, अध्यात्म-पथ से जुड़ी हुई वस्तुएँ हैं। इस तात्पर्य को मानने पर अर्थ यह निकलता है कि ऋषि शिष्य से कहते हैं कि 'सामान्य' चेतना के अँधेरे के बाद ऐश्वर्यमय रूप में प्रकट होनेवाली इन आरंभिक सरणियों में उसे अटकना या रुकना नहीं चाहिए, बल्कि हमेशा स्मरण रखना चाहिए कि ये प्रकाश तो जगत् के प्रकाशक ब्रह्म की ज्योति के प्रतिफलन मात्र हैं।

अंतिम श्लोक उस ज्योतिर्मय ब्रह्म के सर्वव्यापी होने का आनंदमय वर्णन है। ऊपर और नीचे, सभी दिशाओं में, भीतर और बाहर, अन्य कुछ भी नहीं है। हम जिसे 'यथार्थ', 'अत्यंत ठोस मांसमज्जा' के रूप में जानते हैं, स्वयं हमारी धरती भी जो हमें इतिहास के उदय से अब तक पालती आ रही है—प्रत्येक वस्तु एक बुलबुले की सतह से अधिक कुछ नहीं, उनमें न घनत्व है, न भार। जहाँ कहीं हम देखें, हमें दिव्य ब्रह्म ही दीखता है, क्योंकि वस्तुतः हम स्वयं उसी के अंग हो चुके हैं, दूसरी तरह से यह भी कह सकते हैं कि हमारी आँखों में से स्वयं अपनी ओर ब्रह्म ही झाँक रहा है। शरीर का, भावनाओं का, मन का कोई बंधन इतना सुदृढ़ नहीं, जो हमें बाँधे रखे। जिस तरह शिव के तीर ने लोहे, चाँदी और सोने के भीतर सुरक्षित तीन कवचों को भेदकर छद्मवेषी दानव का वध कर डाला था, उसी तरह ब्रह्म की ज्योति हमारे समस्त आवरण-दुर्गों को भेदती और व्याप्त करती हुई अंत में हमें उसी के अनिर्वच प्रकाश से आप्लावित कर देती है और तभी हमें अनुभव होता है कि यह सारा संसार अपनी भव्यता और ऐश्वर्य के साथ स्वयं वही ब्रह्म है।

# तृतीय मुंडक

## प्रथम खंड

1. **द्वा सुपर्णा सयुजा सखाया समानं वृक्षं परिषस्वजाते।**
**तयोरन्यः पिप्पलं स्वाद्वत्त्यनश्नन्नन्योऽभिचाकशीति।।**

2. **समाने वृक्षे पुरुषो निमग्नोऽनीशया शोचति मुह्यमानः।**
**जुष्टं यदा पश्यत्यन्यमीशमस्य महिमानमिति वीतशोकः।।**

दो सुंदर पक्षी, मित्रता के घनिष्ठ बंधन में बँधे, एक ही पेड़ से चिपटे हुए हैं। इनमें से एक पक्षी स्वादिष्ट फलों का स्वाद ले-लेकर खाता है, जबकि दूसरा बिना (कुछ) खाए हुए देखता रहता है।

> एक ही वृक्ष पर बैठे उन दो में से एक—जीवात्मा—अपनी असहायता पर विलाप करती है। पर जब वह उस दूसरे को देखती है—उस पूज्य प्रभु को जो महान् महिमामय है—तो उसका यह दुःख उससे दूर हो जाता है।

अंतिम कुछेक श्लोकों के आनंदातिरेक के बाद, जिनमें कि अतुलनीय ज्योतिवाले ब्रह्म की महिमा स्थापित की गई है, कोई भी सोच सकता है कि जब सर्वोच्च उपलब्धि हो चुकी है तब गुरु आगे कुछ कहें, यह जरूरी तो नहीं। यदि ब्रह्म के भीतर तक की यह उड़ान ही अंतिम लक्ष्य होती तो उपनिषद् दूसरे अध्याय (मुंडक) के साथ ही समाप्त हो सकती थी। तब फिर क्यों उसके उपदेश जारी हैं? प्रकट है कि पूर्ववर्णित अद्‌भुत दृश्यों के बावजूद अभी तक शिष्य वास्तविक उड़ान में समर्थ नहीं हुआ है; इसीलिए गुरुवर पुनः एक तरह से ठोस धरातल पर लौट कर शिष्य को उसी के (चेतना) स्तर पर संबोधित करते हैं। यही स्थिति भगवद् गीता में भी है, जहाँ ग्यारहवें अध्याय के विराट् दर्शन के बाद उसका समापन नहीं होता। गीता वहाँ से आगे बढ़ती हुई उस जबर्दस्त उपलब्धि को स्थायी आत्म-उन्नयन में परिणत करती है।

उपनिषद्‌कार ऋषि अब पूर्ववर्ती दृष्टि की व्यापकता से उतरकर एक सीधी-सी किंतु प्रभावशील अन्योक्ति पर आते हैं, जिसमें एक वृक्ष पर बैठे दो पक्षियों की चर्चा है। वह वृक्ष शरीर है और उस पर बैठे दो पक्षी आत्मा एवं ब्रह्म हैं; उन्हें ही जीवात्मा एवं परमात्मा भी कहा जाता है। दोनों वहीं रहते हैं। दूसरी तरह से कह सकते हैं कि अपने व्यक्तित्वों की सतह के नीचे तथा उससे परे वह वास्तविक आत्म या स्व है; वह उसी ब्रह्म से निकली चिनगारी है, उसी महान् अग्नि से, जिसका उल्लेख इसी उपनिषद् में पहले हो चुका है। इन दोनों को मैत्री के अटूट बंधन में बँधा दिखाया गया है; कारण यह कि देह, भावनाओं और मन की इन तीन बड़ी गाँठों से बँधा जीव स्वयं को अलग मानता है; वास्तविकता यह है कि वह परमात्मा से अभिन्न रूप से जुड़ा है, कुछ उसी तरह जैसे कटोरे के जल में प्रतिबिंबित छाया स्वयं सूर्य के साथ जुड़ी है।

लघुतर या हीनतर आत्मा को स्वाद ले-लेकर फल खाते दिखाया गया है; इसका अर्थ है कि यह कर्म के अंतहीन चक्र में फँसकर सुख और दुःख, जन्म और मृत्यु के द्वैध में जा पड़ता है। इसीसे वह उकताहट और असहायता की स्थिति में अंततः आ जाता है। न वित्तेन तर्पणीयो मनुष्यो (मनुष्य धनसंपदा से कभी तृप्त नहीं होता)—एक अन्य महान् उपनिषद् में यह कहा गया है। भौतिक वैभव की, इंद्रियजन्य सुख की, भावात्मक तृप्ति की तृष्णा या खोज अंततः आत्मघाती ही होती है। इन सोचों में कुछ पाकर हम चाहे जितने प्रसन्न हों, मैकबेथ नाटक में भोज पर मँडराते बाँकों के प्रेत की तरह हमेशा जाने-अनजाने अनेक प्रेत हमें अपनी जीत में बाधित करते रहते हैं। रोग, वृद्धवस्था और मृत्यु—अपने जीवन में ये तीनों ही बातें सभी जीवधारियों की प्रतीक्षा में रहती हैं; यदि कर्म के किसी सुफल से हम रोग से बच भी जाएँ तो वृद्धावस्था सामने

है; और अगर इस दूसरी बाधा से भी बच जाएँ तो अंत में तीसरी बाधा—मृत्यु—तो अपरिहार्य है ही।

बड़े से बड़े सम्राट्, धनी से धनी सेठ, सुंदर से सुंदर पुरुष, मनोरम से मनोरम कामिनी—सब के सब अंत में मृत्यु के महाजाल में गिरते ही हैं और जब जीवन के भौतिक सुख भोगने के बाद कोई व्यक्ति कठोर यथार्थ से रू-ब-रू होता है तो असहायता का भाव आ दबोचता है। इसी बिंदु पर, यदि किसी ने सौभाग्य से सही शिक्षा आत्मसात् कर ली हो तो वह उस दूसरे पक्षी को सहायतार्थ लक्ष्य करता है—वही हमारी उच्चतर आत्मा है जो कर्म के बंधनों और व्यामोहों से मुक्त रहती है; वह परमात्मा इस सारे दौर में उसी वृक्ष पर बैठा-बैठा हमें प्रेम और करुणा से देखता आ रहा है।

मानव-चेतना के चरण में हमारे पहुँचने के बाद और युगों से चले आ रहे कर्म के जटिल एवं दीर्घ चक्र में हम पड़े, तभी से वह दूसरा आत्म वहाँ बैठा हुआ है; किंतु अभी तक हमें उसका अता-पता नहीं था। हमारी साँसों से भी अधिक हमारे निकट, हमारे हाथों और पैरों से भी अधिक हमारे पास—लेकिन हमने उसे पहचाना नहीं। जैसा कि श्रीअरविंद कहते हैं :

मनुजों का स्वामी और सनातन प्रेमी
वह निकटतम है हमारे हृदयों के,
देख सकें यदि हम उसे।
दर्प से अंधे हम, अंध हम अपनी
वासनाओं के वैभव से।
जहाँ हम मुक्त हो सकते थे,
वहीं बँधे हैं हम अपने विचारों से।

और फिर एक दिन निराशं और हताश उत्साहरहित एवं भग्नमोह हम कुरुक्षेत्र में अर्जुन की ही तरह अपने भी शस्त्रास्त्र फेंक देते हैं; और फिर अपने मित्र तथा सखा, अपने जीवन रथों के सारथि उस परमात्मा की ओर ताकते हैं जो करोड़ों सूर्यों की दीप्ति से अधिक दीप्तिमान होने पर भी स्वयं हमारे भीतर, हमारे जैसा ही रूप लिए हुए बैठा है। और जब हम अपनी बृहत्तर आत्माओं को—उसे जो कि वस्तुतः हमारी भक्ति का अधिकारी ग्राहक है—देखते हैं, तो एक चमत्कार हो जाता है। हमारा दुःख हमसे विलग हो जाता है; अचानक एक कौंध में हमें पता चलता है कि जन्म-जन्मांतर से, युग-युग से हम जो मीठे-कड़वे फल चखते आ रहे थे, वे ही हमारे बंधन के असली कारण हैं; इससे मुक्त होने के लिए हमें सिर्फ अपने झूठे अहम् का समर्पण करना है, उस महान् पुरुष (आत्मा) के तेज और प्रकाश और ऐश्वर्य के आगे अपने आपको खोल देना है, जो हमारी ही गुह्यतम चेतना में निवास करता है।

3. **यदा पश्यः पश्यते रुक्मवर्णं कर्तारमीशं पुरुषं ब्रह्मयोनिम्।**
**तदा विद्वान् पुण्यपापे विधूय निरञ्जनः परमं साम्यमुपैति।।**

4. **प्राणो ह्येष यः सर्वभूतैर्विभाति विजानन् विद्वान् भवते नातिवादी।**
**आत्मक्रीड आत्मरतिः क्रियावानेष ब्रह्मविदां वरिष्ठः।।**

जब द्रष्टा उस स्वर्णाभ परमात्मा को देखता है जो कि जगत् का निर्माता तथा जगत्-स्रष्टा ब्रह्मा का मूलस्रोत है, तब विद्वान् पुरुष अच्छाई और बुराई (पुण्य और पाप) का परित्याग कर, निर्लिप्त होकर, उस सर्वोच्च (ब्रह्म) से तदाकार हो जाता है।

वस्तुतः वही दिव्य प्राण है, जो समस्त प्राणियों में प्रकाशित होती है। यह जानने के बाद समझदार या विद्वान् जन अनावश्यक प्रलाप से बचते हैं। आत्मा में ही क्रीड़ा करते हुए, आत्मा में ही आनंदित होते हुए, लेकिन बाह्य जगत् में भी रत होकर रहने वाला जीव ही, ब्रह्मवेत्ताओं में सर्वश्रेष्ठ है।

दो पक्षियों वाला उपमान अब मानव स्थिति पर लागू किया जा रहा है। जब कठोर सुदीर्घ साधना के बाद हम उस बिंदु तक पहुँचते हैं, जहाँ से हमें उच्चतर आत्मा का दर्शन होने लगता है, जिसके प्रतिबिंब मात्र ही हैं, शेष सब निम्नतर जीव; तब हम सचमुच के अर्थों में 'द्रष्टा' हो जाते हैं। उस बिंदु पर 'अच्छे' और 'बुरे' की रूढ़िगत पहचान व्यर्थ हो जाती है। पारंपरिक जीवन में तथा उससे जुड़े सामाजिक और नैतिक यम-नियमों में निश्चय ही वे (भेद) महत्त्वपूर्ण थे; हालाँकि यह भी ध्यान रहे कि युग-युग में और सभ्यता-सभ्यता में उनमें घनघोर अंतर आता जाता है। किंतु जब उच्चतर आत्म के दर्शन हो जाते हैं, तो इन क्षेत्रों का अतिक्रमण हो जाता है और दूषित निम्नतर चेतना का परित्याग कर जीव का परमात्मा से मिलन हो जाता है। उसे (परमात्मा को) स्वर्ण आभा वाला कहा गया है, दिव्य ज्योति से अनुप्राणित और ऐसा जिसने जगत् के स्रष्टा ब्रह्मा का सृजन किया है। दूसरे शब्दों में, वह हमारी जानी-पहचानी सृष्टि से पूर्व विद्यमान था तथा इसी तथ्य के कारण स्वयं ब्रह्मा का भी स्रोत है।

यहाँ पुनः इस महान् सत्य को उद्घोषित किया गया है—वस्तुतः वह दिव्य प्राण ही है जो समस्त जीवों या प्राणियों में देदीप्यमान है। और जो भी (व्यक्ति) इसे जानता है, जिसने भी भीतर और बाहर ब्रह्म को साक्षात्कार कर लिया है, वह वृथा बातचीत और विवाद से मुक्त हो जाता है। जो लोग (ब्रह्म) मार्ग की अविराम चर्चा करते रहते हैं, जो लोग अपने-अपने धर्मपंथों या गुरुओं की श्रेष्ठता का निरंतर तर्क देते रहते हैं, वे वस्तुतः अपने बौद्धिक व्यायामों में इतने संलग्न रहते हैं कि आंतरिक अन्वेषण के मार्ग पर आगे बढ़ने का उन्हें अवसर ही नहीं है। जैसाकि उमर खय्याम की कृति का पुनःसर्जन करते हुए फिट्ज जेराल्ड ने लिखा है :

युवा था तब मैं परम औत्सुक्य से
मिला करता था विदुष और संत से
सुना करता था तर्क इसके और उसके
किंतु आता लौट वैसा ही वृथा-सा
द्वार से उस से गया था मैं कि जिससे।

पावन ग्रंथों की निष्ठापूर्ण व्याख्या, अथवा (परमात्मा के) मार्ग पर प्रामाणिक विमर्श करना एक बात है। वस्तुतः ऐसा सत्संग हमें ऐसे अनेक प्रश्नों पर स्पष्ट समझा देता है जो कि हमें उलझाते रहते हैं। पर यह जानना ही चाहिए कि अंततः हमें शब्दों से ऊपर उठ कर, शब्दव्याख्या से परे एक अनुभूतिगम्य आयाम में प्रवेश करना ही होगा। और वेदांत के अनुसार सर्वोच्च उपलब्धि वही है जब द्रष्टा आत्मज्ञान के आनंद में विभोर होकर भी क्रियावान् बना रहता है—सांसारिक बाह्य कर्म करता रहता है। यह एक अत्यंत महत्त्वपूर्ण वक्तव्य है जिससे संपूर्ण (उपनिषद्) शिक्षा एक नये प्रकाश से आलोकित होकर सभी युगों के लिए प्रासंगिक हो उठती है। यदि ऐसा नहीं कहा गया होता तो अर्थ यह निकलता कि मोक्ष पाने का एकमात्र उपाय यह है कि समस्त सांसारिक गतिविधि को त्याग कर, आश्रय में जाकर अपना समस्त शेष जीवन ब्रह्म को पाने की साधना में लगा दिया जाए।

निश्चय ही संन्यासियों के लिए, उनके लिए जो सांसारिक कर्मों का त्याग करने को तत्पर हैं, मोक्ष का मार्ग खुला है। किंतु हमें यहाँ यह स्पष्ट निर्देश मिल रहा है कि बहिरंग क्रियाकलाप किसी भी तरह से तीव्र आंतरिक चेष्टाओं से विसंगत नहीं है—यह बात कई शताब्दियों बाद श्रीकृष्ण ने भी भगवद्गीता में स्पष्ट की है। वस्तुतः उपनिषद् बताती है कि परमात्मा का दर्शन करने के बाद भी जो व्यक्ति सक्रिय या क्रियावान् हैं, वे ब्रह्मवेत्ताओं में 'सर्वोच्च' हैं। राजकीय घरानों से जुड़े राजर्षियों को हिंदू-परंपरा में इसीलिए इतना अधिक सम्मान दिया जाता रहा है। इन राजर्षियों में प्रमुखतम थे मिथिला के राजा जनक, जो उपनिषदों में स्वयं एक पुण्यात्मा के रूप में आते हैं तथा जिनका उल्लेख गीता में श्रीकृष्ण विशेष रूप से करते हैं तथा बताते हैं कि उन्होंने (सांसारिक) कार्य करते हुए ज्ञान (या मोक्ष) प्राप्त किया था।

5. **सत्येन लभ्यस्तपसा ह्येष आत्मा सम्यग् ज्ञानेन ब्रह्मचर्येण नित्यम्।**
**अन्तः शरीरे ज्योतिर्मयो हि शुभ्रो यं पश्यन्ति यतयः क्षीणदोषाः।।**

6. **सत्यमेव जयते नानृतं सत्येन पन्था विततो देवयानः।**
**येनाक्रमन्त्यृषयो ह्याप्तकामा यत्र तत्सत्यस्य परमं निधानम्।।**

शरीर में स्थित विशुद्ध एवं प्रकाशमान आत्मा सत्य, तप, सही ज्ञान और पवित्रता या ब्रह्मचर्य से प्राप्त होती है। जब उनके अपने दोष क्षीण होते हैं

तभी यति—योगी उसका दर्शन पाते हैं।

केवल सत्य की विजय होती है, असत्य की नहीं। सत्य ही उस दिव्य पथ का निर्माण करता है, जिस पर चलते हुए ऋषि-मुनि, अपनी कामनाएँ पूरी करने के बाद, वहाँ पहुँचते हैं जहाँ सत्य का परम धाम है।

आत्मप्राप्ति कोई सरल कार्य तो है नहीं। इसके लिए निरंतर शुद्धीकरण या तपश्चर्या आवश्यक है; भोजन एवं भोगादि के शारीरिक संयम की, अवचेतन एवं चेतन चित्तों की शुद्धि भी और उससे भी अधिक अत्यावश्यक है। सामान्य चेतना के शीशे को आध्यात्मिक अनुभूति के स्वर्ण में परिणत करने के जादुई-रासायनिक प्रतीकविधान की यहाँ प्रासंगिकता द्रष्टव्य है—तपाने और शुद्ध करने की निरंतर प्रक्रिया दोनों में है। अग्नि के भीतर से गुजरे बगैर मानो हम उस कूड़े-करकट या मल को जला ही नहीं पाएँगे, जो धुर अतीत में मानवीय जाति के जन्म के समय से लाखों बरसों से एकत्र होता आ रहा है। चार अपरिहार्य माँगें यहाँ हैं : सत्य, अर्थात् हमारे भीतर हमें जो अचूक ढंग से हमारा मार्ग दिखाता है, उसके प्रति अविरल प्रतिबद्धता; तपश्चर्या, जिसका अर्थ है आध्यात्मिक लक्ष्य के प्रति अपनी समस्त ऊर्जा का संकेंद्रण, जिसमें किसी तरह के मोह या आकर्षण का भटकाव न हो; सम्यक् ज्ञान अथवा विवेक, जिसका अर्थ है अध्यात्म-संधान में अकंप संलग्नता के लिए आवश्यक अंतर्दृष्टि और सत्-असत् पहचानने की शक्ति तथा ब्रह्मचर्य या पवित्रता, जिसका आशय है इंद्रिय-निग्रह।

ये चार शर्तें अपने आप में अध्यात्म-अन्वेषण का एक पूरा निकाय तथा ढाँचा हैं। चौथी माँग प्रायः संन्यासियों से की जाती थी, क्योंकि गार्हस्थ, जिसे परिवार भी बनाना होता है, उससे यौनकर्म से विरति की अपेक्षा नहीं की जा सकती। किंतु उनसे भी यह अपेक्षा रहती थी कि वे एक विशेष अनुशासन का तथा चित्तशक्ति को बचा कर रखने का यत्न करेंगे। आदिम और अत्यंत शक्तिशाली यौनावेग को किसी भी प्रकार से क्षत-विक्षत हुए बगैर टाला नहीं जा सकता। यदि मानसिक या मनोवैज्ञानिक हानि से बचना है तो उसे दबाने या कुचलने की बजाय, उच्चतर धाराओं में प्रवाहित करना आवश्यक है। तंत्र (या तांत्रिक साधना) वास्तव में यौनाकांक्षा या कामवासना को अध्यात्म-संधान का एक सशक्त वाहन बना देता है।

छठे श्लोक में हमें वे विश्वप्रसिद्ध शब्द मिलते हैं—'सत्यमेव जयते'। भारतीय राष्ट्र की मुहर पर ध्येयवाक्य के रूप में यही वचन खुदे हुए हैं। यहाँ सत्य का आशय प्रचलित रूढ़िजात शब्दार्थ न होकर वह पारगामी भावार्थ है, जिसे महात्मा गाँधी ने ईश्वर के समतुल्य बताया है। सत्य स्वयं दिव्य मार्ग है या कि ऐसा मार्ग है, जिसे देवताओं ने बनाया है—दोनों ही एक ही अर्थ की द्योतक व्याख्याएँ हैं—और सत्य सर्वोच्च लक्ष्य भी है।

यह ध्यान दिया जाए कि यह मार्ग ऊपर की ओर उठता जाता है—इस अर्थ में

यह ऊर्ध्वगामी है कि इस पर हमें उस निश्चेष्टता तथा निष्क्रियता से निरंतर लड़ना पड़ता है, जिसमें हम सब फँसे रहते हैं। यदि हम निश्चेष्ट चलते रहें तो अनिवार्यतः हम नीचे की ओर बहते जाएँगे—पहले संभवतः अज्ञात-सी गति से, लेकिन फिर निरंतर तीव्रतर गति से चट्टानों और जलप्रपातों पर टकराते हुए अपने सर्वनाश की ओर। इसीलिए वेद उपदेश देते हैं—चरैवेति, चरैवेति— चलते रहो, चलते रहो; और एक अन्य महान् उपनिषद्—कठोपनिषद् हमें निर्देश देती है— "जागो, उठो, और क्षुर-धार जैसे कठिन एवं खतरनाक पथ को पार करो।"

दूसरे जब हमारी निम्नतर वासनाएँ तृप्त हो जाती हैं, या फिर उनका परिष्कार होने पर वे समुन्नत हो जाती हैं, तभी वास्तव में हम उस यात्रा पर निकल सकते हैं। यदि हम दैहिक और भावनात्मक लालसाओं के, मनोवैज्ञानिक एवं बौद्धिक भ्रांतियों के भारी साज-ओ-सामान के बोझ से दबे रहे तो कुछ कदम उठाते ही हम डगमगा कर गिर पड़ेंगे।

किंतु फिर भी, हमारी जो भी कमजोरियाँ हों, हमें चलना तो शुरू करना ही पड़ेगा। क्योंकि हमारे ऊपर और गहराई में हमारे भीतर वह ज्वलंत सत्य विद्यमान है, भले ही आरंभ में वह चतुर्दिक् हमें घेरे हुए अंधकार के बीच एक क्षीण-सी लौ ही क्यों न प्रतीत हो। जैसा कि अभी कहा गया, सत्य मार्ग भी है और लक्ष्य भी। शनैः-शनैः हम जब आगे तथा ऊपर की ओर बढ़ते हैं तो नए-नए परिदृश्य खुलते जाते हैं; देदीप्यमान सूर्य उत्तरोत्तर अधिक प्रकाशमय होता जाता है और अंत में वह इंद्रधनुष-सेतु सामने आ जाता है जो हमें अंधकार के परे दूसरे किनारे तक पहुँचाता है, जहाँ वह महत्तत्व या परमात्मा करोड़ों सूर्यों के प्रकाश से जगमगा रहा है।

7. **बृहच्च तद्दिव्यमचिन्त्यरूपं सूक्ष्माच्च तत्सूक्ष्मतरं विभाति।**
**दूरात्सुदूरे तदिहान्तिके च पश्यत्स्विहैव निहितं गुहायाम्।।**

8. **न चक्षुषा गृह्यते नापि वाचा नान्यैःदेवैस्तपसा कर्मणा वा।**
**ज्ञानप्रसादेन विशुद्धसत्त्वस्ततस्तु तं पश्यते निष्कलं ध्यायमानः।।**

विशाल, दिव्य, समस्त चिंताधाराओं से परे जगमगाता है ब्रह्म; सूक्ष्म से भी सूक्ष्मतर, सुदूरतम से भी सुदूरतर। तब भी वह निकटतम से भी अधिक निकट है, और द्रष्टा उसे अपने गुह्य हृदय में देख लेता है।

वह न तो आँख से पकड़ में आता है, न वाणी से, न ही अन्य इंद्रियों से। वह तप से और त्यागों से भी प्रकट नहीं होता। केवल जब उच्चतर ज्ञान की महिमा से मन शांत और पवित्र हो जाता है तभी, ध्यानस्थ होकर कोई उस महान् कलाहीन (अविभाज्य) (ब्रह्म) को देख पाता है।

मानव का मस्तिष्क (बुद्धि) एक अद्भुत उपकरण है; सूक्ष्मता और जटिलता की

दृष्टि से यह सचमुच ही जैविक विकास का एक चमत्कार है। फिर भी, जैसाकि वेदांती ग्रंथों में लगातार बताया गया है, बुद्धि अपने आप ब्रह्म का दर्शन नहीं पा सकती क्योंकि वह स्वयं ही है, जो मस्तिष्क को अनुप्राणित करता है। वाणी तथा अन्य ज्ञानेंद्रियों के संबंध में भी यही बात लागू होती है, जैसाकि केनोपनिषद् की उस नीतिकथा में स्पष्ट है : देवता एक आत्मा के रूप में प्रकट ब्रह्म को पहचान नहीं पाते। वे सब बाहर ताक-झाँक करते रह जाते हैं जबकि ब्रह्म उनके भीतर तथा उनके क्रिया-निष्पादन-सामर्थ्य का संचालक है। रेडियो-दूरबीनों से देखने वाले खगोलविद् चकित नेत्रों से जिन परम दूरस्थ 'क्वासार' तारकों को देखते हैं, उनसे भी अधिक अकल्पनीय दूरी पर ब्रह्म है, क्योंकि ब्रह्म की प्रभा के ही कारण किसी भी विद्यमान वस्तु का अस्तित्व है। फिर भी वह निकट है, हमारे अपने शरीरों से भी अधिक निकट, और इसीलिए उसे हृदय की गुप्त गुफा में दिपदिपाते देखा जा सकता है।

तप तथा त्याग, बौद्धिक अध्ययन और पांडित्यपूर्ण शास्त्रार्थ इत्यादि सभी चीजें अध्यात्म मार्ग के बहुमूल्य तत्त्व हैं। वे हमारी चेतना को तैयार तथा शांत कर सकते हैं, लेकिन वे अपने आप हमें परमात्मा तक नहीं ले जा सकते। उस हेतु तो हमें अपनी तपोपूत चेतना को भीतर की ओर मोड़ना पड़ेगा, ताकि करोड़ों वर्ष के उस जैविक विकास की दिशा उलटी जा सके, जिसमें वे इंद्रियाँ बाहर की ओर ही उन्मुख रही हैं ; तभी हम देख सकेंगे कि हमारी इंद्रियों को ऊर्जस्वित करने वाली (वस्तु) क्या है ; क्या है जो हमारी बुद्धि को सक्रिय करता है; क्या है जो हमारी अहं-चेतना के पीछे विद्यमान है।

यह अंतरावलोकन ध्यान के अनुकूल एक शांत, सौहार्दपूर्ण वातावरण में ही सर्वाधिक प्रभावी होता है। इसी कारण से पुरातन ऋषि-मुनि पहाड़ी कंदराओं और सरोवर-तटों, गहन वनों और वन्य उपत्यकाओं में अपने आश्रम स्थापित किया करते थे। आज के इस युग में जब आधुनिक सभ्यता से शोर-शराबे तथा प्राकृतिक पर्यावरण के बढ़ते प्रदूषण का दौर है, तो ऐसे एकांत शांत कोने मिलना दूभर है। फिर भी हमारे मन के भीतर एक शांत स्थली सदैव सुलभ रहती है—बशर्ते कि हम उसे खोज सकें।

बाह्य क्रिया-कलाप की भरपूर बाढ़ में भी, दैनंदिन संघर्ष की आपाधापी में भी यह संभव है कि हम अपनी चेतना का एक छोटा-सा अंश अलग कर लें, ताकि वह उस दिव्य अतिथि की खोज करता रह सके, जो हमारे अंतःकरण के दुर्ग में बसा हुआ है। इस अंतरावलोकन को किसी प्रकार निद्रा अवस्था तक खींच ले जाना भी जरूरी होगा, क्योंकि उस छायादार (अँधेरे) क्षेत्र में भी हम अपना संधान जारी रख सकते हैं।

9. **एषोऽणुरात्मा चेतसा वेदितव्यो यस्मिन् प्राणः पञ्चधा संविवेश।**
**प्राणैश्चित्तं सर्वमोतं प्रजानां यस्मिन् विशुद्धे विभवत्येष आत्मा।।**

10. **यं यं लोकं मनसा संविभाति विशुद्धसत्त्वः कामयते यांश्च कामान्।**
**तं तं लोकं जयते तांश्च कामांस्तस्मादात्मज्ञं ह्यर्चयेत् भूतिकामः।।**

शरीर के भीतर वह सूक्ष्म आत्मा, जिसमें पाँच प्रकार की प्राण शक्ति अनुस्यूत है, चिंतन (ध्यान) द्वारा जानी जा सकती है। मन सतत इंद्रियों द्वारा अनुस्यूत रहता है तथा उसके शुद्ध किए जाने पर आत्मा प्रकट हो जाती है।

पवित्र अंतःकरण या मन वाला व्यक्ति जिस किसी लोक (दुनिया) की कामना करे, जिस किसी वासना को चाहे, वह पूरी होती है। अतः जो कोई वैभव चाहता है उसे ऐसे आत्मवेत्ता की पूजा-अर्चना करनी चाहिए।

इस भौतिक देह में हमारी चेतना पाँच ज्ञानेंद्रियों से अनुस्यूत है और उन्हीं के माध्यम से निरंतर प्राप्त होने वाला इंद्रियजन्य बोध उस पर छाया हुआ है। यह तथ्य इतना सार्वभौमिक है कि कुछ भौतिकतावादी दार्शनिक इन पाँच इंद्रियों को ही ज्ञान की एक मात्र प्रविधि (दो रूप) मानते हैं और उससे परे किसी उच्चतर यथार्थ की सत्ता नहीं मानते। फिर भी हिंदू-परंपरा हमेशा इस तथ्य के प्रति सचेत रही है कि इन इंद्रियों के परे तथा इनके पीछे मन की सत्ता है, जो स्वयं एक गहनतर सत्य, आत्म-परमात्म संग्रंथि की प्रतिच्छाया है, अतः अंतःकरण या मन की परिशुद्धि आत्मसाक्षात्कार की दिशा में पहला कदम है। जब यह होता है तब न केवल उन इंद्रियों पर स्वामित्व प्राप्त हो जाता है, जिन्हें व्यक्तित्व के सशक्त किंतु अधीनस्थ तत्त्वों के रूपों में देखा जाता है, बल्कि भौतिक पदार्थों और उपलब्धियों पर भी नियंत्रण हो जाता है।

ऐसे स्वामित्व के साथ उनकी बहुतायत भी होती है जिन्हें चित्त-शक्ति या सिद्धियाँ कहा जाता है। किसी भी ऋषि का मस्तिष्क (मन) एक सामान्य व्यक्ति के मस्तिष्क (मन) से अधिक शक्तिशाली होता है; उदाहरण के लिए जैसे एक सुघड़ बैटरी, जिसमें एक ताकतवर लेन्स लगा हो, उसकी किरण एक साधारण-से बल्ब की रोशनी से अधिक तीक्ष्ण होगी। अतः यह माना जाता है कि ऐसा व्यक्ति अपनी इच्छा-शक्ति का प्रयोग चाहे जिस जागतिक या भौतिक लक्ष्य की प्राप्ति में कर सकता है। परवर्ती ग्रंथों में, विशेष रूप से पतंजलि के योगसूत्रों में कुछ विस्तार से इन सिद्धियों का निरूपण मिलता है। सामान्यतः यह विश्वास भी है कि ऐसी शक्तियों से अवांछनीय छेड़छाड़ या इनका प्रदर्शन अहंकार को बढ़ाने वाला अतः आत्मिक मार्ग पर आगे बढ़ने में बाधक सिद्ध होता है।

फिर भी कुछेक महान् गुरुजन इन शक्तियों का प्रयोग कल्याणकारी, निःस्वार्थ प्रयोजनों से करते पाए जाते हैं; उदाहरण के लिए किसी शिष्य की सहायता के लिए, या फिर किसी व्यक्ति की पीड़ा अथवा गहन वेदना कम करने के लिए। इसी कारण उपनिषद्कार ऋषि विभूति के खोजी जनों को परामर्श देते हैं कि ऐसे गुरुजनों या आत्मज्ञानियों की अर्चना करके उनके आशीर्वाद तथा अनुकंपा को अर्जित करें। चूँकि

भौतिक संपदा की तृष्णा की भर्त्सना उपनिषद् में पहले ही की जा चुकी है, इसलिए यह परामर्श किंचित् विचित्र लग सकता है; पर यह ध्यान रखना चाहिए कि अंगिरस यहाँ किसी तपस्वी से नहीं बल्कि शौनक नामक एक महान् गृहस्थ से बात कर रहे हैं, जिनका 'धर्म' ही यह है कि वैध उपायों से धन-संपदा पैदा करें।

## द्वितीय खंड

1. **स वेदैतत्परमं ब्रह्म धाम यत्र विश्वं निहितं भाति शुभ्रम्।**
   **उपासते पुरुषं ये ह्यकामास्ते शुक्रमेतदतिवर्त्तन्ति धीराः।।**
2. **कामान् यः कामयते मन्यमानः स कामभिर्जायते तत्र तत्र।**
   **पर्य्याप्तकामस्य कृतात्मनस्तु इहैव सर्वे प्रविलीयन्ति कामाः।।**

आत्मज्ञान वाला व्यक्ति उस परम ब्रह्म को जानता है जिन पर यह ब्रह्मांड आधारित है और जो इसमें प्रकाशित है। बुद्धिमान जन, जो कामना से मुक्त होकर ब्रह्म की उपासना करते हैं, वे पुनर्जन्म के बीज से मुक्त हो जाते हैं। अपने मन में जो कोई स्पृहणीय वस्तुओं की कामना रखता है, वह उनकी पूर्ति के लिए बारंबार जन्म लेता है, किंतु जिसकी ब्रह्म-कामना पूर्णतः तुष्ट हो चुकी है, ऐसी अनिंद्य आत्मा वाले की समस्त इच्छाएँ यहाँ इसी जीवन में पूरी हो जाती हैं।

कामना (या वासना) संसार के निरंतर धूर्यमान चक्र की आधार है; यही वह बीज है जो मृत्यु के बाद जन्म और जन्म के बाद मृत्यु का क्रम चलाता रहता है, जब तक कि यह पूरा नाटक समाप्त नहीं हो जाता तथा आत्मा (व्यक्ति) इस ज्वलंत पिपासा पर नियंत्रण नहीं पा लेती। हिंदू धर्म और बौद्ध धर्म में इस अतृप्य आकांक्षा को तृष्णा कहा गया है, और यही हमें निरंतर भौतिक एवं ऐंद्रिक तृप्ति की खोज में भटकाती है। वैदिक ऋषि स्पष्ट जानते थे कि यह कामना या तृष्णा एक ऐसी भीषण अग्नि की तरह है, जिसमें डाली गई प्रत्येक आहुति उसे बुझाने की बजाय और अधिक धधका देती है। इस तरह उसकी लपटों को हमारी अतृप्त वासनाएँ जन्म-जन्मांतर तक अपने संस्कार या छाप लिए रहती हैं और हमें उनकी पूर्ति के लिए बारंबार जन्म लेने पर विवश करती हैं।

यदि हम ज्ञान पाकर इस प्रक्रिया को उलट नहीं दें तो यह अनंत काल तक चलती रहेगी। अध्यात्म-संधान की जड़ में यही पलटाव निहित है—अपनी चेतना के स्रोत की खोज करना, बजाए इसके कि बाहर आकृष्ट करने वाली वस्तुओं के पीछे भागते रहना। ऐसा लग सकता है कि इच्छाएँ वासनाएँ केवल हमारी ही होती हैं; किंतु जरा पीछे हट कर ध्यान से देखें तो हम पाएँगे कि ये वस्तुतः ऐसी उत्ताल तरंगें हैं, जिनमें हम स्वयं

को बह जाने देते हैं। ब्रह्म को स्वयं अपने भीतर तथा समस्त भूतमात्र में देखते हुए हमें क्रमशः बाहर से भीतर की तरफ बढ़ना चाहिए। केवल तभी संसार के चक्र से मुक्ति मिलेगी जिसके जन्म-मरण के पहिए से पूरी सृष्टि बँधी है।

यह महत्त्वपूर्ण बात है कि उपनिषद्कार ऋषि यहाँ स्पष्ट बताते हैं कि स्वयं इस जीवन में मुक्त होना संभव है। गुप्तज्ञान वाले धर्म मृत्यु के बाद प्राप्त स्वर्ग की चर्चा करते हैं जहाँ हम, इस लोक में नित्यनियम से रहने के फलस्वरूप, सुखपूर्वक सदैव वास कर सकते हैं। किंतु वेदांत में जीवन्मुक्त की, इसी जीवन में मोक्ष पा लेने की धारणा की प्रस्थापना है। जीवित रहते हुए यदि हमें ब्रह्मज्ञान नहीं हो पाएगा तो केवल मर जाने से वह सुलभ नहीं हो सकता। इसीलिए उपनिषदों में लगातार आग्रह है कि हम जब चेतना और विवेक से युक्त शरीरधारी जीव हैं, उसी समय, अभी उस अध्यात्म मार्ग का अनुसरण करें। वस्तुतः जैसा कि गीता में कहा गया है, समूची औपनिषदिक शिक्षा प्रत्यक्षावगम की ही है—उसकी, जिसकी प्राप्ति हमें इसी अपने जीवन में हो सकती है; उसके लिए मृत्यु होने तक प्रतीक्षा नहीं करनी पड़ती।

3. **नायमात्मा प्रवचनेन लभ्यो न मेधया न बहुना श्रुतेन।**
**यमेवैष वृणुते तेन लभ्यस्तस्यैष आत्मा विवृणुते तनुंस्वाम्।।**

4. **नाऽयमात्मा बलहीनेन लभ्यो न च प्रमादात्तपसो वाप्य लिंगात्।**
**एतैरुपायैर्यतते यस्तु विद्वांस्तस्यैष आत्मा विशते ब्रह्म धाम।।**

न तो प्रवचनों से, न बौद्धिक विश्लेषण से और न ही बहुत पढ़-लिख लेने से वह आत्मा (ब्रह्म) प्राप्त होता है। उसे वही पाता है जिसे वह (ब्रह्म) स्वयं चुनता है; उसी पर वह (ब्रह्म/आत्म) अपना रूप प्रकट करता है।
जिसमें बल नहीं, वह इसे (आत्म को) प्राप्त नहीं कर सकता, आलसी भी इसे प्राप्त नहीं कर सकता, न ही अनुपयुक्त तप-त्याग से इसे प्राप्त किया जा सकता है। किंतु जो बुद्धिमान इन सभी उपयों से यत्न करते हैं, वे ब्रह्म के धाम में प्रवेश पाते हैं।

इस उपनिषद् में जैसा कि पहले कहा गया, बौद्धिक शास्त्रार्थ, तर्कयुक्ति और वेदादि ग्रंथ निम्नतर ज्ञान या अपरा विद्या के लिए उपयोगी है, किंतु वे हमारी चेतना तथा दिव्यत्व के बीच खड़ी बाधा को पार नहीं करा सकते। उनका निषेध नहीं करना है बल्कि उनसे परे जाना है—यह एक दूसरी तरह के ज्ञान से ही संभव है, जिसमें कि सर्वव्यापी ब्रह्म का प्रत्यक्ष दर्शन एवं साक्षात्कार आवश्यक है। यह केवल उसी को प्राप्त होता है जिसे ब्रह्म स्वयं चुन लेता है; दूसरी तरह से यहाँ यह अर्थ भी संभव है कि जो अपने संपूर्ण हृदय से इसकी कामना करे। इन दोनों आशयों में व्यवहारतः उतना बड़ा अंतर नहीं जो ऊपरी तौर पर दिखाई देता है। 'वह जिसे चुनता है'— इस अर्थ-पाठ

के आधार पर ही करुणा या पुष्टि या अनुकंपा का सिद्धांत पनपा है। किंतु यह अनुकंपा मनमानी या तर्कशून्य नहीं होती; यह तभी उपजती है जब नीचे से एक सच्ची तथा विह्वलतापूर्ण भक्ति या कामना प्रकट हो।

पुनः, 'बल' से शून्य व्यक्ति को 'आत्म' की प्राप्ति नहीं होती। इसका अर्थ शारीरिक क्षमता भी हो सकता है, क्योंकि उत्तप्त मानसिक गतिविधि का गहरा असर शरीर पर पड़ता है—इसे श्री चैतन्य और असीसी के संत फ्रांसिस, श्री रामकृष्ण और श्री रमण महर्षि जैसे महान् संतों के जीवनचरित्रों से समझा जा सकता है। किंतु शरीर-बल से भी अधिक मानसिक बल तथा भावात्मक स्थैर्य की जरूरत है। यह याद रहना चाहिए कि आत्मिक उपलब्धि कोई छोटा-मोटा काम नहीं है, इसमें हमारे आंतरिक और बाह्य परिप्रेक्ष्यों की दिशा का पुनर्निर्धारण अनिवार्य है। श्रीअरविंद इससे आगे बढ़ कर कहते कि हमारे शरीर के जीवकोषों और अणुओं-परमाणुओं की संरचना का रूपांतरण अनिवार्य है।

इस मार्ग का सबसे बड़ा शत्रु है लापरवाही—वह उसी तरह खतरनाक है जैसे हिमालय की चोटी पर चढ़ने वाले की लापरवाही। वस्तुतः अध्यात्म-संधान को स्पष्ट करने के लिए पहाड़ चढ़ने वाला रूपक बहुत उपयुक्त है। ज्यों-ज्यों हम अधिक ऊँचाई पर पहुँचते हैं, त्यों-त्यों चढ़ाई अधिक कठिन और खतरनाक होती जाती है; और मैदान में जहाँ गलत कदम पड़ जाएँ तो मामूली-सी दिक्कत ही होती है, वहीं उन ऊँचाइयों पर गलती होने पर हम धड़ाम से अतल में जा गिरेंगे। अतः परमात्मा की ओर कदम बढ़ाते हुए जरा-सा भी प्रमाद नहीं सह सकते। प्रत्येक क्षण हमारी चेतना को सचेत और सन्नद्ध रहना पड़ेगा। साथ ही हर मोड़ पर हमें जो नए-नए भव्य दृश्य दिखाई पड़ते हैं, उन पर हमें इस तरह मुग्ध नहीं हो जाना है कि हम फिसल जाएँ या लुढ़क पड़ें।

इसी प्रकार, अस्वच्छ एवं सीमा से अधिक तपस्याएँ भी प्रोत्साहनीय नहीं हैं। पूर्वी एवं पश्चिमी, दोनों योग-परंपराओं में आत्मलाभ के लिए शरीर को अनावश्यक एवं अत्यधिक पीड़ा देने के उदाहरण मिलते हैं। इनसे बचना चाहिए तथा उपनिषद्, गीता एवं भगवान बुद्ध भी यही बताते हैं कि होते-होते एक बिंदु पर ये कृच्छ्र साधनाएँ हानिकर होने लगती हैं। वस्तुतः यदि उस कठोरतम क्षण में सुजाता ने सिद्धार्थ को मीठे भात से भरा दोना लाकर नहीं दिया होता, तो विश्व का यह महानतम गुरु (बुद्ध) समाप्त हो गया होता और संसार के दुःख पर अपना ज्ञान-प्रकाश नहीं बिखेर पाता। आवश्यकता है बल, सावधानी और संतुलित तपस्या की—जोकि उपर्युक्त तीन दुर्बलताओं का प्रतिकार करती हैं। ये तीनों मिलकर उस संधान को परिपूर्ण करती हैं और आत्मा ब्रह्म के परमधाम में प्रवेश कर सकती है।

5. **संप्राप्यैनमृषयो ज्ञानतृप्ताः कृतात्मानो वीतरागाः प्रशांताः।**
**ते सर्वगं सर्वतः प्राप्य धीरा युक्तात्मानः सर्वमेवाविशन्ति।।**

6. **वेदांत विज्ञानसुनिश्चितार्थाः संन्यासयोगाद्यतयः शुद्धसत्त्वाः।**
**ते ब्रह्मलोकेषु परांतकाले पराभृताः परिमुच्यन्ति सर्वे।।**

आत्म को प्राप्त करने के बाद ऋषि ज्ञान से पूर्णतः तृप्त अपनी आत्माओं में अनिंदा, मोह से मुक्त और प्रशांत हो जाते हैं। उस सर्वव्यापी को सभी जगह प्राप्त कर ये मर्यादित आत्माएँ (व्यक्ति) ब्रह्म में प्रवेश करती हैं।
त्याग के योग से वेदांती ज्ञान में दृढ़ता से स्थित होकर, चेतना परिष्कृत करके यह ऋषिगण (द्रष्टा) कालांतर में ब्रह्मलोक में अमरता एवं मोक्ष प्राप्त करते हैं।

इन श्लोकों में वेदांत की वह मुख्य शिक्षा दोहराई गई है कि उच्चतर ज्ञान के माध्यम से मनुष्य अपने अंतःकरण को परिष्कृत एवं परिशुद्ध कर सकते हैं और अंततः उसके बाद ब्रह्म के प्रभामंडल में प्रविष्ट हो सकते हैं। इस परिशुद्धि के लिए वासना का परित्याग और अंतःकरण में शांति का विकास आवश्यक है जबकि प्रभासित होने का अर्थ है, इसी जीवन में आत्मिक ज्ञान की प्राप्ति। छठे श्लोक में आए शब्द परांतकाले का अनुवाद समय के अंत में या कालांतर में अथवा मृत्यु के समय किया जा सकता है। शरीर की मृत्यु के बाद मुक्त हुई आत्मा का क्या होता है, यह एक जटिल प्रश्न है, जिसपर उपनिषद् साहित्य में विशद विचार किया गया है : जिज्ञासु बालक नचिकेता और मृत्यु के देवता यम के बीच विख्यात संवाद प्रसिद्ध उपनिषद् कठोपनिषद् में इसी पर विचार किया गया है।

तीन संभावनाएँ स्पष्ट हैं : आत्मा परमात्मा के आनंद में सदा के लिए लय हो सकती है। मानव जाति के हेतु परोपकारी प्रयोजन से आत्मा शारीरिक स्तर कि बजाय दिव्य स्तर से सक्रिय रह सकती है; अथवा वह दुःखी मानव जाति की सहायता तथा दुःख के खारे समुद्र को मधुर बनाने के लिए मनुष्य रूप में पुनः जन्म लेने की चेष्टा कर सकती है। किसी भी स्थिति में जब आत्मा और ब्रह्म एकाकार हो चुकते हैं तब जीवात्मा को पुनर्जन्म के अपरिहार्य एवं नैसर्गिक बंधन से मुक्ति मिल जाती है।

7. **गताः कलाः पञ्चदश प्रतिष्ठा देवाश्च सर्वे प्रतिदेवतासु।**
**कर्माणि विज्ञानमयश्च आत्मा परेऽव्यये सर्व एकीभवन्ति।।**

8. **यथा नद्यः स्यन्दमानाः समुद्रेऽस्तं गच्छन्ति नामरूपे विहाय।**
**तथा विद्वान्नामरूपाद्विमुक्तः परात्परं पुरुषमुपैति दिव्यम्।।**

पंद्रहों कलाएँ अपने-अपने आधारों में जा चुकीं; इंद्रियाँ अपने-अपने देवताओं में गईं; कर्म और बुद्धि उस परम अव्यय तत्त्व में विलीन हो चुकीं।
जिस प्रकार बहती हुई नदियाँ अपना अलग नाम एवं रूप खोकर समुद्र में

विलीन हो जाती हैं, उसी प्रकार नाम और रूप से मुक्त हुआ द्रष्टा उस प्रकाशमान तत्त्व में, सर्वोच्चतम परमात्मा में तदाकार हो जाते हैं।

जब वह महामोक्ष प्राप्त हो जाता है तब भौतिक एवं दिव्य अंग, जिनसे मनुष्य का शरीर बनता है, उसी आधार तंत्र में चले जाते हैं, जहाँ से वे आए, राख में राख, धूल में धूल, अणु में अणु, परमाणु में परमाणु। हिंदू दर्शनों में अंगांगी तत्त्वों के अनेक श्रेणीकरण मिलते हैं। जिनसे मिलकर भौतिक द्रव्य और मानसिक मानव-शरीर बनता है। सातवें श्लोक में इंद्रियों के लिए देव अर्थात् प्रकाशमान शब्द का प्रयोग उल्लेखनीय है। इसका निहितार्थ है कि आत्मा के प्रकाश को प्रतिबिंबित करते हुए दिव्य शक्तियाँ स्वयं हमारी इंद्रियों में विभासमान हैं। हिंदू-परंपरा में इंद्रियों का निषेध अथवा तिरस्कार तो दूर, वस्तुतः उन्हें दिव्य शक्तियों का अवतार माना गया है और वस्तुतः यह दिव्यता से कुछ कम नहीं है कि हमारे पास सोचने की, देखने की, सूँघने की, चखने की और घूमने की शक्ति मौजूद है।

इन इंद्रियों में से अगर एक भी खो जाए तो हमारे जीवन कितने दरिद्रतर हो जाते हैं। फिर भी अपने अहंकार और अज्ञान के कारण हम या तो तपस्यामूलक निषेध के माध्यम से या फिर परमसुखवादी भोग-विलास से इन महान् वरदानों का अपमान करते हैं। किंतु दिव्य होते हुए भी इन इंद्रियों को चेतना का स्रोत नहीं कहा जा सकता वह तो आत्मा में ही है और जब ब्रह्म में उसका तादात्म्य हो जाता है तब अपने तमाम चमत्कारी कौशलों के बावजूद शरीर की आवश्यकता नहीं रह जाती और उसे निर्मित करने वाले तत्त्व पुनः उसी महासागर में समा जाते हैं, जहाँ से उनका उदय हुआ था।

जिस तरह नदियों का उद्‌गम पृथ्वी के विभिन्न भागों में होता है, उनकी लंबी और टेढ़ी-मेढ़ी यात्राओं में उनके रूप तथा नाम अलग-अलग होते हैं और अंत में जब वे महासागर में ऐसे विलीन हो जाती हैं, कि उनके पानी को अलग-अलग पहचानना संभव नहीं रहता, उसी प्रकार प्रबुद्ध आत्मा ब्रह्म से तादात्म्य स्थापित करके जीवात्माओं के अलग-अलग उन नाम रूपों से मुक्त हो जाती है, जिनका वहन असंख्य योगियों में किया गया है, तब उन्हें उस सर्वोच्चतम के भीतर, उस देदीप्यमान तत्त्व में स्वतंत्रता एवं परिव्यक्ति मिल जाती है। नदी एवं सागर के उपमान अत्यंत उपयुक्त हैं, नदियाँ स्वयं वस्तुतः उसी महासागर से वर्षा के द्वारा निकलती हैं जिसका पोषण वे अंततः करती हैं और दीर्घकाल तक उनका एक अपना अलग स्थान और नाम चलता रहता है। उदाहरणार्थ हिमालय के हृदय से दिव्य गंगा निकलती है, हजारों कि. मी. तक अलग-अलग क्षणों में और ऋतुओं में रूप बदलते हुए उसके नाम और रूप बने रहते हैं फिर भी अंत में वह सागर में जा मिलती है और ऐसा होने के बाद एक अलग इकाई के रूप में उसका अस्तित्व नहीं बचता।

निस्संदेह जल वहाँ अभी भी है, किंतु उसका न कोई नाम है और न ही वह सँकरे किनारों में सीमित है। अपना काम पूरा करके वह उसी सागर में जा मिला है, जहाँ से

उसके अणुओं का मूल उद्भव हुआ था। इस प्रकार उपनिषदों का कहना है कि जीवात्मा का जन्म बार-बार होता है, जब तक कि अपने कर्म से और उच्चतर ज्ञान की कृपा से उसे अतंतः ब्रह्म की प्राप्ति नहीं हो जाती। ओस की बूँद चमचमाते समुद्र में ढुलक जाती है, मानव-यात्रा पूर्ण हो जाती है; आत्मा का विकास अपने अंतिम लक्ष्य तक जा पहुँचता है।

9. **स यो ह वै तत्परमं ब्रह्म वेद ब्रह्मैव भवति। नास्याऽब्रह्मवित्कुले भवति तरति शोकं, तरति पाप्मानं गुहाग्रंथिभ्यो विमुक्तोऽमृतो भवति।।**

   निश्चय ही जो परब्रह्म को जानता है वह स्वयं ब्रह्म हो जाता है। उसके कुल में ब्रह्म को न जानने वाला कोई जन्म नहीं लेता। वह शोक को पार करता है, पाप को पार करता है, हृदय की गाँठों से छूट कर वह अमर हो जाता है।

अमरता तक पहुँचाने वाला पुल अब पार किया जा चुका है। पर ब्रह्म को गहनतम और संपूर्ण अर्थ में जानने के बाद द्रष्टा स्वयं उसी दिव्य दीप्ति का अंग बन जाता है। उसका शरीर तभी तक बचा रहेगा, जब तक कि ये उसके पूर्व कर्मों की ऐसी माँग हो; किंतु शरीरधारी होते हुए भी उसकी चेतना परमात्मा से जा मिलती है और अपने शरीर का त्याग करने के बाद उसे कोई और शरीर धारण नहीं करना पड़ता। यह दूसरी बात है कि करुणा करके वह स्वयं ऐसा करे।

यह वक्तव्य कि उसके कुल में ऐसा कोई भी व्यक्ति जन्म नहीं लेता जो ब्रह्म को न जानता हो, इसकी व्याख्या थोड़ी कठिन है। इसका यह शाब्दिक अर्थ नहीं लगाया जा सकता कि उसके सभी वर्तमान एवं भावी वंशज ब्रह्म-वेत्ता ही होंगे, अलग-अलग जीवों का अपना-अपना कर्म होता है और पारिवारिक संबंधों का बाहरी तंतु-जाल अस्थायी एवं परिवर्तनशील है। आशय संभवतः आध्यात्मिक वंशावली से है। यह स्मरण किया जा सकता है कि निर्वाण पाने के बाद भगवान बुद्ध भिक्षु का रूप धारण कर अपने पिता के राज्य कपिलवस्तु लौटे थे, राजा ने कठोरतापूर्वक पूछा था कि वे अपनी पारिवारिक मर्यादाएँ क्यों त्याग रहे हैं, उन्होंने उत्तर दिया कि उनका वास्तविक वंशवृक्ष तो उन बुद्धों का है, जिन्होंने हमेशा मानव जाति के कल्याण के लिए श्रम किया है।

प्रबुद्ध लोगों की जाति निश्चय ही अलग है, जिसमें रंग या धर्म या लिंग या आस्था नहीं बल्कि आत्मबोध के आधार पर विशिष्टता है। यह महत् समुदाय काल और देश से परे है। किसी न किसी समय प्रत्येक सभ्यता और कुछेक तो आज तक आत्मसाक्षात्कारी पुरुषों और स्त्रियों को जन्म देते हैं। इनमें से कुछ की पूजा अवतार व, पैगंबरों के रूप में, कुछ की उपासना दार्शनिकों और संतों के रूप में हुई है। कुछ ऐसे भी हैं जो अपने मुट्ठी भर घनिष्ठ सहयोगियों के अलावा अन्य सभी के लिए अज्ञात रीति

से मौन प्रकाश में जीवन बिता देते हैं। कुछ लोग बहुपठित और प्रवीण वक्ता होते हैं, कुछ दूसरे नितांत निरक्षर और अधिकांशतः मौन, किंतु ऊपर-ऊपर जो भी अंतर दिखाई दे, भीतर ही भीतर वे पाप व शोक पर विजय पा चुके होते हैं, उनके हृदय की बँटाने कट चुकी होती हैं; वे अमर हो चुके हैं।

10. **क्रियावन्तः श्रोत्रिया ब्रह्मनिष्ठाः स्वयं जुह्वत एकर्षिं श्रद्धयन्तस्तेषामेवैषां ब्रह्मविद्यां वदेत शिरोव्रतं विदिवद्यैस्तु चीर्णम्।।**

11. **तदेतत्सत्यमृषिरङ्गिरा पुरोवाच तैतदचीर्णव्रतोऽधीते। नमः परमऋषिभ्यो नमः परमऋषिभ्यः।।**

> वैदिक ऋचा में यही विद्या उद्घोषित है : जो विधि-विधान संपन्न करते हैं, जो वेदादि ग्रंथों में पारंगत हैं, जिनकी अडिग निष्ठा ब्रह्म में है, जो यज्ञादि की सेवा भक्ति भाव से करते हैं, जिन्होंने शिरोव्रत का विधिवत् पालन किया हो, उन्हीं को यह ब्रह्म विद्या दी जानी चाहिए।
> अंगिरा ऋषि ने पुरातन काल में अपने शिष्यों को यही सत्य प्रदान किया था, जिसने वह व्रत धारण नहीं किया वह इसे नहीं पढ़े। महान् ऋषियों को नमस्कार ! महान् ऋषियों को नमस्कार!

मुंडक उपनिषद् अब इस रहस्यमय उपदेश से समाप्त होती है कि जो व्यक्ति बौद्धिक, आध्यात्मिक और मानसिक रूप से सुयोग्य न हो, उसे यह ब्रह्मविद्या नहीं सिखाई जानी चाहिए। यह चेतावनी आवश्यक है—गोपनीय या अभिजातवर्गीय होने की इच्छा से नहीं बल्कि इस बहुत अच्छे कारण से कि अयोग्य व्यक्ति को यह ज्ञान देना व्यर्थ बल्कि नितांत खतरनाक हो सकता है। व्यर्थ इसलिए कि आवश्यक अनुशासन श्रद्धा और निष्ठा के बिना यह शिक्षा केवल बर्बाद होगी—बाइबिल में इसे सूअर के आगे मोती बिखेरना कहा गया है। इसे या तो समझा ही नहीं जाएगा, अथवा यदि सतही दिमाग से इसे समझा भी गया तो उसका कोई गहरा प्रभाव नहीं पड़ेगा, यह खतरनाक भी हो सकता है क्योंकि ऐसे गूढ़ क्षेत्रों में अधूरा ज्ञान सचमुच ही खतरनाक होता है। किसी आणविक संयंत्र की मरम्मत के लिए एक अधकचरा बिजली मिस्त्री भेजना कहीं कम खतरनाक होगा, बनिस्बत इसके कि कच्चे या विद्रोही मस्तिष्कों को उपनिषद् में प्रतिपादित महान् सत्यों के साथ खिलवाड़ करने की छूट दी जाए।

इसीलिए शिष्य की योग्यताओं का वर्णन है और यह रोचक बात है कि वेदों में पारंगत होना तथा ब्रह्मनिष्ठ होना—यह दोनों अर्हताएँ ऐसी हैं जो कि प्रथम अध्याय में शिक्षक के लिए भी आवश्यक मानी गई हैं। यद्यपि किसी शिष्य में उसी मात्रा में इन योग्यताओं की अपेक्षा नहीं की जा सकती फिर भी वे इन्द्रधनुषी सेतु की सफलता से पार करने के लिए अपरिहार्य अवश्य हैं। दो और अर्हताएँ जोड़ी गई हैं; यह कि वे

यज्ञ की अग्नि की समुचित सेवा करें, जिसमें बाहर की यज्ञ वेदी की अग्नि और भीतर की अधिक गहरी कुंडलिनी, यह दोनों ही शामिल हैं; इसके अलावा उन्हें शिरोव्रत अर्थात् सिर का अनुष्ठान या अनुशासन भी कर चुकना चाहिए।

इसकी व्याख्या कई तरह से संभव है। एक स्तर पर इसका सीधा-सा अर्थ है। ऐसा व्यक्ति जिसने अपना सिर मुड़ा लिया हो। दूसरे शब्दों में, जिसने संसार का परित्याग कर संन्यासी का गेरुआ चोला पहन लिया हो, इस युक्ति के समर्थन में तर्क दिया जाता है कि यह पूरी उपनिषद् मुंडक उपनिषद् कहलाती है और जैसा कि आरंभ में ही बताया गया है, इसका संकेत संन्यासियों के मुँडे हुए सिरों की तरफ हो सकता है, फिर भी इस ग्रंथ में विशेष रूप से कहा गया है कि अंगिरस ऋषि जिस शिष्य को यह शिक्षा दे रहे हैं, वह कोई संन्यासी नहीं बल्कि एक महान् गृहस्थ है। एक दूसरी व्याख्या यह है कि इसका संकेत अथर्ववेद में उस विशेष अनुष्ठान की ओर है जिनमें सिर पर अग्नि ढोकर ले जाई जाती है।

किंतु एक बार फिर से हमें सतही अर्थ के नीचे झाँ[illegible] वास्तविक तात्पर्य जानने की चेष्टा करनी पड़ेगी। मनुष्य की रीढ़ के मूल में जो कुंडलिनी शक्ति सुप्त पड़ी रहती है, उसे कुछ विशेष परिस्थितियों में जागृत कर मेरुदंड मे ऊपर की ओर ले जाते हुए रास्ते में विभिन्न चक्रों को आलोकित किया जा सकता है; होते-होते वह मस्तिष्क में प्रकाश के रूप में अंततः फूट कर वहाँ स्थित सर्वोच्च चक्र को, सिर में स्थित हजार पंखुड़ियों वाले कमल को आलोकित कर देती है। वस्तुतः यही तो वह सिर का अनुष्ठान या शिरोव्रत होगा, जिसका उल्लेख उपनिषद्कार ऋषि ने कि[illegible] है और जो सचमुच ही एक दुर्लभ उपलब्धि है।

तो यह है वह गुप्त [illegible] में अंगिरा ऋषि ने प्रदान की थी। वास्तव में ऐसे पहुँचे हुए संत ही इस धरती क[illegible] हैं, मानव जाति के जैविक तथा आध्यात्मिक विकास के शिखर हैं, मानव जाति के त्राता एवं प्रकाश-वाहक हैं। ऐसे संतों के प्रति मानवजाति गहन रूप में ऋणी है, और उन्हें वह प्रेम एवं श्रद्धा के साथ बारंबार प्रणाम करती है।

□□